河南省家庭农场主经营能力提升机制研究

HENANSHENG JIATING NONGCHANGZHU JINGYING NENGLI TISHENG JIZHI YANJIU

王肖芳 著

郑州大学出版社

图书在版编目(CIP)数据

河南省家庭农场主经营能力提升机制研究 / 王肖芳著. — 郑州 : 郑州大学出版社, 2021. 12

(卓越学术文库)

ISBN 978-7-5645-8515-0

Ⅰ. ①河… Ⅱ. ①王… Ⅲ. ①家庭农场 - 农场管理 - 研究 - 河南 Ⅳ. ①F324.1

中国版本图书馆 CIP 数据核字(2021)第 269852 号

河南省家庭农场主经营能力提升机制研究

策划编辑	孙保营	封面设计	苏永生
责任编辑	成振珂	版式设计	凌　青
责任校对	孙　泓	责任监制	凌　青　李瑞卿
出版发行	郑州大学出版社	地　　址	郑州市大学路 40 号(450052)
出 版 人	孙保营	网　　址	http://www.zzup.cn
经　　销	全国新华书店	发行电话	0371-66966070
印　　刷	河南大美印刷有限公司		
开　　本	710 mm×1 010 mm　1 / 16		
印　　张	16	字　　数	266 千字
版　　次	2021 年 12 月第 1 版	印　　次	2021 年 12 月第 1 次印刷
书　　号	ISBN 978-5645-8515-0	定　　价	79.00 元

本书如有印装质量问题,请与本社联系调换。

前　言

在全面建成小康社会、全面实施乡村振兴、全面建设社会主义现代化强国的战略中，最艰巨、最繁重的任务在农村，最广泛最深厚的基础在农村，最大的潜力和后劲也在农村。家庭农场作为新型农业经营主体，是构建现代农业体系的基础，对于解决“三农”问题和推进乡村振兴战略具有全局性的意义。近年来，河南省家庭农场发展势头迅猛，全省整体取得了较为突出的成效，然而从家庭农场经营情况看，大部分家庭农场经营效益并没有得到明显提升，究其原因，家庭农场主综合素质尤其是经营能力偏低已经成为制约我省家庭农场高质量发展的关键瓶颈。随着广大人民生活水平的提高，城镇居民对于优质农产品的需求与日俱增，一些海外进口农产品在中国市场大受欢迎，成为深受我国城市居民青睐的农产品。这些现象深刻地反映我国农产品市场供给仍未有效满足人民群众对于农产品的消费需求升级，普通“小农户”很难与国际国内“大市场”对接，农业从业者经营能力偏低，难以把握市场信息和机会，已经严重影响我国的农业发展和农民增收，从而使我国的现代农业发展受到制约。因此，着力提升家庭农场主经营能力，构建富有成效的提升机制，对于推动农业现代化发展，提高粮食产量，促进农民人才队伍建设和推动“乡村振兴”战略实施，有着极其重要的现实意义。本书以河南省家庭农场经营能力提升为研究主线，分析现阶段河南省家庭农场及家庭农场主经营的整体现状，评估河南省家庭农场主经营能力，探寻影响家庭农场主经营能力提升机制的显著因素与作用程度，进而为农业现代化发展和乡村振兴建言献策。

目前，国内对家庭农场及家庭农场主的研究还处于初级阶段，概括性、评论式的文章较多，现有研究中经验研究多，实证分析较少。虽然近几年学界对家庭农场及家庭农场主的研究日渐增多，但主要是从理论上给予各种政策性解读和探讨，多集中于家庭农场的定义、内涵、模式、特征及对策研究和发展家庭农场的政策性建议，而深入开展家庭农场主经营能力提升的研究相对比较薄弱，虽然在一些学术刊物中能够发现一些相关研究，但总的来讲,这些研究呈现出碎片化特点,没有上升到系统研究的高度和深度。也可以说,当前大多数关于家庭农场主经营能力提升的研究仅仅停留在问题现状及影响因素分析上,缺乏对家庭农场主经营能力提升问题进行系统研究。

从系统机制视角对家庭农场主经营能力提升问题进行研究是家庭农场研究领域中理论性较强的一个方向,也是深层次剖析如何有效提升家庭农场主经营能力的理论需要。本书围绕"基础研究—现状分析—实证分析—比较研究"的逻辑主线展开研究。运用系统理论、胜任力理论、计划行为理论等相关理论,通过文献分析、现状分析、定量分析、比较分析等研究方法,重点对家庭农场主经营能力的概念、家庭农场主经营能力评价、家庭农场主经营能力提升机制影响因素、国内外家庭农场主经营能力提升的先进经验、家庭农场主经营能力提升机制的构建与优化等方面进行研究。具体来讲,首先,对河南省家庭农场主经营能力提升机制进行基础研究,通过系统总结家庭农场主经营能力提升机制的研究文献,探寻本文的研究方向,对家庭农场主经营能力提升机制的相关概念进行界定,并介绍本研究的理论工具;其次,对河南省家庭农场发展状况及农场主经营能力进行"现状分析",在查阅资料和实地调研的基础上,深入分析当前河南省家庭农场及农场主经营能力的发展现状;再次,对河南省家庭农场主进行"实证分析",对河南省家庭农场主经营能力综合评价的基础上,通过构建一系列模型探究影响河南省家庭农场主经营能力提升机制的诸多要素的运行机理和作用程度,最终对家庭农场主经营能力提升机制进行"比较研究",通过对国内外不同地区家庭农场主经营能力提升的案例研究,为河南省家庭农场主经营能力提升机制的构建选取具有参考意义的模式和路径;最后,结合以上研究提出本书的结论观点与政策建议。

本书的研究成果主要包含以下几方面:

一是界定了家庭农场主经营能力的内含,并对家庭农场主经营能力进行了划分,从信息能力、资源能力、技术能力和营销能力四个方面构建了河南省家庭农场主经营能力评价指标体系,运用层次分析法和模糊综合评价法两种方法构建了评价模型,并结合河南省内不同区域共496名家庭农场主样本开展实证研究。

二是在对计划行为理论进行拓展的基础上构建了家庭农场主经营能力提升机制的实证模型,用于验证家庭农场主经营能力提升机制中影响因素的作用程度,通过对家庭农场主经营能力提升机制模型中诸多维度和要素的检验,确定家庭农场主经营能力提升机制的框架维度与组成要素。

三是结合政府、市场和家庭农场主发展的实际情况,分别从宏观、中观和微观三个层面详细探讨河南省家庭农场主经营能力提升机制的构建与优化路径，为家庭农场主经营能力提升机制的应用与实践奠定基础。

家庭农场主作为乡村振兴中的新兴力量，是农村实用人才队伍重要的智力支持和人才支撑，加强家庭农场主经营能力建设是实现现代农业高质量发展的有效途径。希望本书的研究能够达到"抛砖引玉"的效果，在未来的研究中，相信众多专家学者能够采用更为精细的研究方法，构建更为完善和更高效率的家庭农场主经营能力提升机制，从而进一步提升研究的理论价值与实践意义。

本书是 2021 年度河南省高等学校智库研究项目（2021-ZKYJ-24）阶段性成果。

第一章

导　论

第一节　研究背景及意义

一、研究背景

新中国成立后，我国土地制度先后经历了三次重大变革，无论在产权归属还是经营形式上都发生了翻天覆地的变化，在广袤的华夏大地上产生了重大且深远的社会影响。特别是家庭联产承包责任制明确将农地的承包权转移到农户手中，使农户成为真正的自主经营者，从根本上激发了广大农民的生产热情，释放出巨大的制度红利。家庭联产承包责任制是我国制度设计和农村改革的伟大创举，为农业增长、农村发展和农民增收奠定了强大的制度背景和政策框架。

伴随着我国经济社会的飞速发展，小农家庭经营愈发凸显自身发展的局限性。主要表现在以下几个方面：一是农村剩余劳动力不足，农业接班人危机凸显。尤其是随着我国城镇化、工业化的发展，农村剩余劳动力大量向城镇转移，从事非农产业人数剧增，导致农村剩余劳动力亏空严重，农村出现了严重的空心化。二是“小农经营”自身发展局限，难以与国际国内“大市场”进行对接，经营效率低下，与新发展格局难以契合。从历史变迁的角度

来看,20 世纪 80 年代末在中国广大农村设立的家庭联产承包责任制,将土地使用权分配至农户手中,由农户自己决定土地的耕种。这种“交够国家和集体的,剩下的都是自己的”的制度红利,在较长的历史时期内极大地激发了我国广大农民的生产积极性,重燃了农民对于一方水土的挚爱和梦想,极大地提升我国农业生产效率,创造了以全球 7% 的土地,养活了世界 22% 的人口的世界奇迹,无不令世人所瞩目。跨入新时代以来,伴随着我国城镇化和农业现代化的不断深入发展,小农经营、农地分散的农业发展短板日益凸显,成为我国农业高质量发展的关键瓶颈。根据我国第二次全国土地调查的数据,全国人均耕地面积约为 1.52 亩,户均耕地面积仅约 7.5 亩,人均耕地面积的小型化和分散化使得广大农民投入和产生难以维持,全年扣除农资、灌溉等成本后实际收入寥寥无几,这极大地挫伤了广大农民从事农业生产的积极性,严重抑制了农民增收、农业增效和农村发展。“种田一年不如打工一月”,这正是广大农民迫于农业经营收入与非农收入差异的真实写照和无奈呐喊。即使是农业大丰收年份,也常常由于农业市场化因素而出现“谷贱伤农”现象,广大农民难以享受到应有的喜悦和满足。近年来,农产品市场频频出现“卖难买贵”现象:一方面是“枇杷滞销”“苹果滞销”“冬瓜滞销”“花菜滞销”“樱桃滞销”“奶农倒奶”等农户难以适应农业市场,出现销售困难;另一方面则是城镇居民频频抱怨农产品价格上涨,消费成本日益增长。与此同时,随着我国人民生活水平的提升及对健康的不断关注,广大城镇居民对于优质农产品的需求与日俱增,而目前我国农产品市场供给方面仍未有效地满足人民群众对于农产品的消费需求升级,一些海外进口农产品却在中国市场大受欢迎,“智利车厘子”“澳洲柑橘”“日本葡萄”在中国成为热销产品,成为深受我国城市居民青睐的农产品。这些现象深刻反映了我国现有农产品生产和经营方面的缺陷,普通“小农户”很难与国际国内“大市场”相对接,难以把握市场信息和机会,已经严重影响我国的农业发展和农民增收,从而使我国的农业高质量发展受到制约。

“家庭农场”作为新型农业经营主体之一,从 2013 年首次出现在“中央一号文件”中后,连续 8 年出现在“中央一号文件”中,并且多次被中央全会报告中提及,这充分说明党和政府对家庭农场发展的重视与支持。从 2013 年“中央一号文件”首次提出家庭农场后,我国各地家庭农场发展迅猛,无论在数量、规模和经营业绩方面均取得了较大成绩。家庭农场发展呈现出数量显著增长、产业日趋多元等特点。农业农村部公开数据显示，截止到2019年年底，全国纳入农业农村部门名录的家庭农场达到63万家，其中县级以上示范家庭农场达9.1万家。全国家庭农场经营土地面积近1.8亿亩，全国各类家庭农场年销售农产品总价值1 993.6亿，平均每个家庭农场33.6万元。从河南省农业农村厅公布的数据看，2015年全省在工商部门注册的家庭农场仅有19 870家，但近期河南家庭农场呈现快速发展势头，截止到2020年年底在工商部门注册的家庭农场达到259 277家。家庭农场逐渐成为所有新型农业经营主体中最具发展潜力和生命力的农业经营主体。

表1-1 2013—2020年“中央一号文件”中关于家庭农场的政策要点

年份	与家庭农场相关的政策要点
2013	继续增加农业补贴资金规模，新增补贴向主产区和优势产区集中，向专业大户、家庭农场、农民合作社等新型生产经营主体倾斜；扶持联合经营、专业大户、家庭农场。
2014	按照自愿原则开展家庭农场登记
2015	鼓励发展规模适度的农户家庭农场
2016	积极培育家庭农场、专业大户、农民合作社、农业产业化龙头企业等新型农业经营主体
2017	完善家庭农场认定办法，扶持规模适度的家庭农场，支持农技推广人员与家庭农场、农民合作社龙头企业开展技术合作
2018	实施新型农业经营主体培育工程，培育发展家庭农场、合作社、龙头企业，发展多种形式适度规模经营
2019	支持发展适合家庭农场和农民合作社经营的农产品初加工，突出抓好家庭农场和农业合作社两类新型农业经营主体，启动家庭农场培育计划
2020	重点培育家庭农场、农业专业合作社等新型农业经营主体，符合条件的家庭农场等新型农业经营主体可按规定享受现行小微企业相关贷款税收减免政策

资料来源：根据历年“中央一号文件”整理所得。

河南省是全国人口大省，又是国家粮食生产核心区域，自十八大以来，

河南省大力发展家庭农场这一新型经营主体,家庭农场的高质量发展对促进河南省粮食稳定生产有着重大意义。近年来,河南省家庭农场发展势头迅猛,全省整体取得了较为突出的成效,但从近几年一些地市的家庭农场经营情况看,河南省大部分家庭农场经营效益并没有得到很大提升,究其原因,家庭农场主综合素质尤其是经营能力偏低已经成为制约河南省家庭农场高质量发展的关键瓶颈。因此,提升家庭农场主经营能力,不仅对河南省粮食增产、农民增收、农业增效有着重要作用,而且对保障国家粮食安全有着重大意义。本研究以河南省家庭农场主为研究对象,深入研究和论证家庭农场主经营能力提升的一系列问题,构建适合河南省家庭农场主的提升机制,从而为河南省农业高质量发展提供理论参考。

二、研究意义

河南省的农业发展对于中国来说有着至关重要的影响,着力提升家庭农场主经营能力,构建富有成效的提升机制,对于推动农业现代化发展,提高粮食产量,促进农民人才队伍建设和推动"乡村振兴"战略实施,有着极其重要的现实意义。本研究是以河南省家庭农场主经营能力为研究主线,分析现阶段河南省家庭农场及家庭农场主经营能力的整体现状,评估河南省家庭农场主经营能力,探寻促进家庭农场主经营能力提升机制的显著因素,进而为河南省农业现代化发展和乡村振兴工程建言献策。

(一)是实施乡村振兴战略的客观需要

人才是乡村振兴的前提和基础。较长一段时期内,我国农村中的人才流失问题凸显,且乡村人才总量不足、结构失衡及素质偏低问题十分突出,乡村人才缺失成为实施乡村振兴战略的突出短板。在全面推进乡村振兴的新时代,乡村人才供求矛盾更加凸显。当前我国农村剩余劳动力大量向城市转移,留守在农村的大多是老人、妇女及儿童,从事农业活动的农民平均学历层次较低,调查资料显示其大专学历只占 1.1%,高中及同等学力的只占 16.8%,平均受教育年限仅为 8 年,农民受教育程度低,成为国民文化素质的低洼地带。在农业发展面临农民数量锐减、结构失衡、素质低下的现实困境下,农地荒废现象严重,农民素质无法满足现代农业发展的要求。农村劳动力综合素质偏低已经成为制约我国现代农业高质量发展的关键瓶颈,并演变成一个不容忽视的社会现象和发展难题。近年来，党和国家高度重视“三农”问题，连续多年在“中央一号”文件中强调农业、农村、农民的发展问题，农业现代化发展取得了长足的进步，农业产量连年攀升，农业增产增效突出。但是，中国特色的二元经济社会结构还未有实质性改变，在新中国成立初期出于种种原因人为产生的城乡二元分割，造成城乡居民在就业机会、就业能力、就业收入等方面的极大差异。目前，我国农村劳动力平均受教育年限仅为8年左右，低于城镇居民受教育年限3年之多。大量农村劳动力素质不高，受教育程度低，自身能力低下。一方面，严重影响了农村剩余劳动力向非农产业或城镇的转移就业。另一方面，导致农业留守劳动力量质齐降和能力素质弱化，严重掣肘了现代农业的发展，农业发展的高素质人才匮乏。现代农业的发展离不开先进的管理理念和新技术的普及，这都需要具有高素质的现代农民来具体实现。因此，提升家庭农场主的经营能力，培育其成为新型职业农民，对于促进现代农业高质量发展和实施乡村振兴战略都具有十分重要的意义。

（二）是现代农业市场化、专业化发展的迫切需要

农业产业化是现代农业发展的必然趋势，是以市场需求为核心，集工、农、贸密切配合和分工协作为基础的专业化生产和一体化经营。农业产业化使农业生产更具广度和深度，而且能不断优化产业结构，促进第一、第二、第三产业融合发展。然而，农业生产本身存在环境依赖、生产周期长以及农民市场信息不充分等特征，农业市场化存在较高的经营风险，这就需要现代农民必须具备相应的经营管理、产品技术以及市场风险评估与应对的综合素质。目前，各地政府对完善农业产业布局、优化产业结构十分重视，在种植业、畜牧业、果业以及农产品加工业方面积极推动专业化生产和规模化经营，真正发挥产业集聚效应。农业专业化生产和规模化经营需要积极转变农民的传统思路，改变以往“小而全”的市场结构，发展具有特色的农业专业化生产项目。特别是一些优质蔬果、高端畜牧以及水产养殖等新产业、新技术，对农民的经营能力和综合素质提出了更高的要求。通过调研发现，目前大多数家庭农场主经营管理及农业生产技术依然较为传统守旧，难以适应当前行业发展和技术创新要求，无论是农产品质量或是市场开拓竞争能力都与当前行业市场环境难以适应。因此，需要对家庭农场主的经营管理水

平、专业知识和技能操作水平实施全面而系统的提升，培育具有职业素质和经营管理技能的家庭农场主，以适应家庭农场市场化、专业化发展的迫切需要。

(三)是提高农业国际竞争力,保证粮食安全的需要

当前我国农业发展正面临着新形势新问题，“一带一路”战略的实施加速了农业对外开放格局，对我国现代农业发展产生了重要的影响。一方面由于国内需求增加导致农产品进口量剧增，另一方面紧张的世界局势和国际关系引起的贸易摩擦日益增多，国家竞争不断加剧。毫无疑问，积极应对国外形势的挑战，提升我国农业的国际竞争力需要打造一支具备高素质的现代农民队伍。以美国为例，2019 年美国农业出口达 1 405 亿美元，创下历史新高，其中，中国为美国农产品的主要进口国。强大的农业生产能力成了美国提升国家竞争力、增加国家谈判筹码的强大武器。二战期间，美国利用粮食作为谈判筹码，迫使法国政府执行美国战略与政策；冷战期间，美国将粮食出口同美苏争霸、越南战争、中东问题联系起来，呈现出强势的国际经济政治外交手段和能力。随着“一带一路”倡议的提出，中国与“一带一路”沿线国家的贸易合作使中外农产品贸易具有较强的互补性和贸易发展潜力。因此，提升家庭农场主经营能力，打造一批具有高素质的现代农民队伍，对于推动家庭农场高质量发展，保障粮食安全及提升农产品国家竞争力具有重大而现实的意义。

(四)是推动家庭农场高质量发展的关键环节

在以知识化、科技化、市场化、信息化主导下的现代农业建设过程中，河南面临着农业经营主体文化素质普遍不高、科技创新理念不足、市场观念和竞争意识不强、农业经营和管理技能不高等突出问题。加快构建一支有文化、懂技术、善经营、会管理的家庭农场主队伍，可以有效解决河南省现代农业发展中经营主体经营管理能力不足的问题，本研究通过构建指标体系对河南省家庭农场主的经营能力进行评价，全面探究影响家庭农场主经营能力提升机制高效运行的关键因素，总结家庭农场发展的成功经验，为河南省家庭农场主提升其经济管理水平指明方向，推动河南省家庭农场的高质量发展。

第二节 文献回顾与评价

通过研究发现,国内外学者大部分是从家庭农场的规模与效率、代际传承、家庭农场的内部组成以及家庭成员之间的关系、影响家庭农场发展的因素和经营趋势以及家庭农场主的胜任力等方面进行了广泛的研究。因此,本书主要从以下几方面对家庭农场及家庭农场主经营能力进行文献综述,为后文实证分析奠定理论基础。

一、国内外文献回顾

(一)关于家庭农场规模与效率的相关研究

由于家庭农场生产活动不同于其他行业,具有一定的特殊性,国内外学者对家庭农场规模和效率之间关系的研究一直都难以下定论。国外一些学者倾向于对农场经营的规模与效率这个主体进行研究与论证,在一些结论的基础上将其推广,并应用到家庭农场的类似领域,取得了丰硕的成果。西方学者从规模经济理论中得到启示,他们认为,如果有足够大的农场规模,则从各种资源、科学技术、信用与贷款方面、信息收集以及对市场的未来风向把握和抗风险处理能力的优势将更加明显,所以,与低效率的小规模农场生产单位相比较,如果规模大的话其生产效率更高。但是也有不同的看法,比如一些经济学家,特别是以舒尔茨为代表的派别,他们坚持农场的生产过程是不可进行分割的,所以规模大小与否并没有多大作用,大规模农场也可能并不会比小规模生产效率更高。

此外,一些科学家认为,农场规模的大小与生产效率两者并不是对应的关系,研究发现结果并不显著,或者二者之间是存在一定联系的,但这种关系并不能用简单的线性关系来描述。例如,Cornia(1985)通过研究秘鲁、孟加拉国、泰国等国家后指出,当农场的规模逐渐扩大的时候,农场的生产效率也会由于农场规模的扩大而增加,也就是说,他研究发现这两者之间是存

在一定关系的，并且是显著的正相关关系①。然而，Sen（1962）和 Bardhan（1973）考察了俄罗斯、印度和其他国家的农场发展问题，他们研究发现，两者之间并不是正向关系，大规模农场的效率并不会因为规模的扩大而上升，反而是一种相反的关系，当农场规模随着时间的变化而变化，资金的投入越来越大的时候，农场经营的效率反而会下降②。在另一个案例中，Seckler and young（1978）通过对美国家庭农场的调查得出结论，农场规模与家庭农场效率之间没有显著关系。与农场的规模相比，管理经验、资源和运营以及管理制度对家庭农场的运营效率有更大的影响。Carter（1990）在研究了肯尼亚农场结构对生产效率的作用后提出，生产要素价格、资本可用性和农场规模对农场发展的生产效率有重大影响，尤其是"经营规模与生产效率之比"为 U 形。

Yuval Dolev et al（2010）调查了以色列家庭农场，发现影响农场规模扩大的一个重要因素是技术效率。尤其当农场的规模越大的时候，随着社会的发展，时代的进步，它会越来越快地进行扩张。Forero-Alvarez，J（2013）对认为小规模农场效率更高这一观点进行了批判，并提出不论农场的规模如何，是大规模还是小规模，这都不影响效率的提高，都可以进行高效率的生产活动。虽然对大规模的家庭农场来说实现规模经济是较为容易的一件事情，但家庭农场中规模较小的可以通过对劳动力的合理安排，对所拥有的设备以及农场资源进行有效利用，发挥其最大的作用，因此也有可能实现规模经济。所以，只有大规模的家庭农场可以实现高效率是不正确的说法。Michael Mascarenhas（2001）研究和分析了密歇根州东南部一个小规模家庭农场的运营状况，并提出在美国现行农业政策下，灵活性和多样化是小规模家庭农场的发展方向。

这些年来，国外科学家对家庭农场效率问题的研究中运用了多种方法，其中一种就是计量经济学方法。Gordana Manevska-Tasevska et al（2011）根据对马其顿共和国 300 个家庭农场的实地调查发现，借助数据包络分析

---

① Cornia G A. Farm Size, Land Yields and the Agricultural Production Function: An Analysis for Fifteen Developing Countries[J]. World Development, 1985, 13(4): 513-534.

② Bardhan P K. Size, Productivity and Returns to Scale: An Analysis of Farm Level Data in Indian Agriculture[J]. Economic and Political Weekly, 1973, 9: 6-8.

(DEA)和 Tobit 回归分析测试了家庭农场的效率。同样,他们发现不仅是上述因素,政府的政策激励同样也可以使家庭农场的效率得到提高。这些研究结果从农场规模和农场效率的角度考察了家庭农场,这对于我们进一步了解家庭农场的相对规模和管理效率是一个理论参考点。Philip 和 Kostov (2019)对四个欧洲国家进行了实证研究,发现组织中家庭农场更高效,但管理上效率却较低。还有一点,一些发达国家的大规模农场已经面临倒闭,分化形成了许多个家庭农场。究其原因,是农业生产的高度自然特性与劳动力之间存在着不可调和的矛盾,这决定了家庭农场经营发展的合理性。

杨成林等(2013)强调,家庭农场中如果引入了现代科学技术,符合农场现代化经营特点,则其生产效率以及收益都会有大的增幅①。从交易成本的角度来看,伍开群(2013)和陈俊民(2015)等认为家庭农场的交易成本较低,因此,家庭农场的发展有很大的优势特征。姬超(2016)发现,家族农场有很多显而易见的特点:实行规模经济、高效生产、灵活的商业经营模式和农场主的独立性。上述分析都是从对农场以及农场主特点出发给出的对定义的解释说明,并没有在实际中进行实践检验。

效率标准是以运营效率为指导的。家庭农场只能在合适的规模和适当条件下才会实现最佳效率。如果规模偏小或过大,距离适当的规模较远,那么家庭农场的经营效率就会降低。孔令成等(2016)根据 DEA 模型计算出松江市家庭农场的理想开发规模为 8.13 万~8.40 万平方米。然而,赵金国等人(2017 年)使用相同的方法计算了山东家庭农场开发的最合适规模为 150~250 亩,这明显比孔令成的计算结果要大得多。其他一些学者主要根据收入标准和效率标准计算或预测家庭农场的规模。根据收入标准,当农场主预期家庭农场能够快速发展且为他们带来理想的收益时,他们对于农场的经营管理会变得更积极、更充满热情、动力十足。关付新(2018)通过实证研究对合理的收入标准进行了评定,家庭农场规模下限由家庭农场收入所占比例决定。但即使按照收入模式,不同学者有不同的观点且差异性较大。朱启臻等(2014)认为,家庭成员的生活需求是家庭农场规模的下限,实

① 杨成林,屈书恒.中国式家庭农场的动力渐成与运行机理[J].改革,2013,000(009):82-89.

际上这样的标准确实太低，不符合作为一个新农业经营实体的家庭农场的定位，它不能反映家庭农场的属性和职业功能。但是大多数的传统小农都能满足这一条件。李宽等人(2014)从公正的角度提出，与农民工相当收入的土地规模成了家庭农场的规模标准。祝华军等(2016)计算出，粮食一年一熟地区的家庭农场最小规模为11.93万平方米，而每年两次收成的家庭农场最小规模为6万平方米。

一些学者对农场进行比较分析的目的在于证明家庭农场比其他类型的经营主体效率更高，收益更大，所以家庭农场这样的形式存在的更为合理。黄延廷(2013)也对家庭农场进行了比较分析，比较对象是大规模雇工制农场，由此发现家庭农场比其效率更高一些，并且也有利于集约化管理，对我国人地矛盾的背景更适应一些。蔡健(2014)比较了家庭农场、小规模农场和雇工制农场的成本效率，发现家庭农场的经营效率明显高于后两者。郭熙保等(2015)分析了家庭农场内部构成机制，发现在农场经营管理的特殊性和劳动监督成本的前提下，家庭农业是比企业和其他经营方式更有效的一个组织。韩朝华(2017)对于这个问题和他们看法类似，通过对相关理论的回顾与整理，他进一步探讨了家庭农场效率高低的问题，指出家庭农场可以对剩余价值和控制权进行平均分配，而农业生产的高度自然特性使得家庭农场成为一种比其他新型农业经营单位更高效的组织形式。江元等(2018)分析了家庭农场以及农业合作社的生产效率以及收益的高低。他们表示，未来家庭农场在农业的生产活动中占有相当大的比重，是其组织形式的主要体现，因此农场拥有更高的效率与收益，而农业合作社则为农民提供更多的社会服务。但是两者相比，家庭农场要更先进一些。有了这种内在的逻辑分析，即分对象进行比较分析，为我们理解家庭农场提供了一个更快捷的路径。

(二)关于家庭农场代际传承的相关研究

国外的家庭农场一直被看作是“家族农业企业”。国外学者在深入研究家庭农场的时候选择了另外一个角度，即研究土地是否可以持续利用对家庭农场代际传承的影响，从传承内容和影响因素两个方面对家庭农场的生存与发展进行了深入研究。他认为，以市场为导向的国家例如英国等，农业生产基本上是以家庭农场为主。他在研究家庭农场的继承问题时的切入点是对家庭财产的继承。Stefan Mann(2007)建立了家庭农场代际传承的理论模型,通过调查瑞士14~34岁老龄家庭农场的潜在继承人之后得出结论,许多不同的因素都在各种程度上对家庭农场的代际传承起着作用。潜在继承人的性别、是否为个体经营者、所从事的农场规模和他的预期收入都会在一定程度上影响家庭农场的代际传承。举个例子,男性继承人受家庭传统和农地性质的影响较多,而女性继承人则是更注重个人身份特征,对男性和女性继承人同时起作用的一个因素是与父母一起工作的愿望。

Ashok K等(2008)通过对家庭农场展开调查,获得了截面数据,他在分析政府家庭农场政策和家庭农场代际传承对农场的影响时构建了一个二元选择logit模型。研究结果显示:政府的家庭农场政策、农场资产、农场主的年龄、教育水平以及是否婚配等都对农场的代际传承有显著的正向影响;家庭农场主及其配偶的非农就业、就业地区与农场之间的距离以及家庭农场主的养老负担等都对家庭农场的代际传承有显著的负面影响。

Bahak Zarja(2011)、Kerbler(2012)、Borec Andre J(2013)等将斯洛文尼亚的家庭农场作为研究对象,强调代际传承是其生存和发展的前提,在继承这个问题上,家庭农场表现出了与其他职业的明显差异,它的传承率极高,甚至达到了其他职业的五倍以上,在继承农场时也需要考虑诸多因素,农场的财产和农场管理、农场主是否有管理经验、农场的生产条件、农场成员的技能、代际传承的管理经验和客户资源等都是其主要内容。在此基础上,和传统家庭农场相比,有机家庭农场能够成功继承的可能性明显更大一些。除此之外,还有一个因素也不容忽视,即经济因素,它也是影响家庭农场代际传承的一个重要因素。还有历史传统、传统观念和行为模式,以及农民个体的思想观念,在一定程度上影响着家庭农场世代之间的关系①。

Philip M. Raup(1986)认为,家庭农场是一种家庭农业组织形式,控制和占有工作、土地或其他因素,只允许少数员工参与。Gasson, Retal. (1986)认为家庭农场是一家农业企业,家庭成员是主要劳动力,所有权和经营权属于同一个家庭,并在家庭内代代相传。

---

① Bohak Z, Borec A, Turk J. Succession Status Of Organic And Conventional Family Farms In Southwestern Slovenia[J]. Drutvena Istraivanja, 2011, 20(4 (114)):1183-1199.

Djurfeldt(1996)强调家庭农场是生产、消费和家庭关系的集合;Jack Odle(2001)将家庭农场定义为“经主管部门注册的企业实体,家庭是一个基本的、面向市场的基本单位,继续实现利润最大化,并开展农业生产和经营活动”;Reid(2004)指出家庭农场是以家族构成为基础,由家庭成员共同做出决定。世代传承对于家庭农场的发展是极其重要的。由于各国经济社会的现实和自然资源的先天差异,家庭农场是一种不均衡的发展方式。

(三)关于家庭农场多样化与制度的相关研究

根据不同的模式,家庭农场可分为不同的类型。农场自身的多样化特征决定了家庭农场经营类型的多样化。例如,美国有许多类型的家庭农场,包括种植类型、养殖类型、种植和养殖类型的组合型、林业类型、游憩类型和社区类型。

Suzanne(1993)对家庭农场进行研究时选取的角度是社区农场服务,他研究发现家庭农场在社区农场中发挥着非常重要的作用。对农场主来说,社区对农场的支持为其健康高效的发展提供了一个公平和稳定的经济收益来源,并提供了与客户直接接触的机会。农场的成果可以直接参与销售,为农场及客户节省成本。Elizabeth and Robin(2007)强调,社区农场的核心是共享农场、生产和销售农产品,在生产者和消费者之间建立供需双方直接洽谈的友好关系。Barbieri 和 daldivia(2010)通过对密苏里州家庭农场的研究,发现其为家庭农场成员和客户之间提供了各种娱乐服务,由此分析了农场的休闲活动与农场实践多样性之间的相互作用。最终得出结论,农场的游憩功能与农场实践之间存在协同效应。农场的休闲利用与农场复合经营的认知态度和情感态度呈正相关。农林业的内在价值(即植树防风和固碳)和经济价值(即感知的经济效益和防洪)越高,农场中土地的休闲利用就会越来越多。Inwood 和 acute(2012)认为,在城乡一体化的背景下,家庭农场在刺激社区经济发展方面具有持久性和适应性。

与国外相比,国内学者主要从农地流转和交易经营的规模上对家庭农场进行研究,刘文勇(2014)、高强(2013)等认为家庭农场是农业现代化的一种重要组织形式,它可以将传统农民转变为家庭农场主和职业法人。它有家庭经营、规模适度、参与市场、企业化管理等特点①。胡书东(1996)指出家庭农场产权结构相对简单,与小农经济具有相似的优势,具有较高的产权激励和较低的劳动监督成本,但是在激烈的市场竞争中提高技术水平是必要的。

另外一个方面,黎东升等人(2000)认为,家庭农场具有适当的规模、合理的利润、家庭和企业管理等特点。同时,他还强调,家庭农场有其发展效益,是改善承包家庭管理、处理和推广传统家庭管理组织以及鼓励实现适当规模农场管理的有效途径;其发展的前提是合理集中土地,有效转移剩余劳动力,对社会化服务体系进行完善,农场基础设施进行提高,加强市场体系建设,提高农场主综合素质。胡光明(2010)指出,家庭成员之间存在着血缘、婚姻等特殊关系,这使得家庭管理这一社会经济细胞更具凝聚力,在生产实践中这些凝聚力和创造力就显得尤为重要。黄延廷(2010)强调,通过大规模土地管理,家庭农场可以提高农业技术应用水平,进行标准化生产,积极开展大规模管理,提高农场效益,并逐渐向现代化家庭农场转变。家庭农场有着易于制定和实施更严格的商业计划,农场员工可以充分参与工作,提高农场生产效率的优点。陈纪平(2008)运用农业生产组织理论进行分析,他指出由于农场劳动力转移的空间不足导致了我国农场的发展极为缓慢,这使得农场机械化进程困难重重,并且与作为农业生产组织的企业相比较,家庭农场可以节省更多的交易成本②。

在另外一些方面,伍开群(2013)强调农场控股也是一个契约环节;家庭农场作为家庭成员的所有制组织形式,是一种最有效的节约所有制成本的农业经济形式。在农场成员的交易中,代理人与委托人的角色相互重叠,并且完成过程是以家庭所有制的形式。代理成本很低,还有可能没有代理成本,甚至决策成本也很低。汤文华等(2013)从新制度经济的角度分析了家庭农场的主要特征,他认为中国家庭农场是基于公共产权的农业管理组织和高效的农业管理组织基础上,各种规模的农场同步发展;但同时也会有土地流转难,农场主文化水平不高,科学技术对农场的支持远远不够,资金筹

---

① 高强,刘同山,孔祥智. 论家庭农场的生成机制[J]. 国土资源导刊,2013,10(7):4.

② 陈纪平. 家庭农场抑或企业化:中国农业生产组织的理论与实证分析[J]. 经济学家,2008(3):6.

集困难等一系列问题。因此必须完善农村土地流转制度,对家庭农场主进行专业培训,引入科技设备,创新农村金融等。

我国家庭农场借鉴了国外农业发展的经验,在一些发达国家,如德、美、法、日等家庭农场在农业管理体系中发挥着重要作用。家庭农场代表了中国农业经营的发展方向,在中国农场发展经营体系中具有不可替代的主体作用(邹心平,2017)。

(四)关于家庭农场发展方向的相关研究

除上述讨论外,一些学者对家庭农场的发展方向和趋势也进行了探究。家庭农场的规模变得越来越重要,它也是目前研究家庭农场问题中的一个热点。国外学者们研究发现,发达国家的家庭农场规模通常在逐渐扩展,比如说,John T. schlebecker(1975)在美国等 15 个国家的统计数据表明了这一点。Jean-Paul chavas(2001)和 Ramesh Chand(2011)的进一步分析表明,发达国家的农场平均成本为 L 型,也就是当家庭农场的规模没有发展到一定程度的时候,它是具有规模经济的,但是如果家庭农场的规模一直扩大,甚至扩大到超过了一定的限制,那么平均成本基本保持不变。这一推断同时也得到了 Catherine Paul、Amin W. Mugera(2011)的实证结果支持,这说明对于发达国家,他们对家庭农场保持了扩张趋势①。

发展中国家的情况与发达国家之间存在着很大的不同,家庭农场在高收入和中等收入国家也呈逐渐增长趋势。Xibao(2015)等进行了一系列理论分析,结果发现经济发展水平、技术进步和相对工资决定了家庭农场的规模变化,美国数据的实证检验也可以说明这一点。另外一些研究也支持家庭农场的规模会随着各种水平发展的提高而增加。T. S. Jayne 等(2016)还发现,在关于非洲加纳、肯尼亚、坦桑尼亚和赞比亚的家庭农场规模演化过程的研究中,平均规模为 5 ~ 100 万平方米的家庭农场的比例也在不断增加。Sarah K. Lowder 等(2016)的研究结果有不同的发现,他们对数据的调查研究选择的范围更广,同时发现,从 1960 年到 2000 年,农场规模在大多数低收入

---

① Catherine Paul, Richard Nehring, David Banker. Agapi Somwaru. Scale Economies and Efficiency in U. S. Agriculture: Are Traditional Farms History? [J]. Journal of Productivity Analysis, 2004, 22(3).

国家在不断下降，而一些中等收入国家和高收入国家的农场平均规模都在不断扩张，结果表明，随着收入水平的提高，家庭农场的规模先减小后增大。这与经济发展不同阶段的人口数量发展有关。低收入国家的人口增长迅速，人口规模的扩大消耗了家庭农场扩张的动力。然而，进入中等收入和高收入国家后，人口增长率将会有所下降，家庭农场的规模也会随之有所提升。Steve Wiggins（2010）和 Peter Hazell 等人（2010）对有关小型农场发展前景的文献进行整理，他们认为小型农场在农业落后的国家是不可或缺的。

与此同时，随着我国经济的快速发展，进入中高收入国家行列之后，在工业化、城市化进程不断推进的基础上，我国农场的经营规模一直在持续上升。实现大规模经营是大势所趋，家庭农场的出现也促进了家庭农场主的发展。未来很长一段时间，我国家庭农场的规模还将随着社会的发展呈现继续扩大的趋势。与此同时，我国仍然是一个发展中国家，大量农村人口尚未转移。在这一阶段，非常有必要保持适当的农场管理规模，并逐步进行规模化管理。朱学新（2006、2014）先前强调，随着城乡一体化改革的推进，中小规模的家庭农场在城市中也应该逐渐发展起来。黄宗智（2014）介绍了美国地多人少模式和日本多人少地模式，强调中国必须走“小而精”的适度规模道路发展家庭农场，而不是一味盲目追从，把美国家庭农场逐步扩大模式的经验应用于中国，杨成林（2015）还批评了在 21 世纪初发展大规模农场的口号，正如众多学者强调的那样，在中国国情的前提背景下，只有中小规模的家庭农场才可以得到快速发展，目前国内学术界基本认同应该尊重适度规模的概念使家庭农场得到高效发展，而不是一味追求扩大农场规模。

除了这些，一些学者还总结并展望了家庭农场发展的特点和趋势。李俏等人（2015）提倡“多功能农业”的概念，并指出家庭农场应该采用差异化的模式来发展，以充分适应社会、生态和文化效益。李俏的建议是具有建设性的并且可行，可以对地方政府相关政策的制定提供可借鉴的路径，因地制宜，在考虑农场发展的同时要充分利用当地具有特色的实际情况，从而为提高本地区家庭农场的竞争力增光添彩。张红宇等（2017）指出，中国家庭农场数量显著增长，经营方式多元化，发展模式多样化。然而，美国家庭农场专业化管理的趋势是显而易见的。每个家庭农场的平均类别数量从 1950 年的 4.2 种缩减到 2000 年的 1.3 种，到 2012 年已经进一步减少到了 1.2 种

(Bruce L. Gardner,2002),这主要是由于科技的进步,农业机械化、运输和配送系统以及农业材料供应都得到了发展(Mazoyer 等人,2006)。中美两国农业发展的不同趋势可能在于风险应对措施不同程度的改进。应对中国农业风险的措施相对单一且稀缺,这对家庭农场的管理决策产生了不小的负面影响。肖娥芳(2017)通过对案例进行分析强调,中国家庭农场呈现出结构不断调整、规模持续扩张、模式趋同、管理现代化、资源集约化和员工专业化等趋势。

在外部环境的影响下,一切事物的产生和发展都是离不开其核心对环境的不断适应和转化。外部因素可能会对其进化的过程产生影响甚至阻碍,但任何事物的进化机制分析都不能忽视其主体。而对于家庭农场来说,其主体应当是经营农场的家庭农场主。然而,上述讨论大多是考虑到外部因素的影响,对农场主并没有具体分析,而农场主自身的因素则属于影响家庭农场发展的内部因素。在这方面,一些学者在分析中加入了内在影响机制即家庭农场主自身原因,着重说明了家庭农场的内部机制以及其与外部因素之间的相互作用对家庭农场发展的决定性影响。

高强等(2013)认为,家庭农场是一种博弈结果,是传统农场主在市场收入以及市场保障下不断演化的结果。杨成林(2014)指出,农场主对经济激励的自发反应是家庭农场产生的根本动力所在。陶自祥(2016)更加关注激励方面,他认为经济的发展以及社会政策的激励促使家庭农场主的产生。张建雷(2018)认为,家庭农场是农场主家庭在一定的外部条件支持下,比如政府政策的制定和市场供需的发展要求下进行不断地内部调整从而来追求家庭收益最大化的结果。这些观点使我们理解家庭农场时更加清晰明了,对我们有一定的启发作用,但这些只是少部分,并且讨论的不够详细,无法透彻解释家庭农场的起源和发展。

(五)关于家庭农场发展影响因素的分析

国外学者主要分两个层面,即内部层面和外部层面对影响家庭农场发展的因素进行分析。

外部层面,在对埃塞俄比亚家庭农场进行调查后,Oszmianska(1997)发现农场主的生产决策会因为农产品价格波动和市场预期而受到一定的影响。现阶段迫切需要可靠的信息,如农产品价格、投入品价格以及对市场销售产品的预测。所以说,处在一个高效的信息环境中是非常重要的。与此同时,Alston(2004)在对家庭农场展开调查时选择了澳大利亚作为研究主题,他强调,在经济全球化的快速发展下,各个国家的国际政策也会对农场的发展产生影响,并从社会问题的角度出发,研究具体反映在家庭农场主、家庭农场、多样性、农业贸易、家庭农场女性的地位和作用等方面。

内部层面,Bravo(2008)从家庭农场环境指标的角度讨论了对家庭农场可持续发展的评估。在自然环境、经济条件和社会政策三个方面,如评价指标的选择,农场环境的可衡量指标、符合政策的相关性、有效性和稳健性、易沟通性等标准,与研究人员和政策制定者相关的指标被称为家庭农场的"外部指标",将家庭农场与家庭农场相关的内部资源因素看成是影响其发展的"内部指标"。Joanna berezeicka(2013)研究了波兰家庭农场,强调家庭农场在波兰农场的管理与经营中发挥着重要作用。向家庭农场主提供更多的财政支持是鼓励家庭农场发展的重要途径①。

国内学者研究发现家庭农场的发展受各种因素的影响,这其中有土地因素、农场主个体因素、工人和雇员、国家政策、法律和生产集群等(陈永富等,2014)。

首先,在土地方面,许月明(2006)在实证研究的基础上提出土地规模小、流转困难、土地生产功能弱化等问题,这使得土地规模经营难以进行,从而使得家庭农场发展相当困难。其次,在农场主和就业方面,张忠明等(2008)指出,区域经济的发展条件、农场经营者老龄化程度、农场收入偏低、农场生产资本流动的增加等因素影响农场主对农场规模的经营意愿,进而阻碍家庭农场的顺利发展。倪坤晓等(2012)对浙江省慈溪市龙山镇的家庭农场进行了研究,发现农场主的文化素质水平、农场生产技术水平、农场管理能力和雇工都是影响该地区家庭农场发展的主要因素。陈定洋(2015)通过对安徽省郎溪家庭农场的调查和分析,得出结论:农场主的农业知识和技能的水平低下、农场主生产经验不足等对家庭农场的发展有限制作用。

其次,在财政税收等国家金融政策方面,王建华等(2013)指出,资金困

① J Bereznicka. Role of Debt and the Ability to Create Equity in a Family Farm[J]. Management & Production Engineering Review,2013,4(2):3-11.

难、弱化农业保险的作用、政府扶持政策失衡将限制家庭农场的发展。肖娥芳等人(2014)提出,农场主的经济特征和土地资源的配置会显著影响家庭农场的经营意愿。

最后,在社会化服务方面,刘向华(2013)认为,农场社会化服务体系的完善与否是促进家庭农场健康发展的最重要保障和基础。然而,目前我国农场的社会服务体系建设不够完善,对实现家庭农场高效快速发展是一重大阻碍因素。

不同国家和地区家庭农场的发展模式存在许多差异。除了区域影响外,还有其他因素使这些差异体现出来。有学者研究了这些因素。例如,沈茹等(2014)使用计量经济学模型对影响家庭农场社会化服务的因素在产前、产中、产后都进行拟合,并发现一些显著影响家庭农场社会化服务的因素。除了强调这些因素外,杨建利等人(2014)还认为,小规模土地也是家庭农场发展中的绊脚石。施国庆(2015)和赵伟峰(2015)都强调,家庭农场受土地转让、资本投资和农场主素质等方面的限制。兰勇等(2015)指出,在中国家庭农场的发展中,国家与政府的政策、法律定义市场生产要素、社会化服务体系等方面都有一定的缺陷,这些都使家庭农场的实践与中国国情存在一定的偏差①。王建华等(2016)在对苏南家庭农场进行调研的基础上,认为外部环境困难和内部发展困难都是制约家庭农场发展的因素。孔令成等(2016)运用DEA模型分析了松江粮食家庭农场,指出家庭农场在发展经营过程中将受到农场决策人、经营管理手段、农场外部环境以及其他随机变化因素等的影响。张跃等(2016)强调,中国家庭农场经营面临着就业不足、原材料成本增加、农场产品单一、社会化服务落后、交际能力差等诸多风险。张明月等(2016)运用ISM模型对制约家庭农场发展的因素进行了研究,并将影响家庭农场发展的因素分为三个层次:表层、中层和深层。其中,政府组织定位不到位、扶持政策不完善、农村社会保障不足、社会服务水平低下是根本原因。郭家栋(2017)比较了中国四种典型的家庭农场发展模式,强调家庭农场发展模式与区域经济发展水平、组织化程度、城市化发展水平和

① 兰勇,周孟亮,易朝辉.我国家庭农场金融支持研究[J].农业技术经济,2015(6):9.

工农业结构有着紧密联系。饶江红等人(2017)强调,家庭农场的发展存在自治性不足、规模受到限制等问题。事实上,通过土地流转进入市场,土地规模问题已经得到解决。例如,根据农业部2016年发布的数据可以看出,中国的土地流转规模已经占到了总土地承包面积的三分之一,这个数量非常可观。土地转让背后的经济稳定性显然比细碎化的土地更重要。

(六)家庭农场内部结构及家庭成员关系相关研究

国外家庭农场研究的重点之一是家庭农场的内部结构和家庭成员之间的关系。Anthony M. Fowler(1983)提出家庭是农场经营的决策中心。家庭农场中的劳动力、当地习俗和工作态度决定了家庭农场的收入和分配,其家庭结构的灵活性对于兼职来说是最合适不过的了。Iwamoto(2006)特别强调了家庭因素在农场的经营和发展中的作用,家庭成员是农场的投资者、所有权拥有者和农场的管理者,以便建立高效稳定发展的家庭农场。家庭成员不仅要齐心协力,以更有效地管理家庭农场,使农场的发展更快更好,而且家庭成员还可以成为连接社会和农场的纽带。Judith Mollerset Al(2010)通过分析离开克罗地亚家庭农场的决定,提出工业提供的非农就业是改变农村非农经济结构的重要一环。结果显示,老年农场主和成功的企业者已成为退出家庭农场经营的主要群体,个体退出农场倾向于选择非农就业和混合就业越来越多。Chrysanti charatsari根据1950年至2013年希腊塞萨利地区家庭农场891名妇女的经历,调查发现妇女的家庭地位已显著提高,但男女在两性平等方面仍然存在巨大差距;提高妇女地位的主要障碍是在农村地区男子享有道德和伦理特权。Linda reissig等人(2015)通过实证研究指出,瑞士有机农场和传统农场的工作时间存在明显不同,但总的工作时间是一样的。

家庭农场具有很强的个体融合性,在管理方式上也具有很大的灵活性与自主性。家庭农场主在血缘关系、权责不清的家庭农场内部关系以及权责明确的现代农场结构上或多或少都存在着差异。可以用简单的方式构建一个农场,每个家庭农场对农场的每一个决定至少得有一名经营者负责。大规模农场通常经营管理者不止一位,其中最核心的决策者负责日常决策和农场运营管理,其他农场主要负责人负责的是其他方面农场事务。根据2007年的ARMS数据显示,大约880 500个农场(数量达到了美国农场总数

的40%以上)都具备超过两名的农场经营管理人员。农场的规模越大,往往需要的管理者也越多,而除了核心经营管理者之外其他人也可以为农场的工作贡献自己的一分力量并且提供专业管理知识,也可以为农场带来其他资源,如农场资本或土地。除此之外,如果家庭农场拥有不止一个经营决策者,这对农场的继承也是有利的一面。当核心决策者退休时,其他农场负责人也可以成为农场的继承者。家庭农场通常来说都是家族管理,农场其他方面的负责人大部分由家庭成员来分担,并且配偶所占的比例超过了73%。存在代际关系的家庭农场只占少部分,年长和年轻的经营决策者之间至少有20岁的年龄差。代际农场在大规模家庭农场中更为常见。在小规模家庭农场中,由配偶来协助负责农场其他事务占比情况最高。随着农场规模的不断扩大,非配偶的辅助经营管理越来越多,特别是大规模的家庭农场。大规模农场的经营者人数最多,平均每户约2.4人。

家庭成员在劳动力中所占比例对家庭农场认同的作用。与国内对家庭农场中劳动力的明确限定相比,美国对于其劳动力并没有一个很明确的界限,即使不是由农场主的家庭成员组成也是可以的。衡量家庭农场年度就业情况的一种常用方法是“等效劳动”,这里将其定义为2000小时,或基于每周40小时标准工作时间的50周的标准工作时间。兼职的家庭农场和退休农场劳动力的使用情况是最少的,只占到三分之二的劳动力。低收入农场的就业人数如果要增加一人,那么同时大型农场的就业人数就会增加到39人。从这个数据可以发现,随着农场规模的扩大,家庭农场所需的工作量远远超过在家庭农场中劳动力工作的成果所提供的。如果家庭农场中的劳动力只来源于家庭成员,则无法实现大规模家庭农场的劳动力需求。因此,大型家庭农场对劳动力是十分急需的,这目前是一个很大的缺口。和大型农场相比,只有34%的劳动力参与到中型农场的就业活动中,而大型农场这一比例提升到了74%。美国家庭农场需要雇佣相当数量的劳动力以满足其需要。

在对家庭农场的解释中有证据表明,经营者与经营人有血缘、婚姻或收养关系的个人占据了农场一半以上的股份,并由家庭农场的所有者或控制人经营。家庭农场中对于“家庭成员”的范围确定主要依据的是家庭农场主要负责人的关系。“家庭成员”主要指与家庭农场主和农场主要负责人有血缘、婚姻和收养关系的家庭成员。包括本阶段生活在家庭农场范围之内,但并不是农场家庭中的人(Erik J. O. Donoghue,2011)。由此可以得到,在美国对于家庭农场中成员的定义是一个十分宽泛的范畴,对于家庭农场范围的确定也在逐步扩大。

一些大规模家庭农场通常是由拥有多个单一规模农场的家庭所有,大部分的农场经营和管理者都是来源于雇佣合同制。首先,除非招聘的经理也是拥有农场财产的家庭成员,否则不会将其归类为家庭农场的成员之一。由此可以知道,家庭农场非常抗拒招聘专业人员来管理农场,招聘的专业人员是不同于农场所有权和管理权分离的特点以及农场家庭成员所有权和管理权高度统一要求的。招聘人员来管理农场的时候,他并不属于家庭农场的一员,除非他持有家庭农场的股权或者是家庭农场主的身份。我们加深对家庭农场的理解依赖于这些对家庭农场内部分析的微观研究,并且对中国家庭农场未来的可持续健康发展具有重要的影响。

(七)家庭农场主综合素质影响相关研究

目前来说,国内对于家庭农场主经营能力的研究非常少,也很难找到,可以查到的文献中只有少量对家庭农场主所具备的素质进行了定性分析。纪志耿(2014)对家庭农场主个人综合素质的分析是从家庭经营农场的管理规模和自给自足能力的角度阐述的,同时,他也提出了成为一名合格的家庭农场主在平时的管理以及工作中应该注意哪些方面的提升,优秀的家庭农场主应该具备哪些基础素质。滕明宇(2015)以谷物生产为背景展开研究,他采用了对比分析和案例分析,也分析了家庭农场主所需的个人素质如何进行提升。

余佳斌、杨翠苹、文锦涛等(2020)运用 DEA 模型分析烟草家庭农场规模的最优效率问题,其中,使用意愿规模和效率最优规模的比值来衡量家庭农场主的非理性程度,并分析了非理性程度的关键影响因素,研究结果表明:家庭贷款能力、财务管理能力、雇工管理能力、政府部门资源获得能力对家庭农场主的理性决策机制产生了显著的作用,决策的理性程度也受到了

家庭农场主自身综合素质以及家庭能力的复合影响①。

社会化农业生产的一部分就表现在家庭农场。同样的，现代农业发展的基本方向之一也是家庭农场的快速发展。他们在生产、经营、销售等环节与普通的家庭农场存在着明显的差异。其中就包括是否商品化或者企业化的问题，这些特征就需要家庭农场主自身过硬的综合素质以及充分的知识储备，他们不仅要懂生产、懂技术，还要懂得如何经营、如何管理一个农场，这就需要他们不能只是兼顾经营家庭农场，需要经过专业化的训练，经过一定程度的对农业知识的培训，并且要全力投入农场的经营中。针对这种情况，许多学者研究了农场主素质与家庭农场两者之间的关系。他们认为，只有培养专业的农场主，家庭农场的发展才会更加趋于专业化规范化和科技化。王斌、张华华、孙鹏、赵胜利、张冠宇、刘慧芳通过对湖北省临安市家庭农场发展的实证分析，探讨了提高农场主整体素质和专业发展在家庭农场发展中的意义，并分别对成都市、河南省、吉林省和上海市农场主专业发展的基本路径进行了追溯。通过对家庭农场有效绩效的研究，何劲、熊学萍分析了家庭农场经营者的素质对家庭农场绩效的影响，并得出结论，在当前家庭农场市场化发展时期，提高管理者素质，促进农场主专业发展具有重要意义。从河南省家庭农场的发展历程来看，王先菊重点关注家庭农场主整体素质的影响及其管理效益，并从文化角度提出了提高家庭农场主专业技能和管理技能的途径。

张恩广、向月军、卢文凤等(2018)分析了农场主个人的综合素质特点对扩大规模经营的影响程度。研究结果显示，个人的教育程度对规模经营的扩张是有影响的，并且能产生显著的正向影响，农场主的年龄对规模经营扩张有一定的抑制作用；接受农业服务化组织程度、政策性补贴强度、参与生态环保意识及农业保险意识等因素对其扩大经营具有极显著正向促进作用。张扬、陈卫平(2019)分析了农场主社会资本网络对资源获取和生态农场经营满意度的作用。结果表明：农场主的两类网络社会资本，即桥梁型和紧密型均有利于农场同行资源和顾客资源的获取，其中对同行资源的促进

---

① 余佳斌，杨翠苹，文锦涛，等.非理性决策的烟叶家庭农场主画像：基于效率最优规模的实证分析[J].安徽农业科学，2020，48(10)：5.

效果更为强烈;在农场经营满意度的影响中客户资源和同行资源都会对其提高产生正向的影响,与两者相比,客户资源对提升企业满意度的作用更为显著。在生态农场创业急需资源的背景下,网络社会资本的积累是创业者在克服地域阻碍、解决信息流通不畅、对主要资源及逆行提取、使农场运营水平进一步提升的时候能够在互联网中实现的有效途径。王丽霞(2017)基于安徽省 768 家家庭农场的数据,采用 Probit 模型实证检验农户个体禀赋对家庭农场获得政府专项补贴的影响。结果表明:在控制了一系列影响因素,农场主个人禀赋差异直接影响政府补贴的多少。具体来说,获得高水平政府补贴制约因素的其中一个便是教育禀赋,而对于家庭农场主,他们的各种经验比如企业经营经验、农业生产经验和干部经验都可以显著促进地方政府补贴的获得。戴倩、谢云、陈钧(2018)基于湖北省 264 位家庭农场主农产品电子商务的开展情况进行了实地调查,他们利用二元 Logistic 模型对家庭农场主发展农产品电子商务的行为选择及其影响因素进行了一系列实证分析。实证结果表明:文化程度、是否有欠款、是否会开车、是否有自己的品牌、其农场生产的产品是否具有特色、其品控能力的高低等各种变量都对农产品电商行为具有显著性的影响。兰勇、谢先雄、易朝辉等(2015)探讨了农场主过往经验对家庭农场基本特征、农场的经营类型及经营绩效盈利情况的影响。研究结果表明:农场主以往经验对家庭农场长期从业人员数量、初始投资规模和经营土地面积有不同程度的影响。农场主以往的经营经验对家庭农场经营类型的选择和经营绩效也有着显著的影响。经验丰富的农场主往往热衷于建立投资规模大、收益高、见效快、经营业绩最好的综合性项目。非农体验农场则与其有所不同,他们更倾向于选择投入低,风险也会较低的组合项目。农业体验型农场倾向于选择纯种植或养殖项目,经营业绩相对较差。

(八)家庭农场主特征与培训问题的相关研究

李晓康、郭红东(2015)分析了美国家庭农民老龄化的现状和家庭农场的继承转型,以及老龄化给美国农场发展带来的问题,总结了老龄化的原因以及美国政府采取的针对性措施。美国作为世界上重要的农产品生产国、消费国和贸易国,其经验对我国应对农场人口老龄化具有重要的借鉴意义。

郜亮亮、杜志雄、谭洪业(2019)分析了我国家庭农场主的特点和变化。

结果表明,农场主性别呈现出“九男一女”的特征。农场主的平均年龄为 47 岁;从农场主文化程度来看,50% ~60% 为初中及以下,至少 1/3 为高中(中专或职业高中),约 10% 为大专及以上(包括本科和研究生)。农场主接受再教育培训的比例为 80% 至 90%,平均每年进行三种类型的培训;农场主平均有 5 ~7 年的规模经营经验,但越来越多没有规模经营经验和经验短的人成为农场主;近 60% 的农场主有一种以上的经验,至少有两种经验,大多数有六到九种经验;80% 的农场主属于乡村,9% ~10% 的农场主属于乡镇。

江永红、戚名侠(2018)研究认为:家庭农场主作为家庭农场发展的核心和灵魂,对家庭农场的成长起着重要的作用。家庭农场主主要由村干部和农民企业家组成,培育机制源于其拥有的人力资本、物质资本和社会资本。具体表现为:第一,村镇干部和农民企业家具有一定的领导水平,这种支持使他们有勇气奋斗和创业;第二,当地村镇的干部和农民企业家交际广泛,所以在人脉上具有很大的优势,在土地之间流转、各类劳动合同以及产品买卖合同签订以及筹备资金等都可以更加便利的进行,减少各级上报审批的等待时间以及与农民之间各类纠纷的发生等麻烦。第三,村干部和农民企业家有更多的信息渠道,能够及时了解国家发布的相关政策,并做出相应的决策和调整。在模型中进一步引入政策变量后,我们发现当前的农业补贴对农民成为家庭农场主的影响并不显著。然而,在村干部和农民企业家的互动中,农业补贴的结果显著且两者呈正相关,主要原因是目前农业补贴的对象是土地所有者而不是土地经营者,因此土地流转规模大而不能得到更多的农业补贴,而村干部和农民企业家凭借其信息优势可以及时获得补贴①。基于以上结论,我们认为未来家庭农场主的培育应注重个人特征,以政策支持为辅助手段,来成就一批具有企业家精神的家庭农场主。

张学艳(2016)研究认为,家庭农场是解决农村“谁来种地”和“如何种地”问题的必然选择。通过分析家庭农场的运作过程,农民、土地流失户、村集体和政府从各自的目标出发进行利益博弈,构建动态的家庭农场结构。重点讨论了家庭农场主在空间和对农场管理的制约下,如何发挥自己的优

---

① 江永红,戚名侠.生成机制、个人禀赋与家庭农场主培育[J].中国人口·资源与环境,2018,28(5):7.

势，通过自己的坚持与努力，打破这些问题对其的约束，从而使自己的利益实现最大化。家庭农场结构在农场主的能动反作用下，产生新的规则与资源，反复调整并形成新的家庭农场结构，促进结构中各行为主体目标的实现。

滕明雨（2013）研究认为，家庭农场主才是家庭农场的灵魂和身体。在发展的外部条件基本相同的情况下，少数农民可以从众多农民中脱颖而出，演变为粮食规模生产者，再演变为家庭农场主，这在很大程度上是由农民自身内在特征驱动的。通过对国内粮食规模生产者发展历程的研究，可以看出个体的这些内在特征主要包括信念坚定、开拓进取、坚持和坚韧、善于思考和学习、竞争和亲和力、忍耐力。

李建芬、陈莉、宋晓等（2020）介绍了河北省石家庄市农林科学研究院在培训青年农场主的实践过程中，通过遴选学员，正确选择实训基地，创新培训方式，科学设置培训课程等方面，提高了青年一代农场主的农业专业技能，提供企业孵化和跟踪服务，丰富其管理经验。纪志耿、黄婧（2013）研究认为，家庭农场必须有必要的土地经营规模，如果这些农场的经营收入等于或大于农民工的经营收入，那么家庭农场主在理论上是可以自给自足的。然而，在现实生活中，家庭农场主很难实现经济独立或人格独立。其原因在于成功的家庭农场经营不仅要有土地的要素，还要具备资本、劳动、企业家才能等方面的要素。在当前农村，土地转包租赁不稳定，没有稳定来源的工人，对经营风险承担能力差，当前家庭农场主创新能力与自主管理能力弱。因此，家庭农场是一件“舶来品”和“奢侈品”，要培育新型农业经营主体，必须走中国特色的家庭农场之路。

（九）家庭农场主胜任力相关研究

随着人力资本理论和实践的不断完善与补充，学者们越来越重视对胜任力的分析研究。胜任力是一种潜在且持久的特征，它将高绩效员工与一般绩效员工区分开来。家庭农场主作为社会中一个新兴的农业领域和农业实体，对其培养和科学发展依旧处于探索阶段，发展不是很完备。如何在家庭农场主的管理中合理应用现代人力资源管理理论和实践，逐渐成为学术界和企业中越来越关注的问题。

由于国外家庭农场模式发展较早，对家庭农场主胜任力的研究相对比

较充分。1973年,美国心理学家大卫·麦克莱伦首次提出了胜任力的概念。该研究主要基于McClellan提出的胜任力模型,该模型由特定机构和研究方法开发。例如,Gerber(1997)以员工和管理者为研究对象,在素质胜任力模型的基础上,综合了定性研究和定量分析的方法,最终建立了员工和管理者的胜任力模型,其分析了109名主任在挑选办公室工作人员和行政人员时的标准和要求;Smyth(2000)在现有胜任力模型的基础上,利用案例检验的研究方法对案例进行分析,为胜任力模型的构建奠定了基础;Shaw(2002)对过去二十年来岗位胜任力模型进行研究,在此基础上确定了岗位胜任力模型的构成以及在模型中整合组织因素,从而构建新的胜任力模型;Kluge(2005)基于认知心理学的观点,分析了以往能力模型中存在的问题以及胜任力与能力的差异,对原有胜任力模型进行扩展,提出胜任力模型的概念;为了将意见领袖的个人能力作为研究重点,在理论模型中加入人格层次;Gnambs(2012)分析了417家德国公司的意见领袖,将个人素质纳入人格层次模型,并通过研究延续意见领袖的五维个人能力模型;Park(2013)以胜任力模型为基础,结合预防网络成瘾的重要行为,设计了一个预防网络依赖的胜任力模型,包括自我控制能力、时间管理能力、现实意识、处理风险的能力以及与父母、伙伴或社会之间的积极交流;通过问卷调查和对中国医院护士的深入分析,Wen(2016)将护理管理作为研究重点,通过实证研究确定了四维医院护理人员胜任力模型。

Spencer(1993)认为胜任力应该在具体工作中应用与体现,并且胜任力是可以比较大小的;McClelland(1998)基于行为事件访谈方法提出了胜任力评估模型;从那以后,许多科学家都开始对胜任力模型进行各种不同方法的研究;Markus(2005)以现有胜任力模型为基础,研究分析得到了一种对胜任力评估的科学方法,利用的是循证分析;Whelan(2006)针对医护人员胜任力提出了一种可以在线测试和评估的模型;Matej jevscek(2016)基于能力评估的不精确性和复杂性,提出了一种基于模糊逻辑的人员胜任力评估方法;Usiaeva(2016)提出了基于社会学诊断分析方法的胜任力模型,用于评估员工的工作能力;Nemengani(2017)使用交叉研究方法评估医学实验室技术型人员的胜任力,从而开发出一种实用有效的方法,用于评估技术人员的胜任力。

家庭农场主胜任力首先要考虑自身素质水平。自身素质包括经营者的受教育水平、各种农业技术培训的参与次数、在交流会上发言的次数、人际沟通能力和社会活动状态、对各种风险的处理和对未来的期望、农业生产经营的管理能力，对学习新技能、知识，以及使用更先进的操作设备和其他新事物的接受能力。例如，Dean T. Jamison、Peter R. mock（1984）利用尼泊尔的数据证明家庭农场的发展状况与农场主自身的受教育程度以及技术水平都紧密相连，并且农场主的家庭背景因素也对其有显著的影响。

Bonner（1977）通过定性分析方法研究了美国家庭农场主的胜任力，并提出了家庭农场主所需的66项胜任力因素。Marchant（2001）从个人特征和应对金融危机的能力两方面构建了家庭农场主胜任力模型。Kustiari（2012）研究了家庭农场主胜任力与农场未来发展之间的关系，并对提高家庭农场主胜任力提出了可行的指导建议。Islam（2014）利用随机调查方法对农场主胜任力情况进行了分析；Utaranakom（2014）通过实验研究和经验总结，根据农场主在土壤侵蚀管理中所体现的应对问题的措施与态度，构建了家庭农场主胜任力模型；Utaranakom（2015）通过实证研究，研究了泰国家庭农场主对家庭农场的管理能力。

基于上述研究现状，结果表明，目前国外对家庭农场主胜任力模型构建方法和对胜任力的评估研究比较充分，一些研究的结论为农场主胜任力模型的构建在理论支持方面奠定了基础。然而，目前国内外针对家庭农场主胜任力的研究还比较匮乏。虽然国外依旧有相关结果可以对家庭农场主胜任力进行参考，但这些研究主要集中在胜任力的某一个方面，缺乏系统全面的分析。

国内对于胜任力评价研究主要集中于两种方法，分别是实证分析方法和多属性决策方法。比如，赵西平（2007）选取的研究对象为软件工程师的潜在能力，通过行为事件服务对软件工程师潜在胜任力的基础上建立了实证研究方法；张军（2009）的研究对象选择的是行业的从业人员，系统考察了胜任力指标体系的建立和评价方法的选择；褚福磊（2012）以列车驾驶员为研究重点，对胜任力的评价指标体系进行分析，运用贝叶斯模型，引入列车驾驶员胜任力的评价模型；周荣（2014）以胜任力模型为基础，评估了高校教师的远程学习能力，通过灰色关联方法建立指标体系，运用层次分析法对高校教师远程学习能力进行评估;沈小翌(2015)建立了基于声音理论的评价指标体系,运用向量方法对建筑室内设计环境设计师的能力进行评价;王洁(2016)提出了一种基于概率神经网络的企业知识创新员工能力测评方法;张利平(2016)着眼于全科医生的核心竞争力,在行为访谈和文献资料的基础上,通过层次分析法、线性加权法和理想值近似法等综合分析方法,建立了全科医生核心竞争力评价模型;章小波(2017)通过结构方程模型和探索性因子分析对相关创新背景下地方领导人的能力进行了检验,确定了能力的组成部分和实证分析方法。

二、文献评价与启示

在对家庭农场进行以上学术研究的过程中,我们可以找出目前对家庭农场,尤其是家庭农场主关注的不足之处,并得出一些对本研究有帮助的结论。

(一)研究视角和内容不够系统和全面

虽然从 20 世纪 80 年代开始在中国就有关于家庭农场的研究,但家庭农场对我们国家来说仍然是一个新的领域,经过不断地实践,直到 2013 年,它的发展速度开始加快,并开始在学术界引起关注。目前,对家庭农场的研究还是不全面不系统的,还正处于比较早期的阶段,学术界更多的是对它的一些定义、特征、发展的必要性和可行性以及促进其发展的一般性和讨论性研究。当然对于家庭农场主的研究更是如此。这些研究同时也存在着一些问题,比如研究的视角不够宽泛,很少有从经济、政治和社会学角度进行系统研究的。另外,对家庭农场管理的效率问题、家庭农场未来生存、发展和家庭农场主综合素质的提升机制的分析也不够充分、系统及全面。

此外,在这些研究中,除了郭熙保等人(2020 年)讨论了区域因素与家庭农场发展模式的密切联系之外,其他研究还没有涉及针对不同地区家庭农场的发展进行分类研究,这是家庭农场研究中的一个薄弱的环节,需要对其进行补充。

(二)研究对象针对性不强

家庭农场研究的重点一直以来集中在家庭农场发展制约因素的研究上。土地制度、家庭农场主等是影响家庭农场发展的主要制约因素,但对区域因素的研究尚不多见。更详细地说，学者们指出，有许多因素都会从各个方面各个角度影响家庭农场的发展，其中包括外部因素和内部因素两方面，相比之下，外部因素对家庭农场发展的影响只是表面问题，并不起重要作用，它们只会减缓家庭农场的发展速度，而内部因素就与之不同，地位上更重要一些，往往限制了家庭农场的可持续发展，其中土地制度和家庭农场主的培养是最重要的问题，现有的关于家庭农场发展区域约束的研究不那么充分，需要予以加强和完善。

关于家庭农场的发展模式，通过研究可以发现，由于人口、土地、经济的发展、城市化进程、区位和市场需求存在一定的差异，所以不同地区家庭农场的发展模式存在较大的差异，这说明家庭农场发展中个体差异性较大。可以看出，与家庭农场发展模式密切相关的因素中区域因素占很大的比重。鉴于此，国家或地区实行的区域政策不仅应考虑到家庭农场的一般发展规律，还应考虑每个区域的不同之处，要因地制宜，利用好每个区域特有的属性。

中国土地广阔，各个地区之间有明显的差异。在地理环境、气候、干湿条件和日照条件方面，中国西北、青藏、华北和华南地区都有着很大的差异，土地类型也多种多样。在经济发展过程中，地区之间的发展也存在着极大的不平衡，而农村因为距离城市比较远，各个方面都不太便利，所以经济相对落后。因此，在不同的地理和经济环境中，家庭农场也会存在一些差异。不同类型的业务之间也可能存在显著差异，例如种植、水产养殖、家庭农场种植和水产养殖相结合，甚至不同作物的家庭农场，在规模上也存在显著差异，还有商业模式和支持策略。然而，关于不同地区不同类型家庭农场之间的差异以及对不同地区家庭农场管理经验的研究不充足。

（三）研究方法缺少实证

家庭农场的管理与经营作为一种新型的农业经营方式，目前对家庭农场主的研究多为定性研究，缺乏实证数据和案例研究，不能完成对定量的描述，实证研究非常少且主要来自一般层面，国外尤其是西方国家对家庭农场的研究，更多关注的是影响家庭农场可持续发展的因素、管理效率、继承、农场家庭的内部组织关系等。关于家庭农场（包括家庭农场主）早期发展的研究也较少，这主要是因为其他国家，特别是西方发达国家的家庭农场已经发

展的非常成熟。如何从微观层面促进家庭农场的持续健康发展往往是人们更加倾向于研究的问题,而不是如何使更多的家庭农场发展起来。

中国的家庭农场尚处于发展的早期阶段,家庭农场仍然是新的商业领域,家庭农场主还在不断地探索过程中。在已有文献的基础上,许多学者对家庭农场的含义、必要性、影响其发展的原因以及快速发展该做出的努力方面都进行了研究分析。家庭农场是农业经营最重要的发展方向,这个观点在中国已基本形成共识,在家庭农场的发展中,不断提出并出台的一些政策都为其快速发展奠定了基础,提供了可靠的政策支持。与此同时,家庭农场主正逐步积累实践经验,积极参与学习,使自身的综合能力进一步提高。

回顾上述文献,可以看出目前学术界对家庭农场主成长机制及家庭农场发展路径之间关系的研究较为薄弱。基于该情况,本研究以家庭农场主的提升机制为研究对象,比较各种因素所起的作用,从而探寻家庭农场主胜任力提升机制及家庭农场的一般发展规律。

第三节　研究思路与内容

本研究按照"基础研究—现状分析—实证分析—比较研究"的逻辑主线展开研究,以保证研究内容的连贯性和严谨性。具体来讲,首先,对河南省家庭农场主经营能力进行"基础研究",通过系统梳理了国内外的家庭农场主经营能力提升机制研究文献,探寻本书的研究方向,对家庭农场主经营能力提升机制的相关概念进行界定,介绍本研究的理论工具。其次,对河南省家庭农场发展状况及农场主经营能力进行"现状分析",在查阅资料和实地调研的基础之上,深入分析当前河南省家庭农场及农场主经营能力的发展现状。再次,对河南省家庭农场主进行"实证分析",在对河南省家庭农场主经营能力综合评价的基础上,通过构建一系列模型来探究影响河南省家庭农场主经营能力提升机制的诸多维度和要素。最后,是对家庭农场主经营能力提升机制进行"比较研究",通过国内和国外不同地区家庭农场主经营能力提升的案例，对河南家庭农场主经营能力提升机制的构建选取具有参考意义的模式和路径，并结合以上研究提出本书的结论和建议。本研究的逻辑架构如图 1-1 所示。

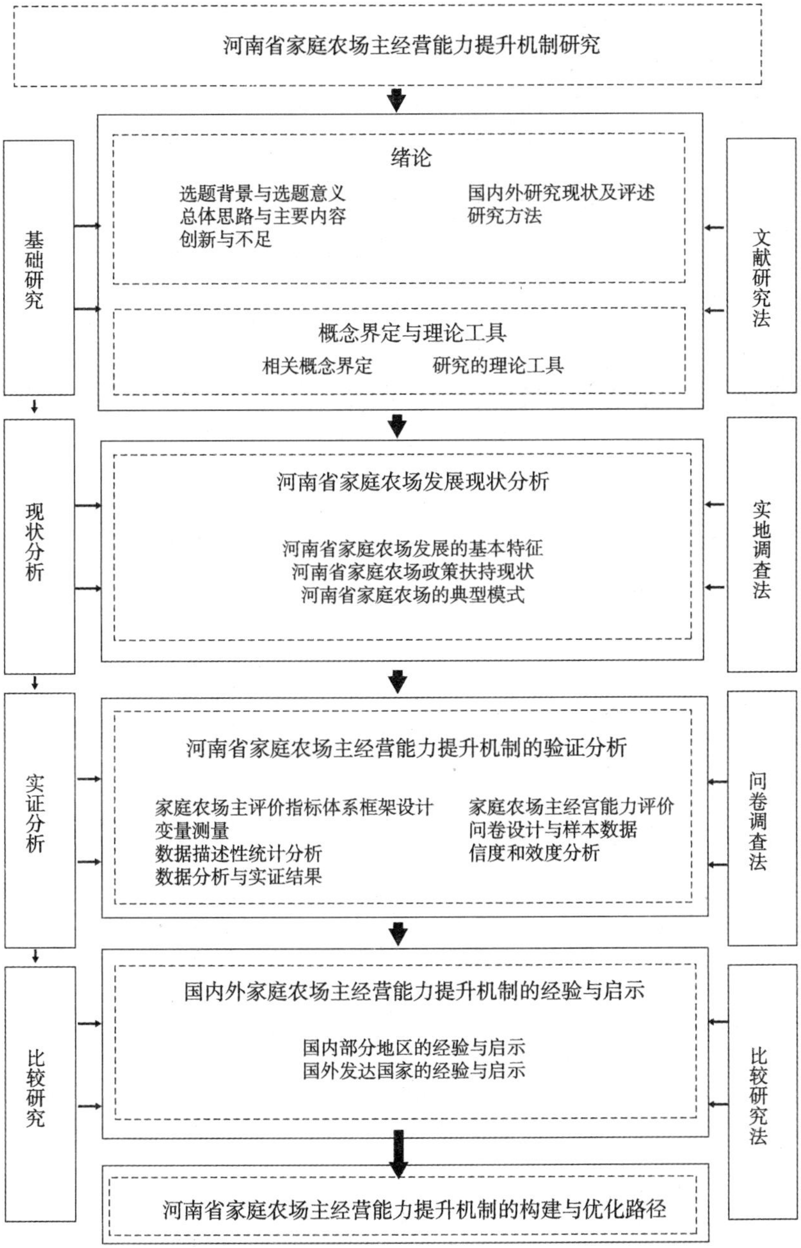

河南省家庭农场主经营能力提升机制研究

基础研究

绪论

选题背景与选题意义
总体思路与主要内容
创新与不足
国内外研究现状及评述
研究方法

概念界定与理论工具

相关概念界定
研究的理论工具

文献研究法

现状分析

河南省家庭农场发展现状分析

河南省家庭农场发展的基本特征
河南省家庭农场政策扶持现状
河南省家庭农场的典型模式

实地调查法

实证分析

河南省家庭农场主经营能力提升机制的验证分析

家庭农场主评价指标体系框架设计
变量测量
数据描述性统计分析
数据分析与实证结果
家庭农场主经营能力评价
问卷设计与样本数据
信度和效度分析

问卷调查法

比较研究

国内外家庭农场主经营能力提升机制的经验与启示

国内部分地区的经验与启示
国外发达国家的经验与启示

比较研究法

河南省家庭农场主经营能力提升机制的构建与优化路径

图 1-1 河南省家庭农场主经营能力提升机制研究逻辑架构图

基于研究的逻辑主线，本书具体划分为七章：第一章导论部分，主要介绍本书的研究缘起与研究意义，系统梳理国内外相关研究文献，总结国内外研究的不足，最后介绍本书的总体思路、主要内容、研究方法及本书的研究创新。第二章相关概念界定和理论工具。主要对河南省家庭农场主经营能力提升机制研究中出现的基本概念进行界定和阐述，介绍和分析开展本研究的理论工具。第三章河南省家庭农场及农场主经营能力的现状分析。第四章河南省家庭农场主经营能力的综合评价。在对相关理论进行拓展的基础上构建河南省家庭农场主经营能力的评价模型，主要对家庭农场主经营能力的四个评价维度的作用程度进行综合评价，总结和分析相应的评价结果。第五章河南省家庭农场主经营能力影响因素研究。主要探究影响河南省家庭农场主经营能力的若干要素，辨别显著要素和非显著要素，为构建河南省家庭农场主经营能力提升机制奠定实证基础；第六章国内外家庭农场主经营能力提升机制的经验与启示，通过选取国内外不同地区的家庭农场发展及农场主经营能力提升的相关经验，为本书结论部分提供可借鉴的启示。最后是本书的结论建议，对本书的研究内容和研究结论进行总结归纳，提出河南省家庭农场主经营能力提升机制的构建路径及供相关部门参考的建议。

第四节　研究方法与研究创新

一、研究方法

本书遵循规范与实证相结合开展研究。具体来讲，主要采用以下几种研究方法。

（一）多学科综合分析法

河南省家庭农场主经营能力提升机制研究是一项复杂的系统工程，仅仅采用单一学科角度对家庭农场主经营能力提升机制研究显得单薄乏力，因此本书采用多学科综合分析方法，充分借鉴管理学、社会学、心理学、经济学等学科的相关理论进行研究，即有利于我们充分认识家庭农场主经营能力提升机制的运行规律，为家庭农场主经营能力提升机制研究提供有益启示，同时也能在学科交叉中拓展家庭农场主经营能力提升机制的研究视野，有利于研究的系统深入。

（二）文献研究法

文献研究法是通过查阅、比较、整理文献从而开展问题研究的一种方法。首先，检索搜集国内外学者有关家庭农场发展及家庭农场主经营能力研究的文献资料；在对这些文献资料梳理的基础上找出目前国内外学术界对家庭农场主研究中存在的问题与不足，同时确定本书的研究目的和方向。其次，进一步对系统论及机制分析的相关文献进行研究，通过对多学科理论的把握，开展河南省家庭农场主经营能力提升机制的研究。

（三）深度访谈法

深度访谈法是一种通过与被调查者进行深入的、直接的访谈，加深对某一问题认识的方法，是问卷调查法的前提和基础。首先，结合文献综述，列出访谈的提纲，包括家庭农场形成、家庭农场经营、家庭农场生存、农户规模经营以及农户融资能力等方面。其次，根据研究需要，选择有代表性的专家、政府工作人员、农户和家庭农场主，并对其进行访谈，在访谈过程中注意把握好访谈的目的并做好记录。最后，整理访谈记录，加深对访谈问题的认识，为制定调查问卷和撰写文本提供依据。

（四）问卷调查法

问卷调查法是通过向被调查者发放问卷，请其填写对有关问题的认识和看法，从而间接获得材料和信息的一种方法。首先，结合文献研究和深度访谈的结果，设计河南省家庭农场主经营能力的问卷；其次，通过直接调查、电话调查、培训会调查等形式进行调查，请被调查者按照真实情况认真填写问卷；再次，收集问卷、整理数据，运用相关数据分析方法来分析有关问题。本书主要通过问卷调查来评价河南省家庭农场主的经营现状和经营能力，分析影响河南省家庭农场主经营能力的影响因素及其作用程度。

（五）比较研究法

比较研究法是探求普遍规律和特殊规律的一种研究方法，通过对两个

或两个以上相关联的事物进行比较，从而明确事物间的异同。从目前的研究和实践来看，美国、日本、西欧以及国内东部地区在家庭农场发展和家庭农场主经营能力提升理论和实践方面具有相对先进的经验和方法。因此，本书在充分借鉴国内外先进国家和地区的政策和经验的基础上，提出河南省家庭农场主提升机制的构建路径和对策建议。

二、研究的创新之处

本研究在运用上述研究方法中展开，其创新之处主要体现以下几个方面。

（一）研究视角有所创新

目前，我国关于农业经营主体经营能力提升的研究成果尚不多见，特别是对家庭农场主经营能力的系统研究更为稀缺。从已有研究成果看，当前对于家庭农场范畴的研究多集中于对家庭农场发展的定性研究上，对家庭农场主经营能力的评价、提升机制的构建等微观过程研究极为缺乏。因此，本书在一定程度上弥补了这一不足，拟构建的家庭农场主经营能力评价指标体系和家庭农场主经营能力提升机制具有一定的创新意义。

（二）研究内容有所创新

首先，本书界定了河南省家庭农场主经营能力的内涵，基于农业生产过程，通过相关理论拓展构建实证模型，并将家庭农场主经营能力划分为信息能力、资源能力、技术能力和营销能力。其次，通过对河南省家庭农场主的走访调查，进行实证分析，论证了适应能力评价指标体系的科学性与合理性。最后，将层次分析法和模糊综合评价法相结合，有效地评价了河南省家庭农场主经营能力现状。

第二章

相关概念与理论基础

第一节　相关概念

一、家庭农场

国外关于家庭农场的定义有两种不同的解释，第一种解释是由权威机构给出的，而另一种则是学者对其专业的剖析。

美国的农业部门对家庭农场进行定义的时候称农场主和家庭成员是其主要的劳动力，当然雇工也是有的，但是占少数部分，家庭农场是以商品化生产为目标，同时对农场运营的成本以及费用有支付功能，并且可以对其自行管理经营的一个组织。美国将家庭农场定义为一个一年可以生产和销售超过 1000 美元农产品的农场。该标准于 1975 年由美国农业部、管理和预算办公室以及美国人口普查局共同制定。近年来，这个标准与实际情况并不能完全相适应，还需要对其进一步的修改与完善。在英国，家庭农场被定义为以家庭为单位，从事简单商品生产的农场。法国在定义中增加了劳动和收入因素，家庭农场是指以农业收入为主，并且由家庭成员主要经营的农场。俄罗斯的《家庭农场法》规定，家庭农场是在以土地私有制为背景的社会中的一个独立经营主体，且具有法人权力，其成员包括农民以及农场主和

其家人,并且从农业的生产到加工再到销售都由其承担。从表面上看,这些国家对家庭农场的定义一般比较宽松,但是事实上,不同的国家对家庭农场的产品、收入、管理和工作还有着一定程度的限制。这些概念有助于我们对家庭农场的理解,但中国的国情与西方国家大不相同。我们对家庭农场的理解必须与我们自身的情况相结合。

家庭农场的概念在我国并不新鲜,但是,关于初期家庭农场的讨论,在现代意义上并不是家庭农场。改革开放之初,家庭联产承包责任制改革在探索阶段表现出强大的推动力,大大解放了农民的积极性,促进了农业生产的快速发展,推动着家庭联产承包责任制在全国范围内的快速推广。但是也面临低效率的国有农场的问题,国家相关部门对其进行了体制改革。在普通的农村地区对国有农场开展“大包干”,鼓励农场内部职工家庭承包国有农场土地来建立家庭农场,从而形成一种“大农场套小农场”的结构。在此期间,学术界大多时候讨论的家庭农场基本是指属于国有农场员工的家庭农场。但是,家庭农场这个实体虽然有名字,但除了经营制度上的不同之外,与普通农户并无本质区别,仍然是一种较为传统的农业发展模式。20 世纪 90 年代后,随着我国工业化的进程和城市化的不断发展,农业的发展发生了巨大的转变。在农村人口外流的背景下,一部分留守的农户努力扩大经营规模,追求更高收益,开始出现现代家庭农场的原形。很多学者在寻求家庭农场的发展,但是家庭农场的概念在学术界还没有被关注。2013 年,“中央一号文件”出台后,全国范围内出现了发展家庭农场的热潮,学术界对此问题的研究明显升温,许多学者对家庭农场的定义进行了讨论。

家庭农场是现代化农业经营管理的发展主体。与其他农业管理实体相比,家庭农场主要的不同在于经营单位、规模、生产方式等。总的来说,家庭农场应具备家庭引导、适度规模、集中生产、商业化经营、农业收入五个基本特征。通过对国内学者的研究以及国内外家庭农场的发展的讨论与学习,从而将家庭农场定义为一种新型农业经营主体。它主要是以家庭为经营单位,且主要收入是通过适度的规模、集约化和市场导向的生产经营获得的。这个定义体现了家庭的五个基本特征:第一,以农户家庭为主体,包括以家庭为经营单位、家庭成员为主要劳动力两个方面的含义,排除了非家庭经营实体,有别于农业公司、种养大户、合作社等主体。第二,管理措施不同于自

给自足的传统小农户。第三,集约化生产,即采用现代科学的管理理念和技术促进生产,使经营效益更加突出,区别于大规模种植养殖户和传统农户。第四,以市场为导向的管理强调管理的特点,这表明家庭农场生产的农产品主要符合社会需求,而不是他们自己的需求,这与传统农民和休闲农场有所区别。第五,家庭农场的主要收入来源于农业收入。这是强调家庭农场经营的一种职业,而不存在持有是副产品或爱好和兴趣的情况。应该指出的是,上述第三个条件看起来像是多余的,因为大型企业的实现只能在集约化生产条件下的家庭劳动中实现,否则企业的规模将受到限制。实际上,一些传统农民通过增加劳动强度实现大规模耕作,但生产观念依旧是传统的并未改变,生产方式也不是现代的充满科技的,就不是所说的家庭农场了。

当前对于家庭农场的定义有不同的看法。在实践中,更有代表性的定义是中国农业农村部农村经济系统和运营管理司将家庭农场的内涵界定为:“家庭农场的主要劳动力大部分由家庭成员组成,并且家庭农场是以不断发展形成规模化、集约化和商业化的农业生产和耕作,并且主要收入来源于农业收入这样的一个经营主体”。从这个解释可以看到,家庭农场具有以下几方面的特点:一是家庭成员负责农场经营管理事务。家庭包括在家庭农场的管理范围之内,即巩固和完善中国农村的基本管理体系。第二,逐步实现农场的规模管理。只有当家庭农场发展到一定规模的情况下,它才能对各种投入要素进行整合或利用以实现规模经济。第三,目标是实现商业化生产。家庭农场的生产不仅要满足自身的需求,而且它也是发展现代农业的一种以利润为导向的经济组织。第四,专业化生产。家庭农场参与专业化农业生产不能是偶尔或一时的,而应该是长期的,以便赚取更高的收入,也是家庭农场与小农户之间的本质区别。

对于家庭农场标准确定,农业部有以下七个条件进行参考:第一,家庭农场主必须是从事农业生产发展的农民。第二,家庭成员是家庭农场的主要劳动力,即没有固定雇员或固定雇员人数不超过家庭农民的人数。第三,主要的经济来源是农场的收入,家庭总收入的五分之四以上是从农场中获得的,且必须是农场的净收入。第四,经营规模要符合标准,根据实际情况因地制宜,太大与太小都不合适,要具有长期稳定发展的特点,租赁或种植农作物合同期限在五年以上,从事经济作物、水产养殖或种植与水产养殖相

结合的，应遵守当地市级或更高级别农业部门制定的基本规则。第五，家庭农场主必须接受相关知识的培训，包括农业技能等。第六，家族农场中组织的一切有关经营管理的活动必须到财务处报备记录，包括收入和支出。第七，对其他农民的农场经营或农业生产具有示范和带动作用。

尽管上述七项标准总体上界定了家庭农场，但是仍存在着一些不足之处，那就是它的局限性：首先，是否是农村户口不能用作家庭农场的衡量因素。中国城乡一体化进程在有条不紊地进行，农村中出现了越来越多的城市居民，他们以农村为工作场所从事农业经营活动，农业收入变成了他们的主要收入。第二，雇工的数量不应该成为家庭农场衡量的参考标准。家庭农场是否雇佣工人或从外部筹集资金都取决于农场主的个人意愿与偏好或者两者在市场中的标准价格。第三，发展适度规模经营是对家庭农场发展的基本要求。虽然规模在一定程度上对家庭农场的收益产生影响，但这并不表示农场越大越好。由于中国人口多、土地少国情的制约，这就决定了家庭农场只能进行适度管理。

传统的小农户和家庭农场都是一种微观组织形式，体现着农业的生产经营以及管理等方方面面。两者具有相似性，他们都是以家庭为基本单位从事农业生产和管理，满足农业对微型生产和管理问题的要求。但在经济特征、生产要素、管理意识等方面两者之间又存在明显的不同。从经济角度看，传统小农只负责农产品的生产，它只担任着生产者的角色，而对于家庭农场来说，它既是农产品的生产者，也是农产品的经营者。对于生产要素来说，二者之间的区别主要体现在土地、资本和劳动力等这些生产要素的“质”是否发生了重大变化，或者是否有新的生产要素加入。在经营意识方面，家庭农场比传统小农更先进的地方就是他们更具有市场意识和商品意识。

随着农村家庭联产承包责任制的深入发展，家庭农场和雇工农场呈现出来的是更高质量的农业生产和管理组织形式。他们的共同点是，他们的农业生产有一定的数量、一定的面积和一定的技术含量。但是两者之间也是存在着一定的差异，区别就在于家庭农场主要由家庭成员自己经营，而雇工农场主要由雇佣劳动力经营农场；二者在公司规模、公司团结度、生产效率等方面存在明显差异。

二、家庭农场主

据伊利诺伊州法律的相关规定可知,“家庭农场主”指的是伊利诺伊州拥有或租赁农场土地的居民。从这里可以知道,该州关于家庭农场主土地的所属权问题并没有特殊的规定,也可以在租赁的土地上对家庭农场进行经营。伊利诺伊州对家庭农场主的定义比较广泛,他们认为家庭农场主是没有限制的,是所有人都可以做到的,这与所拥有的以及即将管理的农场所占面积的大小是没有任何关系的,并且与家庭中有多少人参与农场的管理与运营以及农场的内部结构如何都是无关的。

据爱荷华州法律的相关规定可知,对于家庭农场主的定义根据家庭农场的结构分类,家庭农场的经营管理结构包括两种类型:股份有限公司和有限责任公司或有限合伙。家庭农场所有者建立的农场运营实体必须是为了农场更好的经营与发展,经营的农场中的大多数个体必须拥有土地的所有权,并且经济上也有要求,要求过去三年农场总收入的60%以上必须是通过经营农场所获得的。爱荷华州法律将租赁土地的农民排除在家庭农场主的定义之外,不包括租赁土地的土地所有者,但包括由非居民经营下的家庭农场。在南达科他州又是另一个规定。根据南达科他州的法律,家庭农场主的一个重要特征就是自己的事业必须是和农业相关并且得具备农村的土地所有权。大部分所有者权益应属于农场主及家庭成员,并且规定在农场平时事务处理和农场的管理人员中至少有一个人得是家庭成员。

由上述几个州的规定来看,他们关于家庭农场主的定义体现出的新的关注点在于居住权。综上所述,各地政策的可行性在美国对家庭农场的定义得到了充分的反映,根据现实情况,不同的政策目标衍生出了对家庭农场主不同角度的定义。这又恰恰体现出在家庭农场经营模式和发展方向中政策的重要性以及它的导向功能。对于家庭农场主各种各样的定义使得对其具体下个定义变得十分困难,很难展现这一农业管理领域的整体情况如何,因此应从不同的规模和层次对其进行详细的阐述。

国内“家庭农场主”的概念最早在2012年“中央一号文件”中提出,各学者对其定义都有自己的看法。本书认为“家庭农场主”是指以农业为职业,专门从事生产、经营、销售的农业从业人员。他们具有较高的文化内涵和科

学素养,在规避风险的前提下,参与市场并争取利益最大化。

"家庭农场主"具有以下特点:一是综合素质较高。所谓综合素质,既包括身体素质,也包括思想方面。家庭农场主具有良好的健康基础和劳动能力,还具有较高的文化素质和现代思想。二是必须致力于农业生产经营,收入的主要来源是农业。三是进入市场。传统农民是为了谋生,而家庭农场主则是完全积极的进入市场,找好切入点,利益市场中的激烈竞争实现自己利益最大化。四是家庭农场主必须把全部精力放在农场,并以此为事业,使农场的快速发展带来经济收益。五是经济收入高。家庭农场主善于生产、经营和技术创新,现代化程度高,往往能创造高额利润。六是家庭农场主应该具备一定的精神品质,比如需要具有强烈的社会责任感、专业精神和发展能力。七是社会地位平等。与传统农民不同,经过专业培训的家庭农场主具有高文化、高素质、高技术等特点,改变了过去落后的面貌,得到了公众的认可,社会地位也得到了提高。

在关于农民的国际研究中,传统农民被表述为 peasants,而家庭农场主则是被表达为 farmers。这两种表达是不同的。在选择上,传统农民一般是被动的继承祖传产业成为农民,而家庭农场主与之相反,他们往往会自愿选择农民身份进行农业生产。对于生产资料,传统农民一般以简单的手工工具为基础,农业机械化程度低,生产效率较低,家庭农场主比起他们就相对"先进"。大部分都是运用先进的科学技术进行规模化生产,农业机械设备应用率高、新技术接受和发挥作用大,生产效率高。从工作的角度来看,传统的农民只想满足他们工作和家庭生活的日常需要,不想进行原材料交易,不想参与市场竞争。相比之下,家庭农场主选择进入市场,从市场竞争获得收益,对风险进行评估后积极追求利润最大化。实际上,传统农民与家庭农场主都被划分为同一类型,他们都属于从事农业的人员,他们之间也是具有相通之处的。随着社会的发展,中国正在从传统农业进一步向现代农业转变。因此,传统农民将逐渐变为新的家庭农场主。

三、胜任力概念和内涵

胜任力的概念最早来自心理学领域,由 David McClelland 教授首次提出。David 教授认为,胜任力是一种深层特征,可以用来区分人员在特定任

务中的表现水平。这些深层特征主要包括一系列具备个性的可测量元素，如个人特征、自我认知、专业技能、知识和经验。因此，胜任力是一组可测量的个人特征。通过一定的综合评价技术和方法，可以有效地区分不同个体的胜任力情况。胜任力可以在某种程度上提高绩效水平，并且个人绩效水平与胜任力也密切相关，他们之间存在一定的相关性。

麦克利兰的研究表明，智力测验的使用与未来工作上的成就之间没有可靠的相关关系。智力测试不能完全预测未来的情况，工作是否顺利、是否成功等，他认为，胜任力模型其实更可靠一些，它比智力测试更准确地预测未来的一系列表现。经过几十年的发展，胜任力理论已经形成了完整胜任力行为的独特观点和视野。胜任力是指一个职位、一个工作角色和出色表现所必需的个人素质（包括显性和隐性素质）的总和。它可以通过后天的学习和培训来实现和发展，并可以预见未来的个人表现。

根据胜任力外部特征的不同，可以用多种方式对胜任力的研究进行分类，但通常分为静态描述和动态研究、组织分类和个人特征两个维度。

个体胜任力基于组织目标、战略措施、文化素养和经营管理能力，与个人价值观、行为准则等有关。个体胜任力有专业能力和个人能力构成。专业能力是指在特定领域或工作中个体潜在素质能发掘的程度。个人能力的发展还要根据所处环境的影响力，在不同的环境中专业能力有不同的发挥。现场本身的工作条件、预期能达到的效果和空间等因素都会对个人能力潜在价值的发掘有重大影响。因此，对个体胜任力的研究不能不考虑周围的因素，个体所处工作情境必须明确。个体胜任力是指个人利用自身潜在价值或对其他个人能力充分利用的能力。

学者对胜任力要素的构成有不同的看法：Cheetham 和 Chivers（1998）提出了六个与胜任力有关的要素：沟通能力、分析能力、创造思维、自我发展、处理问题能力和责任心。Snell（1990）指出胜任力包括行为敏锐性、创造力和学习能力。Brown（1994）认为，胜任力是一种处理适应能力、参与度、创造力和学习态度等不确定性问题的能力。

组织胜任力是指在一个团体中每个个体为完成一个或多个关键流程并形成组织核心竞争力而获得的补充知识和能力，使组织在同一领域能够获得长期地位或收益。可以说，组织能力是组织中所有个人胜任力的综合体现。个体胜任力是影响组织能力的一个重要因素。

静态研究主要涉及胜任力模型及其内部构建；动态研究主要研究胜任力是如何变化的。本书的研究采用静态分析方法研究胜任力模型，如表2-1所示。

表2-1 本研究方法

胜任力研究	组织	个体
静态		
动态		本研究

四、家庭农场主胜任力

家庭农场是在大规模农业生产经营活动开始后组织和管理农业生产活动的一种模式。家庭农场与农业生产规模的区别在于，家庭农场的特征主要包括家庭生产和经营、适度规模经营、市场化经营等。所以鉴于此，专业化的生产经营以及管理必须运用到家庭农场中，而作为家庭农场生产经营和管理活动的主体以及核心，家庭农场主的必要性就体现出来了。家庭农场稳步发展的灵魂很大程度上取决于家庭农场主的主要专业经营管理工作表现水平。所以，为了反映家庭农场主的生产经营和管理活动的表现水平，导入了家庭农场主胜任力这一概念。

所谓“家庭农场主胜任力”，它是指经营家庭农场、合作社或农业生产企业必须具备一定的个人潜力，以便自己在工作中能够满足其自身所需要的知识、技能、态度、价值观和行为特征，而判断一个人工作绩效如何、效率高低、个体胜任力的情况，都是需要从这些特征中体现出来的，这些特征很好地把个体区分开来。每个特征都代表着一个维度。本研究将这些特征结合起来，称之为“胜任力模型”。

在经典模型的基础上，许多科学家在管理能力的概念模型上做了许多有价值的探索与发现，形成了不同维度的管理阶层胜任力的概念模型。通过查阅相关文献和分析数据，得出管理胜任力模型的维度主要有三个方面，分别是性格、可管理性和知识水平。在此基础上，家庭农场主的胜任力是指农场主在家庭农场生产经营中表现出来的个人特征,可区分家庭农场经营状况和农场活动的绩效水平。将胜任力的概念与内涵相结合,这些个性化特征必须符合明确和可衡量的指标。与此同时,将金字塔胜任力模型结合起来,个性化特征可以被分成多个维度来体现,比如可分为知识维度、管理维度和个性维度。在经营家庭农场的过程中,家庭农场主除了负责管理工作以外,还必须从事适当的技术之类的工作。因此,本研究认为,家庭农场主胜任力的维度可以拓展为四个维度:知识维度、技能维度、管理维度和个性维度。

基于以上对家庭农场主胜任力概念的分析,家庭农场主胜任力的内含可以概括为以下几个方面:

第一,家庭农场主的胜任力是在家庭农场的生产、经营和管理活动中体现出来的,比如从对家庭农场的具体生产、经营和管理活动的计划安排、布置实施到最后的成绩,这些都可以看出。

第二,家庭农场主的胜任力是一种特殊的能力形式,所以,一般能力的固有特征在家庭农场主的身上都有所体现。

第三,家庭农场主的胜任力由一组可测量的个性化特征要素组成,所以可以通过测量个性化特征元素来衡量家庭农场主的胜任力情况,以此反映家庭农场主在家庭农场生产、经营和管理活动中的作为。

本书提出了家庭农场主能力的三个核心能力和四个必备能力。农场主的核心胜任力包括三个方面:创造性能力、自主学习能力、风险感知应对能力。农场主必备的四种能力为:人际交往的能力、指挥与领导能力、组织能力和表达能力是农场主必备的能力。与此同时,家庭农场主队伍的发展和建设要从培育、选拔、竞争和激励四个方面入手。

表 2-2　农场主三种核心胜任力的维度与表征

创造性	善于独立思考	不盲从,不信书,不唯上,擅长从实践中获取真理
	丰富的想象力	举一反三触类旁通,提出新颖独特大胆的思想观点
	敏锐的洞察力	观察到实际事务中人们容易忽略的一些问题或细节
	判断能力	发现农场存在的主要问题以及别的农场的长处
风险感知应对	对风险的认知	及时准确获取信息,把握问题严重性、紧迫性和实效性
	对风险的评价	根据客观信息和自身判断,对风险提出合理化评价
	应对的心理能力	冷静、清醒,善于在压力中思维,能抵挡外界干扰
	对策略的效能感	对出路坚持不懈,信心百倍
自主学习	线性学习	对学习需求判断,形成学习需求,判断所需资源,选择恰当的策略,评估学习结果
	非线性学习	通过与外界交流,通过多种媒介学,通过多种干中学,向竞争对手学习

五、家庭农场主"培育路径"与提升机制

家庭农场主的培养路径是指在特定区域现有经济制度和社会背景下,适应当地社会经济条件、农业结构、教育资源以及人力资源,把这些资源结合起来从而达到培养家庭农场主为目的而进行的培训方法和培训过程,作为一个系统概念,培训课程可以由培训目标、培训理念、培训内容、培训方法等要素组成。不仅如此,培养路径还会受到特定历史条件的制约,与特定时期的政治、经济、文化、教育等因素密切相关。为了使其相对稳定地发展,必须具有一定的灵活性,来适应周围的环境,成为一个具有动态发展功能的有

机系统。

目前,还没有就什么是“机制”达成共识。根据《韦氏词典》中的释义,“机制”一词包括两种含义:一种是“有机体的结构和功能,如企业的工艺流程机制”;另一种则是“机器的结构和其工作原理”。例如,汽车发动机的结构。在《现代汉语新词词典:1978—2000》中,机制是指“一个组织的各个部分通过工作系统中的某种互动关系产生一定影响的过程”。“机制”最初是指机器的结构和其工作的原理,这是一个系统范畴。后来,生物学和医学领域开始研究每个生物的功能,以便将其作为工作方式,主要包括生物体的结构和各种成分之间的关系,并阐明生物功能的机制,这表示对机制的理解已经从最初只是对现象进行描述而转移到了对本质的描述。

通过对机制的含义以及特质的分析得到如下几点:

第一,机制是具体组织的体现,也可以是工作过程或操作系统的原则,如党的建设工作机制和建筑设计等。除此之外,一个单一的机制不一定是独立存在的,它还可以与许多组织或部门联系在一起。

第二,该机制是一种制度,这种制度要求与之相关的所有工作人员都要严格遵守,不能违抗。它本身也包含制度因素和实施的方法,例如监督机制,人们不仅需要严格遵守,而且它同时还包含着各种监督方法以及措施。

第三,机制是在基础理论的基础上进一步提炼和升华各种有效的途径和方法。大多数机制都有一些公认的行为守则、原则和操作程序。

第四,该机制的建立取决于各种选择和方法,包括许多成员的工作类型。这些成员有义务和责任去遵守,每个成员都应该按照某些原则和标准行事。可以预期,他人和自己将按照相同的标准和规则行事,而该机制的边界也有一定的局限性,它不是一个单一的工作体系,而是一个特定的领域。

根据上述理论分析,该机制的定义可为:行为者根据一个区域或一个问题领域的共同关注而形成的一些成文和不成文的规则、原则或行为模式。它可以是永久性的、有组织的或者说也可以是“无形的”。

在分析实际问题时,对支持机制的分析很容易与制度创新混在一起分不清楚。对于机制来说,它是一种经过各种有效的方式和方法,从中提炼出来的思维形式和方式,这是值得遵循的。这个定义和体制与系统类似。从相关性的角度看,制度是体制的本质,而体制又是系统的表现。社会制度是

由体制构成的，制度和体制之中包含着机制。不同的运行机制是因为不同的宪法和制度的结合形成的。这些运行机制必须在一定的机制下才能发挥作用，并且对于同一机制来说，它在不同的宪法和制度影响下，有不同的运行模式。

结合本研究，家庭农场主提升机制可以定义为对原有要素运作模式的改进，对事物绩效的优化，可以分为内部与外部，即内部条件的改善以及对外部环境进行的优化。一方面是家庭农场主自身胜任力要与事物的特点相结合，努力完善家庭农场内部组织结构和工作方式，把内部发展机制和约束机制结合起来，深化体制改革而达到创新的目的；另一方面，还要考虑两者之间是否存在必然性，具体即分析家庭农场内部与外部，环境与条件之间的相关性，改变外部要素的工作方式，支持外部系统，以提高内部事物的运作效率。

第二节　理论基础

在胜任力模型理论的基础上，结合其他相关理论的介绍与分析，为家庭农场主胜任力提升机制的研究奠定理论基础。

一、胜任力模型理论

基于不同的胜任力视角，胜任力模型可以通过不同的含义构建出来。比如说，持有特征观点的科学家发现，胜任力模型可以高效地完成某一项工作，它是工作中所必备的专业知识、技能和属性的综合体现，如果想要进一步改进的话，可以通过一定时间的培训和实践。赞成行为学观点的科学家表示，胜任力模型定义并描述了劳动者通过行为模型完成工作所需的专业知识、技能、综合素质和就业能力。但是，如果从综合的角度来看，科学家认为胜任力模型应该先解决两个基础问题：首先，需要具备哪些专业知识、技能以及个体的素质才能胜任一项工作。其次，什么行为对工作的表现和出色的完成有最直接的关系。鉴于此，学者们在解释胜任力的时候认为这是一组技能，它包括了专业知识、工作动机、个体特征、具备的能力以及特定级别或职位所需的一组行为特征，以确定选择出表现一般和优秀的劳动者。

对相关科学家的观点进行概括，我们发现家庭农场主胜任力模型就是在每个家庭农场主的潜在专业能力基础上，运用因子分析的方法，最终确定每个农场中农场主在高绩效后隐藏的潜在要素，并根据潜在技能的位置要素，确定家庭农场主对不同技能水平的需求总和。

胜任力包括个体特征，个体特征中的一些部分是与工作绩效息息相关的，并且，胜任力与特定的职位或专业是对应的。因此，胜任力的本质是不同个性特征的集合，这些特征鼓励个人出色地完成工作，以不同的方式反映个人所代表的不同知识储备、专业技能、个性和动力因素。它是决定和区分个人绩效差异重要特征的总和，可以评估个人是否胜任某项工作。

（一）胜任力的特征

结合对相关文献的研究以及对胜任力概念的解释分析，胜任力的特征主要体现在以下六个方面：

1. 综合性

能力本身包含着各种因素，这些要素是内部因素和外部因素的综合，如专业知识、工作技能、处事态度和行为动机等。

2. 工作情境性

劳动者高质量完成工作所需要具备的基本特征就是胜任力因素，它是个人能力与工作环境的有效结合。胜任力与劳动者所从事的工作紧密相连。只有当劳动者的个人特征符合其工作所需要的时候，才能更好地完成工作；由于不同的工作岗位都有自己的要求，不是所有岗位的要求都一样，所以劳动者对一个岗位的胜任力足够的情况下他可能并不能适应另一个岗位，甚至有可能会阻碍工作的顺利完成。

3. 工作绩效性

这与劳动者的工作绩效紧密相连。它能够有效地把组织中的工作优异者和工作一般绩效者区分开来，并能够对劳动者未来的工作绩效做出有效预测。

4. 可衡量性

劳动者的胜任力可以对其在工作中的具体行为和表现而体现出来便于衡量,来明确劳动者之间存在的差距以及未来改进的方向和角度。

5. 可习得性

胜任力是一种逻辑特征,它通常可以通过"做中学"和进行集中培养的方式得到提升,所以说它具有可习得性。

6. 动态性

胜任力模型中的每个要素都会随着组织管理水平的提高而发生变化。随着年龄、阶段、工作状态和所处环境的不一样,胜任力如何变化以及变化的大小也是随机的。

(二)胜任力一般建模过程

胜任力模型的选择因家庭农场或者其他企业或公司将要预期完成的目的、规模大小、资源和其他条件而有明显的差异。一般建模过程有如下几步:

第一步,对组织的目标和战略进行详细了解,然后对关键的绩效领域进行选择,选出适合的领域。在构建胜任力模型之前,弄明白构成成功引入胜任力模型的基础和前提条件是组织的首要任务。首先,审视组织的战略,以便胜任力的定义和描述能够反映组织的个性特征。其次,是确定支持组织战略的关键职位和部门,分析战略目标以及控制掌握着关键资源的部门和相应的职位,这些都会对企业发展的成败起关键作用,使企业的价值进一步提升。

第二步,对样本进行选择,并且分成合理的小组,以便对合适的职位和优秀的劳动者进行选择。在这一步之前,绩效标准应该先制定出来,以此作为对员工绩效进行衡量的基础。根据绩效标准和企业员工的实际考核结果,可以选择两组员工(一组是合格的,另一组是优秀的)作为研究胜任力模型的样本。

第三步,对优秀员工和普通员工进行专业访谈,根据访谈结果收集数据,以获得有关岗位的第一手信息。这一步是胜任力模型构建的基础,也是最重要的一步。对这些信息的收集我们应该选择恰当的方式,比如说,对所发生的事件进行采访记录、收集数据、观察现场的情况,引进这方面的专家

进行讨论分析,或者也可以用其他方法,从样本中获得相关数据,但最基本和最重要的方法是行为事件访谈。与导致这些事件的性能和行为相关的许多重要事件的收集将为下一次数据分析打好基础。

第四步,在收集到信息和数据之后,要采取一定的措施对其分析和整理归纳,从中获得对优秀员工和普通员工进行有效区分的基本指标,创建胜任力项目和模型。在收到调查数据后,专家们将进行比较分析,找出是什么因素导致了两个样本组之间的差异。这些因素是这一职位的关键参考指标。进一步细化和分类这些因素,明确其在各级的水平和标准,并暂时确定不同职位所对应的胜任力模型。

第五步,在完成前面的步骤之后,要对所得到的胜任力模型进行有效的评估、评审和确定。一旦对各个不同的岗位建立了胜任力模型,各机构必须进行相应的技术评估。评估应特别包括每个岗位的胜任力模型的相关要素是否考虑周全,以及每个要素的定义是否正确。然后,应进行统一分析并展开各种比较,其中既包括横向比较又包括纵向比较,这样能更加有效地提高胜任力模型的准确性。在应用胜任力模型时,必须不断检验和改进,从而来保证得到的这个模型是可行的。

胜任力概念模型是一种可视化的方法,用来显示胜任力的基本组成部分、要素之间的联系以及各个要素之间的层次结构。建立有效适当的胜任力结构模型是运用此模型对胜任力分析、评价和发展的重要依据。在现有的文献中,有很多关于胜任力模型的研究。有两个模型十分经典,洋葱胜任力模型(见图 2-1)和冰山胜任力模型。这两个胜任力模型可以区分影响胜任力因素的层次差异,突出胜任力在结构中的维度,对胜任力的概念和内涵进行更加全面和系统的阐述。与冰山胜任力模型相比,洋葱胜任力模型能更加直观、更加清晰、更加便于理解地对影响胜任力模型、胜任力影响因素的逻辑结构和层次划分进行描述。洋葱能力模型根据轻微变化的程度设定胜任力从外部到内部的影响因素,并注意到个人特征的维度是行为主体能力水平的最主要因素,相比来说专业知识和专业技能水平的维度很容易改变,处于模型的最外层。

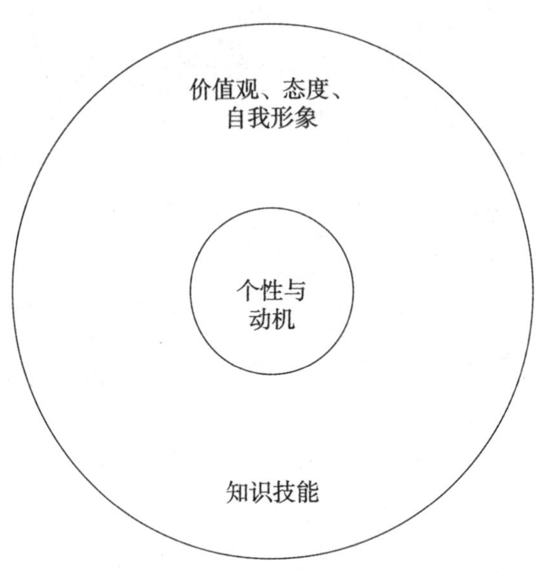

图 2-1　洋葱胜任力模型

二、人力资本理论

人力资本理论(HCT)指出,人力资本是关于生产能力、劳动能力、管理能力和人类文化素养的各种要素的总和。20 世纪 60 年代,经济学家舒尔茨第一次提出了人力资本理论的观点。“人力资本化”要求与之有关的各部门要善于发现和利用能为生产或社会活动有帮助作用并带来一定利益的个体或事物或行为。创造力是人力资本最主要的部分,一个国家或地区能否快速发展创造力是必不可少的。根据 Sternberg 的创造力投资理论(1991),他认为人力资本大于个人。人才的创造力还受到各个方面不同因素的共同作用,比如社会环境资本、知识技能水平、教育文化资本等。人力资本与其他资本的结合是一个新的突破,其对创造力产生了不可估量的作用,引起越来越多的学者关注。人才实际上是一种具有特殊人力资本的人力资源。赵树明(2001)认为,保持企业充满活力、经济快速发展的重要一点在于人才创造力的大小。在社会发展环境中,不仅要考虑个体创造力的发挥水平,还要考虑到个体人力资本与其他资本有效结合带来的创新。从这个角度讲,我们必须密切关注人力资本不同的特点,对人力资本进行投资建设,使人才发展

的机制和渠道更加完善,更加多元化发展,不断提高人力资源的质量,在激烈的市场竞争中保持优势地位。从国家、组织或个人来看,人力资本理论在扩大乘数效应方面都具有积极的领导作用,例如优先考虑人力投资和全面促进人才创造力。

随着社会发展,人才在社会转型和发展中发挥着越来越重要的作用。尤其是随着高新技术企业的快速发展,社会贡献中人才所占的分量也与日俱增。诸如华为和腾讯等高科技公司,他们一个很明显的共同特征就是集中高层次人才,研发能力突出并且创造出许多令人瞩目的成果。

(一)伯特人力资本管理模型

伯特咨询人力资本管理模型主要由职业背景以及符合条件、专业知识技能的储备、行为指针(行为能力)和敬业度构成,如图2-2所示。

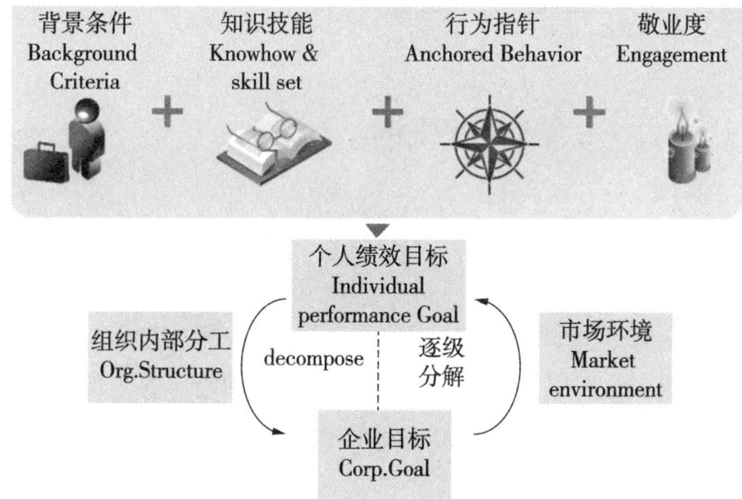

图2-2　伯特人力资本管理模型

BOTE Human Capital Management Model

1. 背景条件要求

受教育程度、专业知识、岗位技能、从业经验、专业化程度、职称、年龄要求等。(注:所有就业要求中对基本条件期望的重要性和优先级可以通过权重分配来定义。此任务将通过匹配工作和人才来计算,以便为未来的决策提供更精确的参考。)

2. 专业知识技能要求

专业知识技能是指岗位必备的专业知识技能要求。例如:某央企煤化工企业生产运行部装置长必备专业知识技能包括 MTO 单元专业知识技能和 LOR 单元专业知识技能。

3. 行为指针

行为指针即行为素质。例如:客户经理的必要行为要素包括客户导向、绩效导向、沟通技能和人际关系的管理。人际关系处理的基本行为主要有:能够充分利用现有人力资源和各种信息收集方法,扩充朋友关系网;对关系网络充分有效利用,为自己利益的获取提供帮助;积极进言献策,在遇到问题的时候在力所能及的情况下为别人提供帮助,从而建立双方之间的信任与友好关系;可以在合作伙伴中发展相关的外部利益或扩大非劳动关系;能够与没有内部联系的在信任基础上发展成为朋友关系,携手共赢攻克难题。

4. 敬业度

敬业度是指员工在工作中对待工作的态度以及对工作的热爱完成程度。它不仅是员工获得优秀个人绩效的重要前提,也是影响绩效的必要因素。

人力资本理论的出现标志着人力资本与物质资本的分离,特别是它肯定了人力资本在经济社会发展中的主体作用,对中国经济的快速发展和个体专业知识、必备技能的提高奠定了基础。经过 60 年的实践与不断完善,人力资本理论的核心正在从以教育主向以能力为主转变,这在理论研究和社会实践中开启了人力资本理论的新篇章。

(二)卢卡斯的人力资本研究

20 世纪 80 年代以来,为了寻找一种新的经济发展机制,经济学家在经济增长研究中增加了人力资本这一指标,并用一种更加程序化和标准化的经济增长模型解释了人力资本与经济增长之间的相互作用。其中最具有代表性的是卢卡斯的人力资本增长模型。卢卡斯将人力资本增值的途径分成了两个类别:一类是舒尔茨和贝克尔倡导的正规教育,它可以提高劳动者的知识水平和技能观念,形成内部效应;二是外部效应,即基于阿罗倡导的“干中学”模型,Lucas 将人力资本和知识作为内生变量引入到了影响经济增长的因素中,并作为决定因素,证明它打破了其他传统因素的收益递减规律,

并解释了引起经济增长的根本动力。其模型由“两阶段模型”和“两种商品模型”组成。

卢卡斯的模型如下：

$$Y = TC^{\alpha}H^{\beta}h^{\lambda}e^{\varepsilon} \tag{2-1}$$

其中，T 代表的是技术水平，C 表示的是资本，H 则是人力资本存量的代表，h 是人力资本水平的代表，误差项设定为 e^{ε} 。

国外学者科布·道格拉斯利用该模型计算了人力资本贡献率。中国学者靳卫东、张柏良(2008)通过扩展生产函数 Cobb-Douglas 计算了人力资本的贡献率。吴华明(2012)也基于卢卡斯模型计算了人力资本贡献率，利用中国 1990 年至 2009 年的有关数据，解释变量是各个要素的增长率，并且数据是经过无量纲化处理的，最终可以得到如下模型：

$$\Delta Y_t/Y_{t-1} = T_t\ (\Delta C_t/C_{t-1})^{\alpha}\ (\Delta L_t/L_{t-1})^{\beta}\ (\Delta H_t/H_{t-1})^{\lambda}e^{\tau} \tag{2-2}$$

其中 Y 代表 GDP 水平，T 代表的是技术水平，C 代表资本存量，L 是劳动力的表示，H 代表的是人力资本。上述公式分别代表了技术增量、资本增量、劳动力增量和人力资本增量分别对 GDP 增量的影响程度。为了更细致地解释各种经济因素对产量增长的贡献率，我们取上述公式的一阶导数，确定以下方程式：

$$\Delta Y'_t/Y'_t = A'_t + \alpha(\Delta K'_t/K'_t) + \beta(\Delta L'_t/L'_t) + \lambda(\Delta H'_t/H'_t) \tag{2-3}$$

在数据计算之后，收集和分析了中国各种生产要素的面板数据，以获得经济增长的关键人力资本因素，从而培养成为劳动力的家庭农场主，重点投入农业教育，特别是致力于对涉农教育的培训，创造良好的人力资本投资机制，使经济增长的步伐越来越快。

三、社会资本理论

科尔曼认为，“社会资本”为行动者创造了有效的资源。它和物质资本与人力资本相比是不一样的，社会资本的存在是在不同行动者之间构成的复杂的关系结构中，使人们对特定目标的实现变得更加容易。埃莉诺·奥斯特罗姆认为，对自然资本、物质资本以及人力资本进行适当的必要补充之后就得到了社会资本。正是共同的知识、标准、理解、规则和期望形成了个人之间的互动关系，这些个人形成了群体并开展定期活动。燕继荣认为，社

会资本是社会结构关系中的一种资源，信任关系是其最为基本的核心条件。信任可以使价值得到提升，并被新的制度经济体分析和理解，以降低交易成本和成本，创造出新的价值。发展家庭网络和志愿组织等相互依存的系统对于振兴民间社会至关重要。

社会资本理论关注个体社会责任中的整合资源以及个体行为可以从这些资源中怎样利用，带来怎样的利益。正如他曾经说过的，“你所认识的人决定了你所知道的。”林楠认为，社会资本的获取受所处的社会环境中自身的地位及人际关系交往程度的影响，个人在社会网络中所处的地位越高，获得和使用社会资本的可能性就越大。布迪厄概念中描述的社会资本是由社会网络结构中的个人之间的关系所创造的一种边界元，属于个人。个人熟悉的过去是社会资本的主要决定因素。他将社会资本定义为“与人际关系网络相关的真实或潜在资源的总和”，并认可社会资本是“在交换过程中产生、发展和强化的”。

林楠将社会资本定义为“对社会关系建设的投资，并期望获得经济收益”，认为社会资本的获取是通过有针对性的行动实现的，或是在社会结构中动员和深度开发的资源。它认为“社会资本是嵌入个人或家庭拥有的社会关系网络中的有效、可获取、真实或可待发掘的资源”。

换句话说，社会资本理论的核心是人与人之间的关系，即与他们相关的人，无论其地位和背景是怎样的，都能为个人的目标行动，比如说创业行为提供宝贵的资源，“社会资本能够使个人和组织受益”。社会资本资源包括个人或组织的网络结构和社会关系的内容。通过影响信息的来回流动与交流，网络给个人和组织带来的利益是通过社会资本来进行巩固的。社会资本是在人们的社会交流过程中产生的，并在社会网络中深入发展，也就是说，只有当你直接或间接成为特定关系网络的成员时，才能得到所对应的社会资本。社会资本能够与其他资本形式相区别，主要是因为社会资本是指至少两个人或两个人以上的活动。与人力资本相比，差异仍然非常明显。社会资本带有公共物品的属性，这决定了其与其他事物的区别，并构成与其他形式资本的主要区别之一；社会资本的不完全替代是指在一定的社会措施中发挥作用，具有一定的范围。社会资本不能按照所有者的主观意愿强加给他人使他人从中获益。

本书将社会资本看成家庭农场主所在社会中各种关系的总和，它既包括直接的社会关系也包括间接的关系。

四、家庭承包经营管理理论

家庭承包经营管理理论植根于中国农业生产和社会实践。与其他国家不同，我国的土地属于国家和集体所有。在我国农村，土地归集体所有，土地的承包经营权是属于农民的。农民在从事农业生产时，承包权与耕作权是统一的，与承包农民统一。当农民不想从事农业生产，计划外出务工时，可以保留土地承包经营权，转让经营权。当农民在城市定居并融入城市生活后，他们也可以退出合同约定的对土地的管理。总的来说，基于中国农业生产实践的家庭联产承包责任制，是对家庭经营理论的进一步丰富和延伸。

目前，国外大部分农场都属于家庭经营的模式，对于欧美等发达国家来说，即使他们已经完成了农业现代化，但模式是一样的。所以，家族式管理系统主要有以下优点：第一，家庭管理符合农场作物的生长习性，自然和社会再生产相互关联。其过程非常复杂多变，它无法实现标准化生产、工业化进程和流线型工作，并且极易受到各种气候地域等自然的影响。家庭管理应实现生产者和经营者统一，这样可以使劳动力更加灵活和迅速地组织起来，以提高农场管理的效率。第二，由于家庭农场是所有家庭成员共同拥有的，因此他们拥有相同的对农场的期望与目标，因此这样可以使得农场的运营效率实现最大化的目标。所以，它可以充分促进其成员的利他行为，并且使得监测和管理成本有所下降。第三，企业形式的多样化和工作的灵活性使其更加高效，可以覆盖农业生产的所有阶段。

家庭农场必须坚持以家族经营为核心的生产经营战略，家庭成员联合管理是家庭农场管理的基础所在，对家庭农场管理是否成功，是否能取得喜人的成绩有着重大影响。由于家庭农场是以家庭承包责任制为基础的，农场的建设和发展离不开村镇以及拥有土地的农民，因此我们需要审视它们之间的关系。为了使村镇社区、土地流转所有权者和农场经营者之间的关系更加和谐，村镇要求农场主要为农民的土地流转支付必要的土地流转成本。此外，为了减轻土地流转成本造成的经济压力使农民的生活较为艰辛，地方和地区当局委托村集体对农民给予生活补贴，从而使农民生产和耕作

的积极性有所提高。最重要的是，以严格评估家庭农场的成绩与效率为基础，政府在一定程度上实现了提高区域农场效益、农民收入增加、国家粮食安全有保障和生态环境保护的目标。

五、规模经济理论

亚当·斯密和大卫·李嘉图首次提出规模经济理论，他们从绝对优势和比较优势两个方面解释分工和专业化带来的技术变化，这两个方面都对生产力的发展产生了不可估量的促进作用。生产工具是每一次技术变革的基础，或多或少都要依赖于一种或几种生产工具，它们密不可分。正是因为这种“不可分割性”才导致了规模经济的出现，但对规模经济的内涵却没有详细的描述。约翰·斯图尔特·密尔和马克思后来详细阐述了规模经济的优势。密尔认为，通过分工可以节约生产成本，因此必须扩大生产经营规模。马克思以市场理论和内部分工理论为基础，从合作的角度揭示了规模经济。他的观点是，随着生产经营规模的逐步扩大和总投资的不断增加，生产过程将变得越来越复杂，工序越来越多，并逐渐从简单的合作转向专业合作和以机械设备为辅助的合作。在这个过程中，我们逐渐实现规模经济并投入更多的资本，那么产生的力量就会越强。

阿尔弗雷德·马歇尔是新古典主义的倡导者，他首先提出了“规模经济”这一名词。他认为规模经济可以分为内部经济和外部经济，并指出在规模经济和垄断经济之间是非常难做出选择的。新古典学派认为，如果生产技术能达到一个预期的效果，规模经济的实现是指日可待的。此外，科斯和威廉姆森也解释了规模经济。科斯对规模的讨论是从交易成本的角度开始的。他认为，一个公司的规模应该有一个界限，而不是无限地扩张。当市场交易成本等于公司内部协调成本时，公司规模的最优点应该就在此规模。而威廉姆森又对企业的规模经济从另一个角度阐述，那就是资产专用性角度。他认为，三个因素对企业规模产生了重要的的影响：资产的专有用途、交易频率和不确定因素的存在。如果这三个因素的绝对值越大，企业就越愿意扩大生产规模。萨缪尔森对规模经济的定义给出了明确的解释，认为当企业生产要素逐渐增多时，生产的比重大于投入的增加，并且产品的平均成本会随着产出的不断增加而逐渐降低，这是规模经济阶段。当然也会有规模不经济的出现。

这一理论为计算家庭农场土地规模的最适宜标准打下了坚实的基础。受这一理论的启发我们可以发现,家庭农场的经营规模不应无限扩大或过于缩小,而是应保持适度性,选择一个最合适的范围。至于农场的适当范围,对于不同的参考标准来说也是不尽相同的,即适当的规模亦会因不同的标准而有所改变。

六、社会分工理论

1. 柏拉图的社会分工理论

亚当·斯密早期关于分工的理论凝聚着以柏拉图为代表的思想家的智慧。人类社会的分工现象是一个古老的主题,并且在不断地发展与完善。柏拉图从以下四个方面阐述了《理想国》中社会分工对我们的影响。一是社会分工和国家职业的出现。他认为,每个个体都是独特的,放在一起比较的话差异是非常明显的,所有人的能力都不同,他们可以形成一个高度异质的专业群体。二是职业分工是社会分工功能最主要的组成部分。良好的社会分工符合正义的标准。每个人都能充分发挥自己的资本,实现社会财富的最大化。三是他提倡固定的社会分工制度,但也允许一定程度的劳动力流动。四是性别观念和社会分工观念同样重要。柏拉图认为,社会的劳动分工是由人的本性造成的。有些人适合体力劳动,而有些贵族适合脑力劳动。这种分工有利于提高劳动生产率。亚里士多德在他的《政治学》一书中提到,"那些被赋予理性和远见的人往往是政治的主人;那些有体力履行他人远见所命令的服务的人自然被称为统治"。他还指出,"只有完全使用事物,而不是将它们混合,我们才能有最完美的形式来实现"。他告诉我们,每一种元素只有通过分解才能得到具体化的表现。

2. 亚当·斯密的社会分工理论

古典经济学家中杰出的代表人物之一就是英国的亚当·斯密。社会分工理论是他对政治经济学体系最重要的贡献。马克思强调,"亚当·斯密没有提出关于劳动分工的新原则"。在手工业时期,人们认为他是一位政治经济学家,因为他强调分工。熊彼特在《经济分析史》(*history of economic analysis*)中写道:"在亚当·斯密(Adam Smith)前后,都没有过多考虑分工问

题”。亚当·斯密在1776年出版的《国民财富的性质和原因研究》中描述了对经济发展的重要贡献中分工发挥的重要作用,并解释了为什么会发生这种情况以及劳动生产率因为它而带来的提高。提高劳动生产率可以通过三种方式来完成:第一,分工允许工人从事单一工作,提高了工人的专业水平,从而生产效率会由此进一步提高;第二,分工减少了各生产环节改造造成的时间浪费;第三,分工使得技术的进步有了质的飞跃,科技的发展使得许多劳动力可以不再承担重的累的工作。除此之外,亚当·斯密认为分工使下层阶级“普遍富裕”。劳动分工使产品的数量在逐步增加,这样就会有剩余产品出现,工人们也可以对自己的剩余产品进行交换,实现利益最大化。随着大量商品的销售,供需都是非常大的,这样就促进了市场的交流与发展,促进了经济的发展与进步,人们会更加富裕,这表明分工的专业化导致了生产力的提高和国民财富的增长。

亚当·斯密分工的另一个重要观点是市场范围的限制。这一愿景是人类交流和分工扩大的趋势。这是由于交换意见和促进专业分工,使人们拥有不同的专业人员并形成长期就业,但分工的程度也受到交流能力的限制。他解释道:“分工的原因在于交换能力和分工程度,因此它总是受交换能力大小的限制。换句话说,它受到市场的限制。”亚当·斯密用城市和农村地区之间的比较来说明这一观点。在城市地区,可以满足大量的职业分工和劳动者的特殊性,并因此可以进行详细的分工,而农村市场工作领域狭窄而复杂,使得分工不可能集中。他还注意到,沿海地区比内陆拥有更广阔的内河航运市场,沿海地区和通航道路的技术进步比内陆地区发展得更快。适合人类航行和贸易的地中海地区已成为人类文明的摇篮。色诺芬也表达过这一观点。

尽管亚当·斯密的交换和劳动分工很难得到实践的证明,但在他的《国民财富的性质和原因研究》第二章中对资本描述时谈到,交换只有在劳动分工结束后才发生,商品交换在逻辑上和历史上都受到劳动分工的影响。然而,他的理论对于中国农业生产的发展仍然具有十分重要的意义,这有助于我们理解农村家庭责任制实施后分工的重要性与意义所在。1983年,中国9.4%的农民成为专业家庭和重点家庭,但也有一些共同的经济领域即少数经济联合户的出现。中国的农村劳动分工继续和平地进行。在研究亚当·

斯密对中国社会主义建设的解释时,赵惠明(1984)提出:“两户一体”代表了中国农村发展的方向。它不仅是农村生产进步和原材料经济发展的主要形式,也是提高我国农业生产力、改善农产品和副产品供给的根本途径,改善农民生活,实现农村富裕。

七、目标管理理论

目标管理是基于科学管理理论和行为管理理论的管理体系。19 世纪中期,美国管理科学家德鲁克(Drucker)指出这项工作最基础的部分就是设定好目标。一旦目标明确,员工会朝着目标付诸行动,努力实现目标,更好地完成任务。因此,他建议目标管理应是管理制度的前提条件。目标管理的实质是依据激励理论,对其创新发展的一种科学管理方法。这一理论的核心思想是,人是由动机驱动的。需求越高,人们的热情就越高。通过对需求和动机的变化规律的把握,我们可以对大家的积极性进行有效调度,使他们做出更好的成绩:当人们需要满足的需求还未满足时,他们往往会产生对未来的危机感;当他们感觉能够达到预期设定的目标的时候,他们会更有动力,充满着激情;一旦实现了目标和需求,他们将继续努力实现新的目标。目标管理就在这个原则之下运行。它根据人们的需求对目标合理制定,从而使人们的积极性更大地发挥出来,更好地完成既定任务。

第二次世界大战后,外国企业的发展因为有了目标管理理论,使其产生了新的活力,随后这种理论在世界范围内广泛传播。从 20 世纪 80 年代以来,我国在目标管理和岗位责任制之间逐渐发展融合,目标责任管理方法也在我国应运而生。其中明显激发了员工的工作积极性、主动性和责任感,政府的管理能力逐步增强。

对目标管理的实施有如下几个步骤:

第一,总体目标应结合发展的要求、对内的政策措施和周围环境条件确定。

第二,分解总体目标,针对不同技能的员工、不同特点的区域环境、不同的内部结构进行组织安排,通过多个部门的相互配合,加快目标的实现。

第三,对目标的实现制定其衡量标准,对员工的绩效进行定量评估,对目标的实现情况进行总体上的把握以及在目标完成时各个员工的绩效如何

也需要有所把握，还要估计目标的激励效果。

第四，通过对员工阶段性的考核（见图 2-3），分析其绩效，制定新的阶段性任务，对管理的政策和制度进行完善，确保员工可以更好地发挥其积极的作用，工作效率进一步提高，从而实现更高的目标。

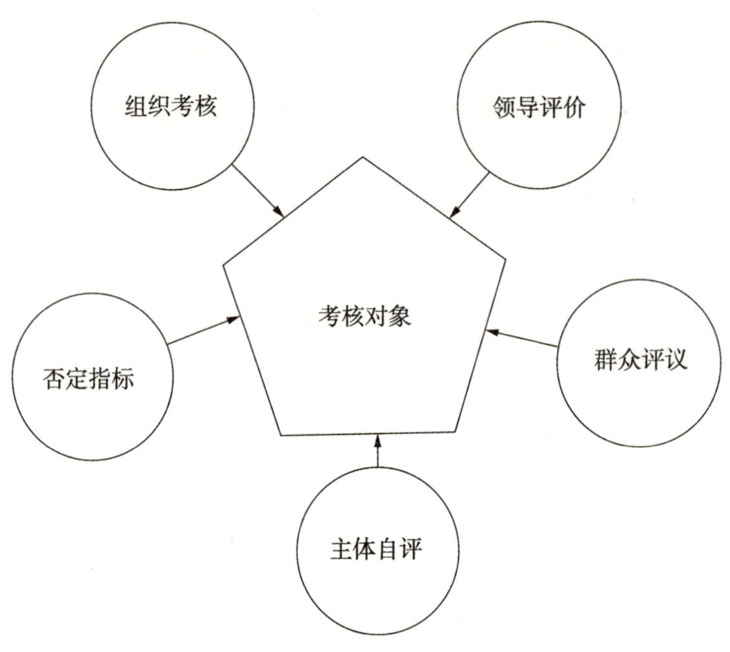

图 2-3　考核过程示意图

八、系统论

在 20 世纪 60 年代出版的《一般系统理论：基础、发展和应用》一书中，理论生物学家 L. V. 贝塔朗菲（Bertalanffy）提出，系统是一个密切相关的元素集合，系统存在于周围的一切事物中。1978 年，钱学森在中国首次引入系统科学，系统技术理论由此发展起来。从那时起，系统论就变成了科学研究的一个非常重要的前提条件。系统论认为，在整个宇宙环境中，有多个存在差异的子系统，每个系统是一个具有开放、组织、多样化、相关性以及多种层次结构的整体。对于系统论的基本思想来说，它是将一个大系统视为一个研究对象或者将研究对象放在一个密切相关的系统中，分析了系统、构成要素和环境条件之间的动态规律和结构关系。在分析的时候，可以先对一个大系统进行分析,因为里面由许多子系统组成,同样也可以将其称为一个大系统的子系统去讨论分析。

每个系统都是一个有机整体,不是机械组合或不同部分的简单相加。系统的总体功能是每个元素都处于孤立状态,没有新的属性;它与机械论的观点相反,机械论认为,如果元素的表现好,整体的表现就一定好,而整体是由部分来解释的;系统中的每个元素都不是单独存在的。每个元素在系统中都处于特定的位置并发挥各自不同的用途。这些元素之间相互关联,形成一个不可分割的整体。

所谓系统论,其基本思想是把研究对象和研究问题作为一个系统来考虑,对系统的结构、功能和环境进一步的分析,考察要素之间的关系和发展变化规律,以了解系统的总体功能和运行状态。这些特性和规律可用于影响、控制、优化甚至创建一个新的系统。随着社会的进步、经济的发展、生态环境和经济系统变成了系统研究的主题,越来越多的科学家关注与社会经济相关的诸多因素、广谱性和复杂关系。20 世纪 70 年代末,钱学森认为社会经济不仅是一个大系统,而且是一个涵盖整个社会的“大系统”。在一个庞大的系统中,当存在多个要素时,要素之间相互交织的关系以及非线性、模糊、动态等复杂的关联方法,是一个复杂的巨系统。这种类型的系统在元素组成、元素关系、系统结构、系统行为和系统变化方面非常复杂。复杂巨系统的研究重点包括自然科学、工程、社会科学等,如经济系统、社会系统等。复杂巨系统的研究对象非常广泛,系统复杂性的研究已引起世界各国科学家的关注。

系统理论主要运用完整性、集中性、层次结构、终结性和逻辑同构等概念,研究的模式、原则和规律是适用于所有综合系统或子系统的,并试图用数学方法描述其结构和功能。系统强调的联系包括三个方面,分别是:整体与局部、局部与局部、整体与外部环境。它有几个基本特征:整体性、动态性、相关性、层次性和目的性,如图 2-4 所示。系统论的最基本条件就是考查事物的时候把它作为一个整体或系统。

农场的经营与发展和农场主胜任力的提升涉及多种因素的相互作用,具有一定的结构。应从系统的角度对农场的发展和农场主经营能力的提升进行分析,明确农场问题在系统论中所需要具备的要素,并进一步分析系统内各个要素之间的相互联系。

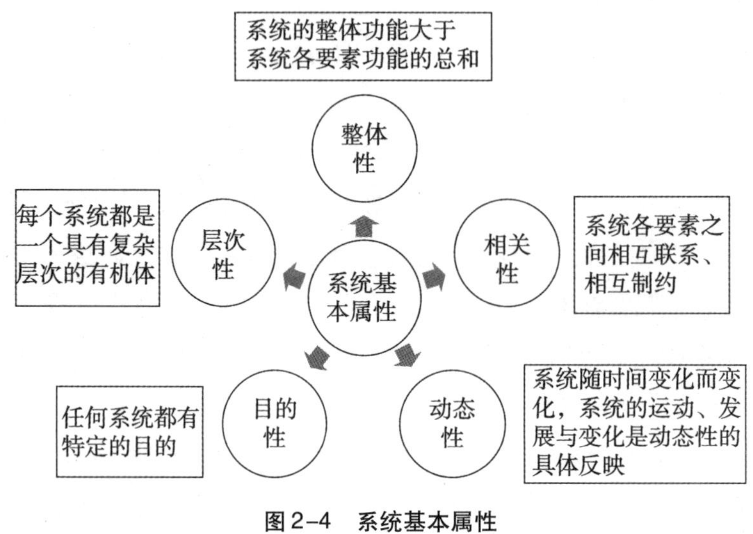

图 2-4　系统基本属性

九、计划行为理论

1963 年，心理学家菲什宾提出了多属性态度理论，计划行为理论由此诞生。多属性态度理论认为行为态度包括能力倾向属性、属性的占比情况和属性信念强弱。这一理论更适合研究人们对某些行为的态度，例如消费者对不同品牌爱好的倾向，而不探讨这种态度或倾向是否影响人们的购买力。1975 年，两位社会心理学家在多属性态度的基础上讨论了态度和行为之间的关系，从而形成了理性行为理论。这一理论已经发展成为认知行为领域最具代表性和范围最广的理论之一。在理性行为理论的解释中，行为的意愿可以决定个体的行为，也有其他的因素可以影响这种意愿。比如主观态度和规范，这是可以来预测的。同时，随着社会的发展，越来越多的学者对其有更深一步的探讨，研究者发现局限性也存在于理性行为理论中。理性行为理论的适用范围相对有限，只能解释完全受个体主体性控制的行为。但是事实上，我们不仅要考虑主观行为的影响，还要意识到其他方面也会对其产生影响，但如果我们研究的行为同时受到多个方面的影响，那么此时理性行为理论就不再适用了。因此，在 1991 年，Ajzen 引入了一种新的变量即控制行为知觉，计划行为理论由此建立。

计划行为理论的核心是它能直接决定个体的行为,意志受行为态度、主观规范和知觉行为控制的影响,计划行为理论如图 2-5 所示。

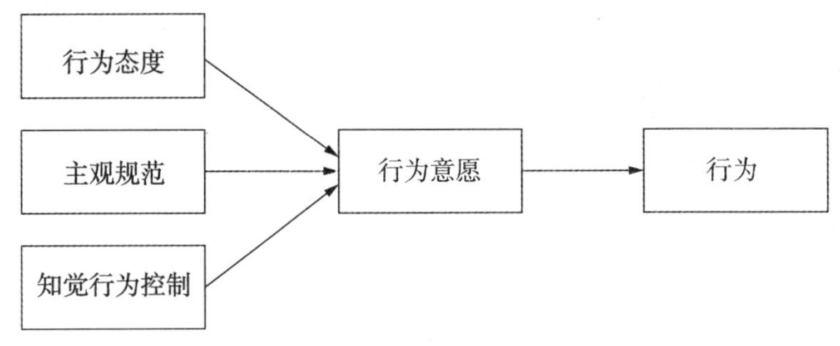

图 2-5 计划行为理论框架结构

1. 行为态度

在心理学范畴,态度的表现通常被解释为欣赏、讨厌或了解某事的心理和情感倾向。所以对于计划行为理论来说,行为意味着当一个人在处理某件事情时,他们首先在心里评估自己对这种行为的偏好。态度决定于个体对评估结果的预期。

2. 主观规范

人们在做某事之前,他们会受到来自各方面的外界环境的影响,或者期待或者压力。对主观规范会产生影响的是当受到外界人或事物中,能对自己的行为产生的评价或效果影响自己做出决定的时刻。在社会交往中,个人不仅会受到某个人对自己的期望与压力,还可能会受到一个群体的影响,希望自己能做成什么样的事情,达到怎样的效果,这些都是存在的。举个例子,当人们在进行特定行为时,人们会感受到周围环境的压力,因此人们会提前做大量准备,在周围环境以及大家行为的影响下,然后采取一定的应对措施。同样的,其他重要群体或社会群体的期望也会对个体的主观规范产生影响。

3. 知觉行为控制

当人们决定做某事时对困难程度的预期。影响知觉行为控制的是当人们面对选择时做出的决定。在具体实施时,他们必须考虑到周围能够支持或阻碍其行为的因素。当一个人掌握了很多可以帮助他的人、可以利用的事物或对其有益处的某件具体的事情的时候,并且发现同时没有能阻碍他

的行动的困难,那么他将有很强的感知和行为控制能力。

在本研究中,行为态度主要指家庭农场主对经营家庭农场以及对促进自己经营能力提升的态度,当家庭农场主对此持正面评价态度时,那么家庭农场主综合素质会有大的提升,家庭农场会更高效。主观规范在本研究中指的是当家庭农场主在管理经营农场的时候,他所做出的决策,参与的活动以及一系列和家庭农场发展有关的行为时,是否会有周围有影响力的人或相关组织对其决策的指导,从而影响行为的正常实施,当他认识到会有身边的某些重要的人(如家人、村民、村里领导和其他干部等)或组织支持其经营家庭农场时,其很有可能倾向于做出相应的行为。同时,家庭农场主在决定要经营一家农场时,这种行为一定是经过深思熟虑的,并不是头脑一热、一时冲动做出的决定,这同时也要考虑各个方面的因素,比如说当地自然条件的好坏,自我认知情况,当他认为自己的综合素质以及具备了足够的农业有关的专业知识,并且在考虑当地环境条件是否有较好的资源或者经营农场的可行性时,才会做出从事家庭农场的行为。计划行为理论为本书第五章家庭农场主提升机制影响因素研究的实证分析奠定了理论基础。

第三章

河南省家庭农场发展现状分析

河南省，古称豫州，东邻安徽和山东，北接河北和山西，西邻陕西，南接湖北，是周围各省的中心枢纽。肥沃的土地、丰富的降雨、适宜的气候和良好的自然地理条件为河南农业发展奠定了良好的基础。然而，由于人口增长和自然资源利用不当，致使农业生产模式跟不上现在社会发展的脚步，因此，在河南省境内建立新的生产经营主体，探索新型经营模式，进行适度发展，对河南农业发展具有重要意义。作为农村经营发展的新模式，家庭农场主的经营能力和河南农业的大发展息息相关。

在党中央一系列的政策支持下，河南省家庭农场迎来了新的发展机遇。全省家庭农场总体数量不断增加，整体呈现出良好的发展态势。根据河南省农业农村厅相关数据，截至 2020 年年底，全省在全国家庭农场名录系统进行信息填报的家庭农场共计 25 万个左右，与 2013 年的 7 135 个家庭农场相比，整体数量大幅增加，2020 年河南省共有县级以上示范家庭农场 4 071 家。总的来说，河南省家庭农场整体发展速度较快，不论是在土地规模还是在资金扶持方面，都表现出飞速发展的势头。为探究河南目前家庭农场存在的诸多问题以及制约因素，寻找合适的提升机制，本书根据河南省农业部门相关统计数据，并结合实地调研对全省家庭农场从数量、规模、从业人员、类型结构、经营模式的发展情况进行动态分析。

第一节　河南省家庭农场发展的基本特征

一、家庭农场(数量明显增加)发展现状

根据河南省农业农村厅公布的数据显示,2015 年全省共有家庭农场 19 870 个,2016 年之后数量开始大幅增长,达到 34 635 家,增长率高达 74%;2017 年增长至 47 820 个,较上一年度增长 38%;2018 年数量增加至 52 300 个,增长速度相对较为缓慢。2019 年,全国开始实行家庭农场名录登记系统,河南省开始采取网上基本信息填报,因这一政策还处于前期推广阶段,故 2019 年河南省家庭农场数量出现负增长状况;截至 2020 年年底,河南省家庭农场数量高达 259 277 个,与 2019 年相比增长幅度高达 772%,与 2018 年相比,增长幅度为 396%。总体而言,河南省家庭农场呈现良好的发展态势,如表 3-1 所示。

表 3-1　2016-2020 年河南省家庭农场数量及增长率　　(单位:个)

年份	数量	年增长率%
2015	19870	0
2016	34635	74.2
2017	47820	38
2018	52300	9.4
2019	29737	-43
2020	259277	77.2

数据来源:河南省农业农村厅。

另外,在质量认证和商标注册方面,家庭农场的数量涨幅较大。2019 年年底,在河南所有家庭农场中,有 365 家得到了农业部门的质量认证,占家庭

农场总量的1.23%,同时有1 087个家庭农场已经进行商标注册,占家庭农场总量的3.66%。到2020年年底,在将近25万个家庭农场中,有749家家庭农场得到了农业部门的质量认证,占比为0.28%左右,但与上年度相比增加了384家,涨幅高达105%。另外有1 402家家庭农场进行了商标注册,与上年度相比增长了315家,涨幅接近30%。目前,河南省县级示范家庭农场有4 071家,其中包括466家省级示范家庭农场。全省示范家庭农场类型分布多样,为其他家庭农场的发展起着带头作用。其中,家庭农场主要存在四种经营类型,以个体工商户身份经营占绝大多数,其次是个人独资企业,合伙企业和公司占比较小。

二、河南省家庭农场主经营能力发展状况

根据中国农业农村部数据显示,在有效监测样本中,河南省家庭农场以男性居多,占全部总人数的82.76%;而女性家庭农场主仅占全部总人数的17.24%。图3-1为河南省家庭农场主的年龄柱状图,可以看出平均年龄最大的是从事粮食生产的家庭农场主,为47.04岁;其次是种植类家庭农场主的平均年龄,为46.19岁;整体全部家庭农场主的平均年龄略低于前两类,为45.18岁;根据数据发现家庭农场主的平均年龄相差较小,接近平均水平。

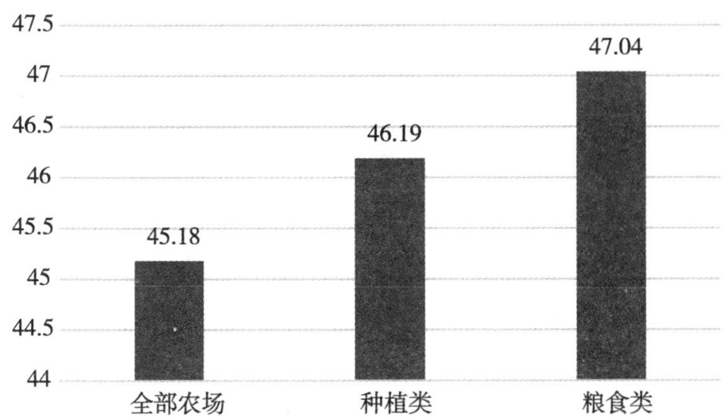

图3-1 河南省家庭农场主平均年龄(单位:岁)

(数据来源:中国农业农村部)

在有效监测样本中,家庭农场主主要来自本乡、本村。在河南省的全部农场主中,户籍为本乡的家庭农场主占比较高。户籍来自本乡的家庭农场主占比为90.81%,其中来自本乡本村家庭农场主占65.52%,来自本乡外村的家庭农场主占25.29%,其他家庭农场主来自本县外乡占比为9.2%。

提升家庭农场经营效率,首先必须提高农场主的综合素质。因此,根据相关监测数据,结合图3-2可以看出,全省家庭农场主的平均受教育程度相对较低,主要是初中和高中学历。其中初中学历和高中学历的农场主达到32%和46%,两者累计占比为78%;家庭农场主受教育程度为中专和职高的占比分别为8%和5%;大专及以上学历的家庭农场主占比为7%,其中本科及以上学历的家庭农场主占比只有1%,而受教育程度为研究生及以上学历的家庭农场主占比为0,其余是小学学历的家庭农场主,占比为1%。整体上,全部家庭农场、种植类农场、粮食类农场中,农场主的各层次受教育程度分布状况大体相同。另一方面,农场主在从事家庭农场行业前的经历各不相同,其中是普通农民的家庭农场主最多,其次是有个体投资经历的家庭农场主和有合作社主要负责人经历的农场主,接着是有农机手经历的家庭农场主,再接下来依次是村干部经历的家庭农场主、进城务工返乡经历的家庭农场主和企业管理层经历的家庭农场主。

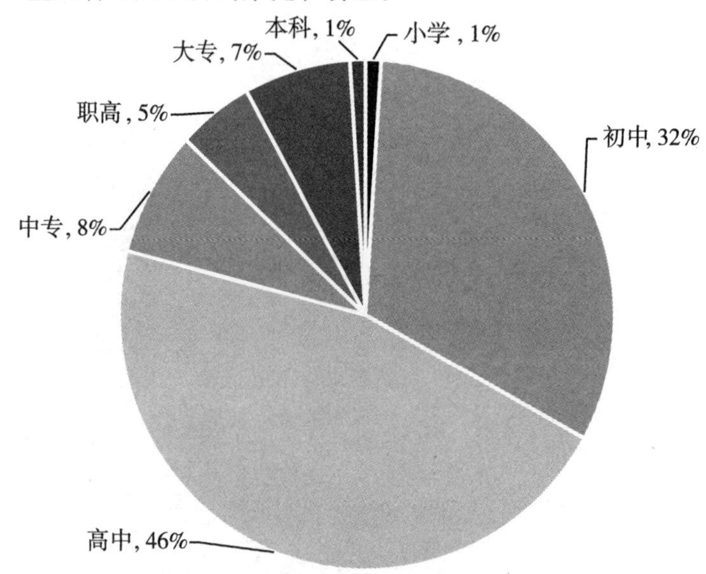

图3-2　家庭农场主受教育程度分布图

(数据来源:河南省农业农村厅)

在接受培训方面，接受过培训的农场主占比相对较高。在各类农场中，有过培训经历的农场主占比均在75%以上。在全部家庭农场中，有过培训经历的农场主占83.19%，种植类家庭农场中有过培训经历的农场主占79.98%，养殖类有过培训经历的农场主占83.29%，种养结合类和机农结合类家庭农场主占比均超过了90%，分别是91.10%，93.85%。另外家庭农场主所接受的相关培训经历与其农场的生产经营类型也是相符合的。在全部数据中，有过栽培技术培训、土地技术培训、植物技术培训和系统知识培训经历的农场主分别占54.03%、43.56%、41.69%和36.61%。其他相关培训依次是养殖技术培训、"三品一标"及农产品质量安全知识培训、农机驾驶操作技术培训、地膜覆盖技术培训和农产品加工技术培训，农场主占比分别为28.95%、28.68%、28.24%、23.73%和14.58%；有过其他培训经历的农场主相对较少，占比为0.64%。由于家庭农场的经营结构不一，每个家庭农场主所拥有的培训经历也不一样。在种植类、机农结合类和种养结合类家庭农场中，有过育种或培育技术培训经历的农场主占比超过了55%，而在养殖类家庭农场中不到10%的农场主有过育种或培育技术培训经历。在养殖类家庭农场中，大约70%农场主受过养殖技术培训，而在种植类家庭农场中只有7.68%的农场主有过该经历。在机农结合类家庭农场中，大约有80%的农场主接受过专业的农机操作技术培训，并且取得了相关的证件，而在其他类型的家庭农场有过农机操作技术培训经历的农场主所占比例相对较低。

三、河南省家庭农场经营规模显著扩大

2013—2019年，河南省家庭农场经营土地总面积呈现倒U型态势。在此影响下，土地流转面积和粮食作物种植面积也呈现相应的倒U型特征。在土地流转方面，2019年年底河南省农村土地流转面积为283万亩，占承包耕地面积的66.28%。家庭农场中粮食作物种植面积约260万亩，占全省家庭农场经营土地总面积的60.89%。从表3-2可知，虽然在2013—2019年河南省家庭农场经营土地总面积、流转面积和粮食作物面积变化幅度较大，但是流转面积与经营土地面积的比重以及粮食作物面积与经营土地面积的比重并未出现大幅度变化，流转面积与经营土地面积的比重在70%上下浮动，而粮食作物面积与经营土地面积的比重在60%～80%浮动。土地流转

价格随着地理位置和种植作物不同而变化。总体来看,河南省家庭农场发展规模呈上升趋势。

根据3-2表中数据,2013—2019年这7年中,河南省家庭农场土地经营面积整体呈现扩张的趋势,从2013年的145万亩,增加为2019年的427万亩,增长率达到194.5%。平均每个家庭农场土地经营面积则从2015年的700亩下降为2019年的143.6亩,这种大幅度的下降是由于家庭农场注册数量的增长速率远远大于土地经营面积的增长速率。此外,从土地经营面积与土地流转的情况来看,家庭农场经营的耕地面积65%以上是流转而来的,这也符合河南省人口大省的基本省情,该省人均耕地面积相对较少,需要通过流转土地,以实现规模化生产经营模式。

表3-2　2013—2019河南省家庭农场经营土地面积、流转面积、粮食作物面积及其占比

（单位:万亩）

年份	经营土地总面积	流转面积	占比	粮食作物面积	占比
2013	145	103	71.03%	115	79.31%
2014	193	137	70.98%	150	77.72%
2015	1391	988	71.03%	1043	74.98%
2016	1331	932	70.02%	972	73.03%
2017	692	484	69.94%	480	69.36%
2018	889	622	69.97%	620	69.74%
2019	427	283	66.28%	260	60.89%

数据来源:河南省农业农村厅。

河南省家庭农场总投资规模逐年上升。家庭农场是农业经营体系中的一种新型经营模式,近年来得到了政府的大力支持。截止到2019年年底,家庭农场总市场份额达到几百亿元,其中大部分资金为自筹资金。随着国内家庭农场市场的不断壮大,为促进河南省农业产业化、规模化、品牌化发展,目前全省范围内不同省市分别注册了农业品牌,成功创建了以瓜果、蔬菜、花卉、茶叶、面粉、棉花等其他农产品加工为代表的行业知名品牌。品牌知名化有利于完善农产品产业链,提升农产品的经济价值,增加农民收入。

四、河南省家庭农场经济收益呈现增长态势

从2013—2019年河南省家庭农场的经营总收入来看,2019年家庭农场经营总收入达到495 334万元,与2013年的279 167万元相比增长了77.4%。这是因为近年来家庭农场发展势头较好,各种产品实现了大量生产,土地利用率进一步提高。但是由于一些难以解决的现实问题以及制约家庭农场发展的因素导致农户的净收益比较低。分析2013—2019年经营总收入发现2018年之前,家庭农场的经营总收入总体上呈现逐年增长的趋势。2019年这一数值却急剧减少,这是因为2019年,全国开始实行家庭农场名录登记系统,河南省开始采取网上基本信息填报,这一政策在当年并未普及开来,故2019年河南省家庭数量经营总收入出现负增长状况。

2013—2019年河南省家庭农场的支出收入比呈现出持续下降的态势,换句话说,这些年家庭农场的净收益占比是持续增长的。剔除2019年的数据可以发现2015年、2016年、2017年、2018年家庭农场经营总收入分别约为61亿元、90亿元、134亿元、169亿元;由表3-3中的数据可以看出,河南省家庭农场经济收益呈现显著的增长趋势。

表3-3　2013—2019年河南省家庭农场经营收益情况　(单位:万元)

年份	经营总收入	平均经营收入	经营总支出	支出收入比
2013	279 167	39.13	242 875	87.00%
2014	413 167	26.72	359 455	87.00%
2015	611 487	30.77	528 936	86.50%
2016	905 000	26.13	778 300	86.00%
2017	1 342 662	28.08	1 147 976	85.50%
2018	1 690 859	32.33	1 437 230	85.00%
2019	495 334	30.52	424 145	85.63%

数据来源:河南省农业农村厅。

五、河南省家庭农场结构分布多元化

近几年,家庭农场经过不断的发展,主要有以下几种类型:种植业、畜牧

业、渔业、种养结合类型和其他类型。根据河南省农业厅相关监测数据显示,2019 年全省家庭农场中种植业 24 644 个,占比高达 84.58%,畜牧业 2 134 个,占比 7.32%,渔业 194 个,占比 0.67%,种养结合类型有 1 557 个,占比 5.34%,其他类型家庭农场 608 个,占比 2.09%;2020 年全省家庭农场中种植业 163 600 个,占比高达 65.44%,畜牧业 67 675 个,占比 27.07%,渔业 3 275 个,占比 1.31%,种养结合类型有 9 225 个,占比 3.69%,其他类型家庭农场 6 225 个,占比 2.49%(见表 3-4);从 2019 年和 2020 年不同类型家庭农场的数量及其占比中发现,其中种植业和畜牧业占比变化幅度最大,其他种类的家庭农场占比出现轻微波动。可能是由于近几年家庭发展态势一致向好,这使得家庭农场的经营类型更加多样化,家庭农场各种经营类型的比例也在不同程度上也有所不同。

表 3-4　2019—2020 河南省不同类型家庭农场数量及占比　(单位:个)

类型	2019		2020	
	数量	占比	数量	占比
种植业	24 644	84.58%	163 600	65.44%
畜牧业	2134	7.32%	67 675	27.07%
渔业	194	0.67%	3275	1.31%
种养结合	1557	5.34%	9225	3.69%
其他类型	608	2.09%	6225	2.49%

数据来源:河南省农业农村厅。

河南省种植业家庭农场在全部家庭农场中的比例为 65% 以上,而其他类型的家庭农场合计约 35%。主要是因为该地区以平原和盆地为主,占总面积的 55.7%,其次是山地和丘陵地形,分别占 26.6% 和 17.7%。河南属温带季风气候和亚热带季风气候。春季天气干燥、风沙较多,夏季高温多,秋季日照充足,冬季寒冷干燥,雨雪较少,省境中南部的淮河,支流众多,水量丰沛。地理位置和良好的气候环境使河南省可以发展不同结构类型的家庭农场。

此外,表中的数据也反映出,种养结合型的家庭农场数量逐渐增加。其增加可能有两点原因:第一,国家大力倡导家庭农场实现绿色生态发展。具体来说，在种养结合型家庭农场中，饲养牲畜产生的排泄物可以有效利用，成为种植农作物的天然有机肥料；同时种植农作物产生的副产品也可以成为养殖家禽的饲料来源，这样种养结合型家庭农场就提高了资源的有效利用率，降低了生产成本，从而实现家庭农场生产规模效益最大化。第二，随着农产品质量安全问题的频繁暴露，人们越来越关注农产品的质量。消费者也把目光转向了绿色有机农产品，该产品在市场上销售价格与普通产品相比较高，从而促进了农场经营者采用绿色生产技术。总而言之，种养结合型家庭农场在未来的发展中还会呈现出上升趋势，一部分种植型农场也会进行转型，发展成为种养结合型农场。

六、河南省家庭农场在地区间发展差异明显

“中央一号文件”于2013年首次提出鼓励支持家庭农场发展，河南省积极响应号召，发布了相关的政策文件，以促进河南省家庭农场经营模式的快速发展，但自然环境与各地区支持力度的差异导致家庭农场发展的不平衡。河南省农业农村厅的相关监测数据显示，家庭农场主要集中分布在气候条件较好的黄河南部地区，比如驻马店、周口、商丘等市。

从表3-5的数据可以发现，不同地区家庭农场的发展水平差异很大。家庭农场数量较多的城市主要分布于黄河以南地区，也就是豫南地区，其中家庭农场发展比较好的城市主要有驻马店、周口、商丘、南阳等城市，这些城市的家庭农场发展规模大，目前大部分已经实现标准化生产；而鹤壁、三门峡、濮阳等地区家庭农场发展水平还有待进一步提高，这些地区大部分地处河南省北部。其中驻马店的家庭农场发展数量是三门峡家庭农场发展数量的17.13倍，可见河南省家庭农场不同地区之间的发展水平差异较大。

从家庭农场总量的区域分布来看，驻马店、周口、商丘这三个地区家庭农场数量依次排在全省前三位，共有家庭农场92 444家，占全省总量的35.65%。这三个地区占比都超过了9%。家庭农场数量占比处于5%～9%的地区主要有南阳市、新乡市、开封市、安阳市、信阳市、洛阳市。其他地区的家庭农场数量占比都不超过5%。综上所述，河南北部从家庭农场的存量上看在全省相对落后，有待提高。

表 3-5　2020 年河南省各市家庭农场数量　（单位:个）

城市名称	数量	所占比例
安阳市	16 468	6.35%
鹤壁市	4188	1.62%
济源市	3899	1.50%
焦作市	10 207	3.94%
开封市	17 199	6.63%
洛阳市	15 569	6.00%
南阳市	21 489	8.29%
平顶山市	11 237	4.33%
三门峡市	2094	0.81%
商丘市	23 553	9.08%
新乡市	19 366	7.47%
信阳市	15 664	6.04%
许昌市	6336	2.44%
郑州市	3855	1.49%
周口市	33 012	12.73%
驻马店市	35 879	13.84%
漯河市	7610	2.94%
濮阳市	11 652	4.49%

数据来源:河南省农业农村厅。

第二节　河南省家庭农场政策扶持现状

河南省在新时代农业发展大潮中,探索多种形式的新型发展模式,把发展家庭农场作为重要发力点,推进农业现代化建设进程,促进农业经济实现全面可持续发展。2020 年全省共有家庭农场 25 万家,总经营面积 427 万

亩，每个家庭农场平均流转土地约 97 亩，目前省、市、县示范家庭农场体系在全省范围内已经建立。

国家农业农村部于 2019 年印发了《关于实施家庭农场培育计划的指导意见》，目的是全面提升家庭农场发展水平。自国家出台相关政策以鼓励家庭农场发展以来，河南省政府也及时采取一系列行动，先后出台了《关于做好家庭农场登记管理工作的意见》《河南省支持新型农业经营主体发展的若干财政政策措施》和《河南省加快转变农业发展方式实施方案》，完善家庭农场在管理、财政和转型方面的空缺。省政府各级相关部门，包括财政、农业、扶贫等部门，都把家庭农场作为重点关注对象，列为重点扶持对象。各级政府也先后出台了促进家庭农场发展的相关政策和优惠项目，如舞钢市专门编制了《舞钢市家庭农场专项规划》，指导各乡镇精心选择相对应的产业类型进行规范引导和培育。襄城县政府制定了《示范性家庭农场认定标准及补助办法》，对于租赁土地面积超过 200 亩且租赁时间超过 5 年的家庭农场，实施每亩奖励 100 元的政策；租赁土地面积超过 1 000 亩的家庭农场每亩奖励 150 元。

为培育家庭农场发展，近年来河南省在信贷方面多次举办银行与企业的对接会议，希望为家庭农场谋取新的融资出路，摆脱融资困境，为目前的新型农业经营主体构建了一个服务平台，方便其进行融资担保，同时向本省专业银行机构推荐了一些优秀的融资项目；与国家开发银行河南省分行联合实施“河南省现代农业发展贷款工程”，在永城市开展家庭农场、农民合作社贷款试点；根据《河南省农村土地承包经营权抵押贷款管理暂行办法》和《河南省关于开展农村土地承包经营权抵押贷款试点工作的指导意见》，全省选择 12 个县（市）开展农村土地承包经营权抵押贷款试点。发挥中原农业保险股份有限公司作用，探索开展小麦、玉米等大宗粮食作物产量保险试点。

为提高土地流转的效率，加大土地利用率，政府关于这一方面也制定了相关的政策，出台了《关于引导农村土地经营权有序流转发展农业适度规模经营的实施意见》《关于加强对工商资本租赁农地监管和风险防范的实施办法》，为建设有序流转路径提出了意见和办法，全省初步建立了村信息员、乡镇中心、县市网络的土地流转服务体系；建立工商资本租赁农地上限控制，

严把准入关、风险防范及事中事后监管制度。通过适度规模经营，家庭农场的集约化经营水平和劳动生产率有所提升，提高农业机械化水平和农业种植技术，培育高质量农业产品，成为实施科技兴农战略的重要主体。

第三节　河南省家庭农场的典型模式

一、夏邑模式

(一)夏邑县家庭农场的发展基础

夏邑县的地理位置、自然条件、历史背景决定了该县适合发展家庭农场。该县属于商丘市，位于河南省东部，俗称豫东地区，与安徽、山东和江苏省相邻。目前夏邑包括 24 个乡镇、累计 731 个村庄，全县占地面积为 1 481 平方千米，总人口大约 120 万人，其中农业人口占比高达 89%，是名副其实的农业大县。在自然环境方面，该地区整体地势平坦，是典型的平原冲积区。土质比较肥沃，气候相对温和，一年四季雨量丰富。年平均气温 14.1℃，年平均降水量 762 毫米，无霜期 217 天；在交通方面，高速公路、国道、铁路、高铁都经过此县，该县是京九经济开发带的黄金枢纽——商丘的重要组成部分，全县运输构成了水、陆、公、铁立体交通网。在文化历史方面，夏邑县历史悠久，不仅是黄河文化的发祥地之一，也是影响中国数千年发展的儒家创始人孔子的祖籍所在地，除此之外，彭雪枫将军生前也曾经在此生活和战斗过，为此也建立了省级重点文物保护单位“彭雪枫将军纪念馆”。夏邑还是全国棉、麦生产县，被称为“全国粮食生产百强县”“国家商品粮基地县”。年均粮食总产量 104.57 万吨，连续 12 年获得“全国粮食生产先进县”称号。自古以来还有别称，比如“中原粮仓”“中国西瓜之乡”和“中国食用菌之乡”，目前该县主要生产的粮食有玉米、小麦，主要生产的水果为西瓜以及主要生产的蔬菜为食用菌类等。

夏邑县人民政府制定了相关政策推动家庭农场的发展。政府部门结合

河南省《关于做好家庭农场登记管理工作的意见》《河南省示范家庭农场认证管理暂行办法》等政策文件，积极响应上级文件要求，根据当地的实际情况，制定适当的政策，规范发展。在登记服务方面，工商、税务等相关部门和机构根据上级指示和相关要求，简化登记手续，实行减税降费措施。另外，从实际出发，以民为本，放宽家庭农场准入条件，制定管理规范，有效促进家庭农场高效运营。

夏邑县鼓励并支持农户进行家庭农场的创建和申报工作，另外组织相关领域专家进行评审，坚持公平、公开、公正的原则，挑选出经营发展模式优异的家庭农场。此类评选活动每两年举办一次，评选为发展成功的家庭农场可以优先获得一定的资金支持。2019 年夏邑县主要扶持了 2 个示范性家庭农场，这两个家庭农场发展规模适中、管理规范、经济效益稳定。夏邑县对于这两个家庭农场分别补助 10 万元。家庭农场主可以自由支配该笔资金用于家庭农场各个方面的改善，使得家庭农场各具特色，充分发挥示范性家庭农场的榜样作用和驱动作用。此外，从 2017 年开始，该县鼓励家庭农场种植天然无公害、绿色、有机产品，大力支持家庭农场申请认证农业地理标志“三品一标”，并对获得相关认证的家庭农场进行一定现金补贴。这样做既可以鼓励家庭农场主种植绿色生态植物，也可以提高农产品的生产质量。该县为提高产品质量，也建立了一系列完善的农产品追溯体系。鼓励农场主不断提高文化程度，多参加相关培训和经验交流活动，通过各项职业测试获得相关职业技能证书。

（二）夏邑县家庭农场的发展现状

在全省大力发展家庭农场的基础上，夏邑县家庭农场及时抓住这次发展的机遇。夏邑县农业部门相关数据如图 3-3 所示，2015—2019 年全县家庭农场数显呈现持续增长态势，2015 年全县家庭农场共计 287 家，2016 年增加为 803 家，年增长率高达 180%；2017 年增长至 1 674 家，是 2016 年数量的两倍左右；2018 年该县家庭农场数量增长为 2 209 家，年增长率为 32%；2019 年实行网上登记以来，夏邑县共有 2 388 家家庭农场办理了登记注册手续，比 2018 年多增加了 179 家，年增长率仅为 8.1%；5 年中家庭农场的年增长率呈现逐年递减的趋势。省级示范家庭农场中商丘市共有 31 家，其中夏邑县有 7 个省级示范家庭农场。此外，夏邑县还有 15 个县级示范家庭农场

和10个市级示范家庭农场。2019年,夏邑县王飞家庭农场成为河南省第一家也是唯一一家成功入选全国典型家庭农场案例的农场。

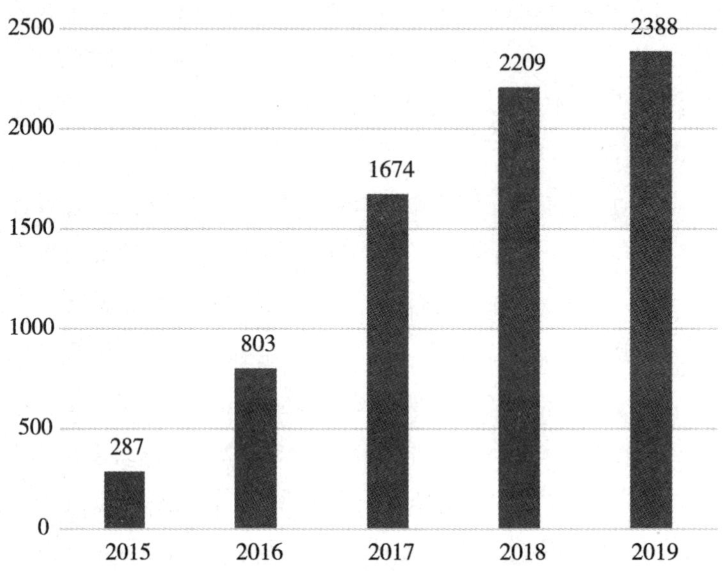

图3-3　2015—2019年夏邑县家庭农场数量(单位:家)

(数据来源:夏邑县农业农村局)

各乡镇家庭农场数量差异较大。其中北岭镇、胡桥乡、太平镇家庭农场数量在各乡镇中居于前三,分别为544家、403家、280家,这三个乡镇家庭农场分别占夏邑县家庭农场总数的22.8%、16.8%和11.7%,合计占比为51.3%,如表3-6所示。这是因为夏邑县优质“8424西瓜”和蔬菜的种植区集中在上述三个乡镇,其中夏邑西瓜种植发祥地就是北岭镇,目前该乡镇种植西瓜共计3.8万亩、建设有7万多个蔬菜瓜果大棚,年总产值能达到4亿多元。依次家庭农场数量较多的是曹集乡和孔庄乡,家庭农场分别有241家和188家,合计占比为18.0%,这两个乡镇主要种植各种水果和花卉;其余各乡镇合计占比为30%多。

表 3-6 家庭农场数量情况 (单位:家)

乡镇	数量	所占比例
城关镇	11	0.5%
李集镇	74	3.1%
太平镇	280	11.7%
罗庄乡	26	1.1%
骆集镇	44	1.8%
车站镇	17	0.7%
韩道口镇	42	1.8%
北岭镇	545	22.7%
何营乡	55	2.3%
歧河乡	78	3.3%
桑故乡	81	3.4%
刘店集乡	22	0.9%
马头镇	43	1.8%
胡桥乡	402	16.8%
孔庄乡	188	7.8%
杨集镇	19	0.8%
会亭镇	50	2.1%
济阳镇	29	1.2%
火店镇	58	2.4%
郭庄乡	52	2.2%
王集乡	13	0.5%
曹集乡	241	10.1%
业庙乡	16	0.7%
中峰乡	12	0.5%

数据来源:夏邑县农业农村局。

根表 3-7 可知,2015—2019 年夏邑县所有乡镇家庭农场数量均有所增加,其中增长数量最多的是北岭镇,比 2015 年增长 492 个;胡桥乡增长了 383 个,曹集乡增长了 234 个,太平镇增长了 208 个,孔庄乡增长 171 个,其余 19 个乡镇也有不同幅度的增长。目前,该县已经形成以下六种优质农产品种植区:优质强筋小麦种植区以王集、歧河、郭店等乡镇为中心;优质“8424 西瓜”种植区以北岭、胡桥、太平等乡镇为中心;食用菌种植区以车站、

郭庄为中心;优质花生种植区以郭店、会亭为中心;优质蔬菜种植区以李集、曹集、刘店、何营为中心;优质果品、食用菊花种植区以太平、孔庄为中心。

表 3-7　2015—2019 年各乡镇家庭农场数量变化情况　　(单位:家)

乡镇	2015	2016	2017	2018	2019	5 年增长数
城关镇	1	4	5	11	11	10
李集镇	12	29	51	63	74	62
太平镇	72	162	211	259	280	208
罗庄乡	9	12	17	22	26	17
骆集镇	18	25	35	42	44	26
车站镇	8	11	16	17	17	9
韩道口镇	8	13	22	34	42	34
北岭镇	53	147	389	530	545	492
何营乡	1	14	29	52	55	54
歧河乡	7	16	46	68	78	71
桑故乡	10	18	31	52	71	61
刘店集乡	5	9	16	22	22	17
马头镇	9	19	28	33	43	34
胡桥乡	19	95	282	380	402	383
孔庄乡	17	58	142	169	188	171
杨集镇	1	5	11	17	19	18
会亭镇	5	22	40	47	50	45
济阳镇	3	5	6	20	29	26
火店镇	10	21	38	57	58	48
郭庄乡	8	20	39	50	52	44
王集乡	3	3	11	13	13	10
曹集乡	7	87	197	230	241	234
业庙乡	1	6	9	13	16	15
中峰乡	0	2	2	8	12	12

数据来源:夏邑县农业农村局。

夏邑县家庭农场的总体规模不断扩大,主要表现在土地经营面积和投资规模两方面。首先,由于全县家庭农场数量不断增加,土地经营总面积自然也随之扩大。2019 年,全县累计流转农业用地 33 万亩,是承包耕地面积的 1/5 左右。全县流转土地中 14 万亩用于家庭农场的发展,比例为 42.4% 左右。从 2015 年到 2019 年,总经营面积中来源于流转土地的占比不断攀升。从图 3-4 可以看出 2019 年土地流转面积比 2015 年增加了 12.75 万亩,增长率为 55.63%。该县的土地流转价格主要分布在 500 元到 2000 元,因土壤肥沃程度和地理位置不同,价格也存在差异。在进行土地流转时,双方要遵循依法、自愿、有偿的原则并坚持原共享土地人口不变、原耕地面积不变的"两个不变"原则。

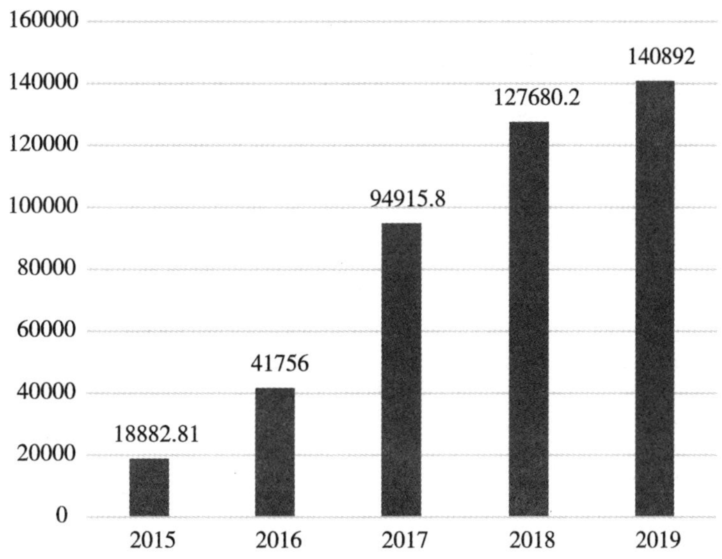

图 3-4 2015—2019 年夏邑县土地流转面积(单位:亩)

(数据来源:夏邑县农业农村局)

全县在家庭农场上的总投资逐年上升。全省大力支持发展新型农业经营主体,而家庭农场作为新型农业经营体系中的有力支撑,可想而知,对于家庭农场的投资力度也势必会加大。2019 年年底,全县家庭农场的注册资本共计十几亿元,其中大部分资金是自有资金。在全国大力支持家庭农场发展的背景下,夏邑县家庭农场也逐步实现品牌化发展。该县已经在不同

领域创建了诸多知名农业品牌，比如蔬菜、棉花、面粉、木材等，共计有160多个品牌。农产品品牌化有利于提高农产品的知名度，提升农产品的价值效应，增加农场主的收入。伴随着家庭农场的发展，也使得一部分在外工作的年轻人想要返乡创业。

夏邑县家庭农场主要农产品种植面积整体上呈现增长态势。随着2014—2018年夏邑县家庭农场总量的持续增长，家庭农场经营模式开始向产业化、规模化方向发展。农业生产经营中也开始运用各种农业科学技术，进一步提高了夏邑县农业发展水平。各种农产品种植逐步进入了高峰期，“8424”品种西瓜在种植和生产上已经实现规模化。2019年“8424”品种西瓜在该县的总经营面积为15万亩，总产量高达60万吨，平均一亩地生产4吨西瓜，总产值为19.2亿元，平均每亩纯收入在8000元到10 000元。从事西瓜产业的总人数达到11万人。到2018年，粮食种植面积从2014年的154.1千公顷增加为2018年的159.9千公顷，增长相对较为平稳，如表3-8所示；蔬菜种植面积达到22.8千公顷，比2014年增加5千公顷，增长率为28.1%；种植瓜果总面积为7.9千公顷，与2014年比增加4千公顷，增长率为103%，年平均增长率为25.75%。

表3-8　2014—2018年各类主要农产品种植面积　（单位：千公顷）

年份	粮食	蔬菜
2014	154.1	17.8
2015	155.8	15.7
2016	155.9	19.6
2017	186.5	18.0
2018	159.9	22.8

数据来源：夏邑县农业农村局。

2014年到2018年，各类主要农产品产量大幅提升。从表3-9中的数据看出，与2014年相比，2018年粮食总产量为106.4万吨，4年中增加了4万吨，增长幅度为3.9%；2018年蔬菜总产量增长了15.50万吨，增长率为17.7%；2018年瓜果总产量翻了一倍左右，为50.78万吨，增长幅度为111%。

表 3-9　2014—2018 年各类农产品年产量　　（单位:万吨）

年份	粮食	蔬菜	瓜果
2014	102.40	87.50	24.04
2015	106.85	86.40	28.13
2016	104.01	97.63	29.23
2017	104.57	94.28	46.12
2018	106.40	103.01	50.78

数据来源:夏邑县农业农村局。

如图 3-5 所示,与 2014 农业增加值相比,2018 年这一数值增长了 24 120 万元,增长率为 6.5%。逐年进行分析,可发现 2015 年、2016 年、2017 年、2018 年农业增加值的年增长率分别是-0.23%、0.37%、0.89%、1.81%,2014 年至 2018 年全县农业产业增加值整体呈现逐步增长趋势。近年来家庭农场数量的增加:一方面促进了农业发展的现代化,使得家庭农场经营模式朝着产业化、高效化的经营方向发展;另一方面,它有效集中了小农户,形成了规模化、组织化、科学化的合作形式,有利于提高家庭农场的整体发展水平,带动其他家庭农场的发展。

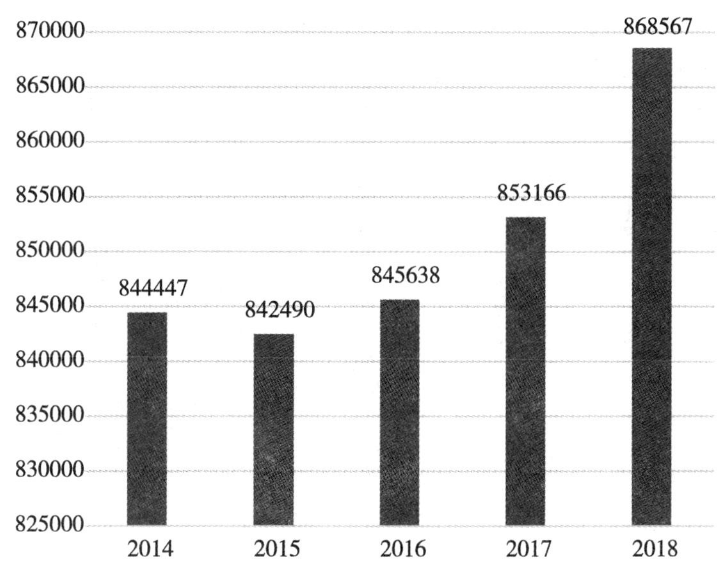

图 3-5　家庭农场农业增加值

（数据来源:夏邑县农业农村局）

夏邑县家庭农场从业人员数量变动较为明显。从业人员数据柱状图3-6显示,2015年夏邑县有1993人从事家庭农场相关工作,其中大部分是家庭成员,占总人数的67.4%,其余劳动者则是雇佣关系,这部分人占32.6%;2016年总人数增长至5 509人,年增长率为176%,家庭成员占总人数的63.7%,雇佣人数占36.3%;从业人数在2017年增长为12 104人,大约是2016年的2倍多,家庭成员占比为58.5%,雇佣人数占比为41.5%;2018年总人数增加为15 407人,年增长率仅为27%,家庭成员的比例为56.2%,雇佣人数的比例为43.8%;总人数在2019年又有少许增加,为16 454人,年增长率为6.8%,家庭成员的占比为53.7%,雇佣人数占比为46.3%。根据以上数据分析可知,随着家庭农场数量的持续扩大,相关行业从业人员也急剧增加,后期年增长率趋于平稳。2015—2019年,家庭成员占比整体趋于减小,而雇工占比则与其相反,前期增长较快,后期逐渐趋于平稳。这种现象是因为近几年家庭农场呈现出规模化、产业化发展,原有的家庭成员对于现有家庭农场的规模已经力不从心,所以必然会增加雇佣人数。

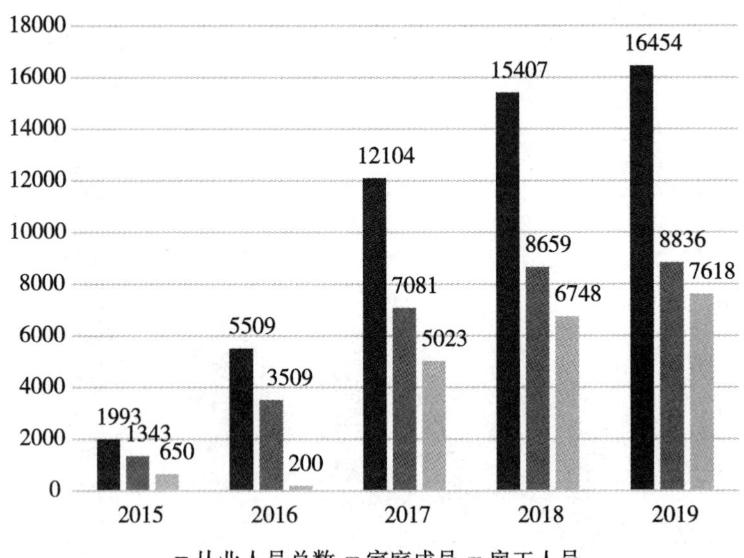

图3-6　2015—2019年夏邑县家庭农场从业人员情况(单位:人)

(数据来源:夏邑县农业农村局)

经过数十载的发展，家庭农场的经营结构类型相较于之前也有所增加。夏邑县家庭农场发展整体上保持与全省发展状况相致。种植业主导，其他类型家庭农场发展速度较慢。从表 3-10 可知，2015 年全县有 216 家种植业家庭农场，占全部农场的 75.26%；56 家养殖业家庭农场，占全部农场的 19.51%；14 家种养结合型家庭农场，占全部农场的 4.88%；综合类型家庭农场只有 1 家，占比都不到 0.5%。2016 年种植业家庭农场增加为 584 家，占全部农场的 72.73%；167 家养殖业家庭农场，占全部农场的 20.8%；49 家种养结合型家庭农场，占全部农场的 6.10%；综合类型家庭农场 3 个，占比并未发生太大变化。2017 年种植业家庭农场增加为 1 381 家，占全部农场的 82.50%；218 家养殖业家庭农场，占全部农场的 13.02%；66 家种养结合型家庭农场，占全部农场的 3.94%；综合类型家庭农场增加为 9 家，占比 0.54%。2018 年有 1 843 家种植业家庭农场，占全部农场的 83.43%；254 家养殖业家庭农场，占全部农场的 11.50%；91 家种养结合型家庭农场，占全部农场的 6.10%；21 家综合类型家庭农场，占比 0.37%。2019 年种植业家庭农场增加为 1 972 家，占全部农场的 82.58%；273 家养殖业家庭农场，占全部农场的 11.43%；97 家种养结合型家庭农场，占全部农场的 4.06%；综合类型家庭农场 46 个，占全部家庭农场的 1.93%。

从表 3-10 中的数据，可以看出夏邑县家庭农场类型一直以种植业为主。随着人们生活水平的不断提高，综合类型的家庭农场占比有所提升，只是增长速度较慢。综合类型中包含了休闲农业，休闲农业近几年作为家庭农场发展中的新兴事物，它的经济效益较高，其出现满足了人们对于日益增长的多样化需求，当然这一模式要做到可持续发展，还需要明确发展方向，不断加强规划设计，相关政府部门也需要在一定程度上进行宣传推广。目前商丘市省级示范家庭农场共有 31 个，其中夏邑县有 7 个。另外市级示范农场 10 个，县级示范农场 15 个。2019 年，夏邑县“王飞家庭农场”在中国首批家庭农场典型案例，成为当年省内唯一一家入选的家庭农场。

表 3-10 不同类型家庭农场数量变化情况 （单位:家）

年份	种植业	养殖业	种养结合	综合类	合计
2015	216	56	14	1	287
2016	584	167	49	3	803
2017	1381	218	66	9	1674
2018	1843	254	91	21	2209
2019	1972	273	97	46	2388

数据来源:夏邑县农业农村局。

（三）夏邑县家庭农场的发展模式

由于家庭农场这种新型生产经营模式的产生,也使得农村传统的生产经营模式发生了转变,使农业传统的生产经营模式向着规模、高效、组织化、标准化模式发展。在家庭农场的带动下,夏邑县许多不再只采取一种类型,而是有选择地采取种养结合、种养结合+休闲等多种形式相结合的农业经营方式,家庭农场之间的合作形式也变得组织化、规模化,更加科学化。把分散的小农户集中组织起来,统一向他们提生产的相关技术,逐步实现产业化的生产,统一的管理模式,保证农产品的质量安全。农户们这样做有效促进了可持续发展,为保障农产品质量安全奠定了基础。在综合考量了家庭农场各方面因素后,选取了以下三种经营模式进行详细介绍。

1. 纯粮食种植型家庭农场

纯粮食种植型家庭农场是中国近代史上可以追溯的最早的类型。这种类型的家庭农场绝大部分是由种植规模较大的农户演变而来的,种植粮食的面积一般要大于种植其他农作物的面积。一般家庭农场会种植一到两种农作物,这属于中等种植规模,而纯粮食家庭农场需要通过流转土地把土地成片集中起来,这样在耕种或者丰收季节家庭农场主可以利用大型农业机械设备进行犁地、耕种、喷药、收割等农活,并不需要太多的人力,这样做还能提高农业规模化产业效率。由于每年种植的农产品相同,节约了学习新产品种植的成本,从而可以提高农场主的收益。因当地农场主都是大面积种植粮食,进行大规模生产,也使得夏邑县的粮食产量在全省范围内位居前列。这种大面积种植粮食的方式也有效地增加了粮食产量。

夏邑县四季青生态家庭农场坐落于陈营村,成立于 2017 年。土地主要

来源是流转所得，大约 300 亩。另外在资金投入方面，目前已经有 120 万元用于建设该家庭农场。该家庭农场主要种植黑小麦，还会对其进行加工制成面粉进行销售。目前该农场已经有自己的注册品牌——富硒黑麦石粉，年产量 105 吨左右。这种黑小麦是中国农业大学经过多年研究培育出来的优良品种，在国内同类品种中处于领先地位。因为这种小麦品种种植于富硒区，故而称为"富硒黑麦"。在种植过程中严格遵守相关有机生产技术规定，田地里的杂草与昆虫并不会通过喷洒农药的方式进行解决，而是采用旱轮作的方式处理，故而该小麦不含任何化学农药，是纯天然的生态产品。该农产品已获得"河南省农业厅产品产地认证"和"农业部无公害农产品质量认证"。这里种植的黑小麦硒元素含量比普通小麦中的含量高 10 倍左右，并且还含有人体所必需的微量元素。由该小麦加工制成的面粉比普通小麦更加细腻，食用起来口感更好。按照国家卫生健康食品标准，该产品的质量好、品质高、口感佳，称得上是小麦中的"极品"。夏邑县的自然地理位置、土壤品质、光照条件和其他气候条件决定了该地区是富硒优质小麦的适宜产区。

表 3-11　富硒黑小麦和水稻的基本信息

品种	种植面积（亩）	亩产量（千克）	年产量（万千克）	产品单价（元/千克）	销售收入（万元）
黑小麦	300	350	10.5	11	80.85
水稻	200	600	12	16	134.40

数据来源：夏邑县农业农村局。

四季青生态家庭农场种植的富硒黑小麦和水稻加工成的小麦面粉和大米的价格是同类产品价格的两倍多。在这里按 70% 的产出率计算的话，该家庭农场种植的富硒黑小麦和水稻的年销售收入可超过 200 万元。该家庭农场的农场主陈先生不仅具有丰富的生产经营经验，而且具有本科以上学历。当外部市场发生波动时，陈先生能够及时想出应对策略，从而使该农场能在市场上处于不败之地。一方面是因为该农场在业界已经建立了良好的信誉，市场上已经收获一大批忠实的消费者。当家庭农场根据需要扩大生产规模时，劳动生产力会提高，但平均成本却会下降，农场主的收益会进一

步增加。陈先生原本是从事农业的技术人员，有几十年的农业从业经验，也会向其他需要帮助的家庭农场主提供技术支持，并且欢迎同行到自家家庭农场进行参观学习，彼此之间互相交流农业生产经验。该农场的地价在每亩800元~1000元，土地出让合同期为10年。农场购置有旋耕机、播种机、联合收割机、拖拉机等大型农业机械设备；包括农场主在内共有两名家庭成员在农场内工作，农场忙时会雇佣3名季节性工人，平均工资为每天60元。

四季青生态家庭农场的负责人还打算继续扩大富硒黑小麦的种植面积，着力打造从原料到加工再到成品的系统化流程，未来还计划与龙头企业进行合作，打响品牌知名度，提高品牌价值效应，让该农场的小麦面粉走进千家万户，端上大众的餐桌。同时，由于农业基础设施建设在农业生产经营过程中发挥着至关重要的作用，所以他希望政府在这方面给予相应的补贴，以更好地提升家庭农场的品质。

2.“种植+休闲型”家庭农场

在全国大力发展家庭农场的大背景下，种植类家庭农场也开始向休闲类发展。2019年，党中央出台相关文件鼓励种植类与休闲相结合，并且对于该项政策要求各级人民政府针对当地实际情况，制定专门政策。休闲农业是把各种资源和条件利用起来，把种植业和旅游业结合起来，使人们在旅游的过程中深切感受田园特色。我国休闲农业发展较晚，目前尚处于起步阶段，未来发展空间很大。目前，夏邑县部分家庭农场也新增了休闲农业项目，但发展方式还需有待更新，呈现形式还需多样化。

王飞家庭农场是典型的“种植+休闲”型家庭农场。王飞家庭农场，成立于2012年，现在总种植面积230多亩，大部分土地来源于土地流转，王飞已经在该农场上投资累计800多万元。农场主王飞的经营理念是“一年四季有活干，一年四季有钱赚”。目前，该家庭农场每亩平均利润可达3万元以上，收益好的时候最高可达5万元，每年净收入超过百万元。王飞家庭农场，因为其成功的生产经营模式而作为河南省唯一一个被列入全国首批家庭农场典型案例，并在全国范围内进行推广宣传。已被《人民日报》等媒体报道。王飞家庭农场先后被认定为“夏邑县现代园区”“商丘市示范家庭农场”“河南省农产品安全溯源示范点”“青少年科普示范基地”。王飞被原农业部、共青团中央评为“全国农村青年致富带头人”，2018年当选为河南省第十三届

人大代表。

在当地政府政策的支持下,农民们也积极地参与。夏邑县目前有耕地面积4万余亩,刘集乡蔬菜大棚占地1万多亩,所种植的蔬菜供应全国各地。王飞以原有的种植面积为基础,又不断学习新技术、新理念,使得他家的家庭农场成为全县的佼佼者。王飞家庭农场取得成功主要有以下几方面的原因:首先,农场主摒弃了传统经营观念,引入全新管理模式。家庭农场将休闲农业融入生产经营,充分利用地理优势。当丰收时,家庭农场对外开放,欢迎各位父老乡亲游客进园采摘,使人们在欣赏田园风光的同时收获满满。这种经营模式一方面可以把瓜果蔬菜供应到固定的采购商那里,又可以满足人们对于新鲜水果蔬菜的需求,还可以让他们在闲暇之余体验田园乐趣。其次,王飞在种植和生产瓜果蔬菜过程中,秉承着绿色生态发展理念,合理划分种植区域,确定成熟时间。每种作物的产量根据管理能力进行控制。农场的瓜果蔬菜四季芬芳,极大地表现了王飞经营理念的正确性。再次,王飞引进了各种先进技术,主要种植优质果树、瓜类和蔬菜。据表3-12可知,目前该家庭农场有14个大棚,主要用于种植果树。其中梨树的种植面积最多,为80亩;黄桃的种植面积略少于梨树,为70亩;苹果和猕猴桃的种植面积只有前者的一半,为35亩;其他类优质瓜果蔬菜种植面积为10亩。在种植过程中,采用无公害绿色种植方式,实施间作、轮作、嫁接等栽培技术,不喷农药、不施化肥,确保农产品优质高产。最后,农场开展多方合作,拓展营销渠道。通过果蔬采摘、礼品设计、付费学习、网络销售等多种营销方式,拓展产品市场,增加农场收入。

表3-12 王飞家庭农场经营项目及规模

经营项目	经营规模
果树温室大棚	14个
梨树	80亩
黄桃	70亩
苹果、猕猴桃	35亩
优质瓜菜、杂粮作物	10亩

数据来源:夏邑县农业农村局。

王飞头脑灵活,勤奋好学。在接受新事物和新知识方面比其他人快,他会定期参加农业技术培训活动,不断更新原有技术。王飞从创业之初就一直有一个小理想,如果他通过经营家庭农场富起来,他希望也能带着同村居民一起走上致富之路。王飞家庭农场实行“家庭农场+土地流转+贫困户工+扶贫技能培训”的扶贫模式,优先流转贫困户土地,并与他们签订劳务合同,定期进行农产管理指导与农业技术培训。结合夏邑县农业广播学校开展技能培训活动,向当地居民讲解农场管理方法、分析实例、传授经验,目前已经有3千余人参与该活动,他的家庭农场也接待了将近2万人参观学习。他希望自己能够帮到其他家庭农场主和其他的学习者并提出宝贵建议:对于位于市区和景区附近的家庭农场,建议他们按照瓜果蔬菜的时令进行种植,每个季节保证能供应瓜果蔬菜,合理控制每种瓜果蔬菜的种植面积,确保成熟季节可以采摘完;针对偏僻的家庭农场,建议他们可以种植产品品质优良、口感佳、贮藏时间长、深受大众喜爱的果蔬。丰收季节,优先供应给大型商超,这样可以避免出现滞销的情况。当然还可以通过实地考察,结合实际情况,把蔬菜做到提前上市,以高价出售,获得相应利润。

3. 种养结合型家庭农场

种养结合模式家庭农场是同时经营种植业和养殖业的家庭农场。种养结合型有利于节约种植、养殖成本。把种植农作物和养殖牲畜产生的废料利用起来,提高资源利用率,同时也使得经济收益增加。政府各个部门要加大对于种养结合型家庭农场的宣传,因为这种经营模式可以降低成本,提高家庭农场的收益。

夏邑县兴旺家庭农场地处太平镇西部,成立于2016年,通过流转获得土地350亩,是一个典型的种养结合型家庭农场。种植的瓜果主要有水蜜桃、水晶梨、甜杏、葡萄、李子和各种时令蔬菜,合计有40多个品种。农场内还养殖鸡、鸭、鹅等家禽类5 000余只,另外还有水域面积50亩,主要用来养殖鱼、虾以及螃蟹。

大规模养殖牲畜产生的副产品也已用于培育蔬菜瓜果,使得资源有效利用,形成纯天然种养结合系统,使水果蔬菜品尝起来口感更佳。同时跟随时代发展的脚步,运用淘宝、微信和QQ等社交平台进行宣传售卖,招聘代理,全国范围内发货,让天南海北的朋友都可以享用到天然无公害的瓜果蔬菜，享受美味佳肴。兴旺家庭农场主注重带动同村居民共同致富，一方面雇佣村里贫困户的人工作，帮助贫困户脱贫致富；另一方面组织接待当地村民到自家农场进行参观学习，在村里起到了良好的带头示范作用。另外，他们也注重家庭农场的长久发展。计划将家庭农场打造成行业内一流家庭农场典范，积极推广种养结合模式，让全国人民看到种养结合的生态优势。

二、潢川模式

（一）潢川县家庭农场的发展基础

潢川县位于河南省信阳市中部地区，南部依靠大别山，北部临近淮河，具有依山傍水之势，地处河南、湖北、安徽三省交界地带，地势多为盆地。全县下辖 17 个乡镇，县内常住人口 88.24 万人，县域面积 1 666.1 平方千米。潢川县地势主要呈现三种类型：2/3 地势为谷地型，1/3 左右为平原地型，其余一小部分的地势呈现出低山丘陵状，主要分布在南部地区；在自然条件方面，该县是典型的亚热带季风气候，全年温度适中，光照充裕，全年降雨量丰富，适合发展种植业、畜牧业以及渔业。在交通方面，境内有铁路、高速、国道、光缆和西气东输两条支线穿过潢川，形成了“十字形”交通中心。潢川县成为连接南北，贯穿东西的重要交通位置，具有得天独厚的地理优势。潢川县也被称为河南的南大门，处于湖北省、河南省、安徽省三省交界地带，被誉为“金三角”。另外，潢川县家庭农场在发展过程中形成了以种植业为主，畜牧养殖业为辅的发展格局。其中主要盛产的农作物有水稻、小麦、油菜、花卉、茶叶、水产等。潢川县也因此被称为中国生态建设示范县、中国花木生产基地县、中国基本农田保护示范县、河南省畜牧重点县、河南省渔业重点县、河南省粮食生产先进县、河南省生猪生产基地县。

（二）潢川县家庭农场的发展现状

近年来，在河南省大力发展家庭农场的热潮中，全县家庭农场快速发展。在养殖业方面，该县养猪场养猪数量超过 5000 头的家庭农场有 41 家，其中有 4 家家庭农场生猪年产量超过 20 000 头。全部家庭农场每年生猪的年产量在 150 万头左右。其中，用于繁殖小猪的母猪有 7 万头，年总产值最高可达 18 亿元。另外，潢川县樱桃谷鸭的年产量累计为 2.5 亿只，该品种畅销全国各地。在水产养殖方面，该地区最有名的是甲鱼养殖和龙虾养殖，生

态甲鱼肉嫩汤鲜,营养丰富。在生态甲鱼的品牌效应下,甲鱼的养殖面积已经扩大到5000余亩,年产量可达100万公斤,其中“马蹄鳖”和“光州黄鳖”是所有甲鱼种类中的精品。该县养殖的野生龙虾,与其他养殖业相比,养殖面积相对较小,不到万亩地。但是全国海鲜市场发展日渐向好,扩大龙虾养殖面积势在必行。同时,水生类植物种植也在近几年开始大量增加,其中芡实种植发展规模最为迅速,莲和菱角种植发展较快,这些水生类产品绿色营养、有机纯天然,深受市场厚爱,全县该类水产品种植共有1.5万亩,产量每年可达300万公斤。除此以外,该县在花草树木的种植方面有悠久的历史,并且家庭农场种植花木大多都具有一定的规模。当地家庭农场种植类型数不胜数,目前已有200多个品种形成规模化种植。据调查,种植花木的家庭农场每亩收入在5千元到2万元之间,因品种类型收入不等。种植花木的收入所得要略高于种植其他农作物的收入所得。该县的茶叶种植也形成了一定的规模,目前用于种植茶叶的土地将近5万亩。大家众所周知的“信阳毛尖”在该县也有所种植,品牌效应使茶叶的种植面积不断扩大,每亩收入不断增加。

在经营规模和从业人员数量方面,该县表现出两者相适应的特征。根据相关监测数据显示,潢川县家庭农场的经营面积主要集中在10～80亩,只有一小部分家庭农场经营面积未超过10亩,大多数为非常小型的养殖类家庭农场,因此在下列数据中剔除了经营面积处于10亩以下的家庭农场。经营面积超过80亩的家庭农场数量也并不多,共9家,潢川县家庭农场按照经营面积进行划分的话整体上呈现“倒U型”趋势。其中,一大部分返乡创业型家庭农场经营面积都未超过80亩,其中经营面积为30～50亩的居多,占全部家庭农场的58%。

根据表3-13所列数据,可以把经营面积在30～50亩作为家庭农场是否雇工的分界线。一般而言,家庭农场经营面积少于30亩的主要经营成员都是自家家庭成员。据表3-13中数据可知,有16家家庭农场经营面积未超过30亩,其中14家为返乡创业型家庭农场,仅有1个临时雇工样本;相比于那些少于30亩的家庭农场,经营面积为30～50亩的家庭农场有一部分家庭成员充当劳动力而无须雇佣他人,但有些农活繁重的家庭农场自身劳动力并不能满足需求,需要另外雇佣一部分劳动力,主要采取临时工的形式。

30~50亩的家庭农场中总样本为50个,其中有42个采取的是临时雇工形式;36家返乡创业型家庭农场中有29家为临时雇工,4家采用常年雇工;家庭农场经营面积在50~80亩及80亩以上的平均每个家庭农场的临时雇工人数和常年雇工人数都有所上升。这是由于家庭农场种植面积相对于家庭成员数量而言相对较多,较少的家庭成员无法满足较大种植面积,因此会在丰收季节雇佣一些临时工来进行农作物收割。根据调查发现经营规模在50~80亩的家庭农场有25个,临时雇工人数为58人,平均每个家庭农场要雇佣2.32个临时工;常年雇工也达17人,平均家庭农场常年雇工0.68人。在58个家庭农场中有12家是返乡创业型的家庭农场,约占50%。返乡创业型家庭农场的临时雇工人数为27人,常年雇工人数都不到前者的1/3,只有6人。

此外,家庭农场经营面积在80亩以上雇佣的劳动力会增加。根据表3-13中的数据,有9家家庭农场经营面积超过80亩,其中不包含返乡创业型家庭农场,这几家家庭农场共计雇用临时工34人,而常年雇佣人数只是历史雇工人数的1/2,为17人。换算下来,每个家庭农场平均要雇佣3.78个临时工和1.89个常年工。在经营面积少于10亩的家庭农场中,种植面积相对于家庭成员数量而言相对较多。这部分家庭农场主要是有上了年纪的父母进行经营的,他们的孩子外出寻找工作,但是到丰收的季节时,他们会回来帮忙。这种类型的农场非常适合一些退休人员回家创办,因为他们退休后有更多的时间,不需要太多的资金投资。

表3-13　潢川县家庭农场不同经营面积下的雇工情况

	0~30	30~50	50~80	80亩以上
总样本农场个数	16	50	25	9
常年雇工人数	0	4	17	17
临时雇工人数	1	42	58	34
返乡创业型家庭农场个数	14	36	12	0
常年雇工人数	0	4	6	0
临时雇工人数	1	29	27	0

数据来源:潢川县农业农村局。

(三)潢川县的发展模式

潢川县下辖17个乡镇,每个乡镇的家庭农场类型不一。由于地区之间自然环境的差异,因此各种类型的家庭农场集中程度各有不同,经营范围也各有侧重。全县家庭农场类型主要是下面的四种发展模式。

1. 畜牧业类家庭农场

潢川县是省内远近闻名的养殖大县,当地政府高度重视该县畜牧业家庭农场的发展,多次加大资金投入力度,积累经验形成了固定的养殖模式,以促进畜牧业家庭农场在该县的发展。全县的养猪场共有2 385个,且都具有一定的养殖规模,其中养猪数量超过1万头的家庭农场有11个。此外,还有1 775个鸭禽养殖类型,其中大部分养殖品种为樱桃谷鸭。一部分小农户也进行鸭禽养殖,但是鸭禽养殖中大部分是以家庭农场的方式进行的。目前该县主要有8个县镇发展畜牧养殖业家庭农场,分别是白店、传流店乡、江家集镇、伞陂寺镇、上油岗、双柳树镇、谈店乡、魏岗乡等地区。畜牧业家庭农场在该县深受当地居民的喜爱,大部分都会选择这种类型的家庭农场,主要是因为它前期投资成本较低,经营管理手段简单易学。

2. 渔业类型家庭农场

潢川县水域丰富,水产、渔业生产养殖条件较为充足,全县水域面积37万亩,12万亩由于地理位置因素无法用于养殖鱼类,而其余25万亩可以进行鱼类养殖。目前已有超过一半的水域被当地居民合理利用,使得鱼类年产量超过2 500千克。该县主要有传流店乡、黄寺岗镇、谈店乡、伞陂寺镇、双柳树镇、魏岗乡、张集乡等乡镇进行渔业养殖。

3. 花木种植类家庭农场

该县种植花木有悠久的历史,自古以来种植面积大、花木品种优质,因此在全国享有“中国花木之乡”之称。目前,全县用于花木种植的土地面积有20多万亩,种植品种合计2 400种,发展成一定规模种植的品种有将近200种,该县种植花木的乡镇主要有白店、卜塔集镇、黄寺岗镇、江家集镇、上油岗乡等地区。

4. 茶叶种植类家庭农场

现有茶园面积达5万亩,年产优质信阳毛尖490吨。踅孜镇、上油岗乡、谈店乡为茶叶的主要种植地区。只有少数家庭农场会选择种植花卉和树木

以及种植茶叶。主要有两方面原因：一是茶叶与花木需要较长时间来进行成长，这就会使得资金流转出现阻碍。另一方面，种植茶叶和花木需要一定的技术要求，那些大面积种植的家庭农场，一般都是由祖辈传承下来的。

三、浚县模式

（一）浚县家庭农场的发展基础

浚县是位于河南省鹤壁市的一个小乡镇，包括11个乡镇街道，县域面积将近1 000平方千米，种植面积107.6万亩。气候方面，该县地处太行山与华北平原的交界处，属于温和湿润的季风性气候。因此农业生产经营的地理气候条件较好，全年平均气温13.7℃，年平均降水量645毫米，全年无霜期208天。地形地貌以平原为主，丘陵为辅。平原占县境面积的82%，丘陵仅占18%。该地区呈现出中部略高，东部和西部略低的地势，海拔最高为231.8米。流经境内的三条河流是卫河、淇河、共产主义渠。在交通方面，随着中国交通建设的快速发展，境内有公路、铁路、高速，交通便利，四通八达，基础设施完善。除此以外，浚县资源丰富，阡陌生金。水泥岩矿、砖瓦粘土、页岩、大理石岩等矿产资源储量大、质量高，开发前景广阔。该地区的地理位置、气候条件、交通条件使得该县具有发展农业独特的优势。这里盛产小麦、玉米、花生、苹果、蔬菜、牲畜和家禽等，年产粮食超过50万吨。该县也被称为国家粮食原料基地县，国家优质小麦生产县，国家扶持产粮大县，国家小麦种子生产县，全国优质商品基地县，全国秸秆示范县，国家节水增产重点县。

在政策扶持方面，浚县2015年出台了《关于推进家庭农场加快发展的实施意见》，旨在大力推动家庭农场快速、规范、健康发展。一是鼓励家庭农场通过流转方式获得土地。农民在遵循“依法、自愿、有偿”原则的基础上，可以按照相关规定依程序流转土地，扩张家庭农场的经营面积，实现规模化生产。二是对家庭农场实行适当的工商税优惠政策。农民创办家庭农场的可以到工商部门登记注册，申请营业执照，之后在经营家庭农场的过程中可以享受相关的税收优惠政策。三是制定家庭农场资金扶持政策。确定示范家庭农场，符合条件的示范家庭农场相关部门会给予一定的资金支持，旨在鼓励其他家庭农场主向其学习，力争成为示范农场。四是完善投融资体系，

加大金融、保险、能源支持力度。通过现代国家农业支持贷款项目和“农业用地”经营权抵押试点贷款，为家庭农场提供信贷支持。家庭农场已经被纳入政策性农业保险范围，家庭农场的农业保险类型有所增加。家庭农场在生产经营活动中使用电力的，应严格按照国家发展改革委员会的政策要求，按照农业生产用电的标准缴纳电费。五是落实土地利用政策，发展种植业。家庭农场开发农业设施，生产设施用地、辅助设施和支持设施直接用于农业生产的，未办理农用地转用审批手续的，按农用地管理。不属于辅助设施和配套设施用地使用范围的，必须符合土地利用规划，依法办理建设用地审批手续。

浚县不仅出台了相关的政策文件，还统一了家庭农场的认证条件，并且成立了专项小组。一方面，家庭农场主经营自家土地或者通过流转而来的土地，工作成员以家庭成员为主，符合大面积种植、规模化生产要求的，可以依法登记为家庭农场，已从工商服务部门获得商业许可证并满足某些条件的家庭农场包括在农业服务部门认可范围内的。主要有经营内容与经营形式符合上述规定，人员要求符合规定；在稳定性方面，适合适度经营，并且打算拥有土地经营权 5 年以上；在标准化方面，有规范式的账本；在集约化方面，生产效率显著高于普通农民，生产方式具有明显的效果。另一方面，浚县成立了工作领导小组，专门从事家庭农场发展相关事宜，以促进家庭农场经营模式的加速发展。政府各个部门分工明确，构建了县乡联动的总体机制，大力做好家庭农场的人才培养、社会服务、宣传引导等工作，力求让全县家庭农场的质量更上一层楼。

（二）浚县家庭农场的发展现状

在总体数量方面，浚县家庭农场呈现逐年递增趋势。据相关部门的监测数据，2013 年浚县共计 66 家家庭农场，2014 年增加了 43 家，涨幅为 65.15%；2015 年增加了 66 家，涨幅为 60.55%；2016 年增加了 8 家，涨幅仅为 4.57%；2017 年这一数值增加了 55 家，增长率为 30.05%。5 年时间，全县家庭农场数量从 66 家增加至 238 家，其中 2014 年和 2015 年连续两年年增长率都超过了 60%，2016 年这一数值有所下降，但是 2017 年该数值有所回升，如表 3-14 所示。

表 3-14　浚县家庭农场数量　（单位:家）

年份	2013	2014	2015	2016	2017
数量	66	109	175	183	238

数据来源:浚县农业农村局。

分析浚县 11 个乡镇街道家庭农场的情况发现,其中家庭农场的数量最多的乡镇是白寺乡、新镇、卫贤镇,2017 年这 3 个乡镇稳居前三,家庭农场的数量分别是 54 家、46 家、37 家,分别占全部的 23%、19%、15%,如图 3-7 所示。

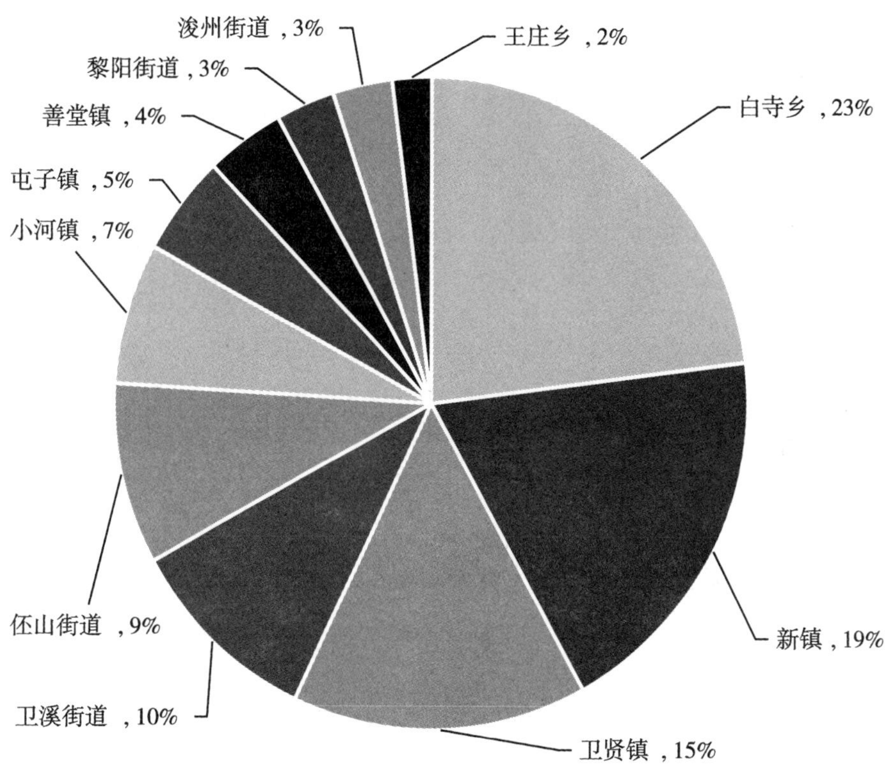

图 3-7　浚县各乡镇家庭农场占比

（数据来源:浚县农业农村局）

虽然该县家庭农场数量在 5 年中整体增加了,具体到各个乡镇来看还是存在一定差异的。其中有两个乡镇在数量上出现了负增长,而其余乡镇在数量上均与整体上一致呈现增长趋势。家庭农场数量增长最多的乡镇是白寺乡、新镇、卫贤镇,分别从2013年的5家、1家、2家增至2017年的54家、46家、37家;接下来家庭农场数量增长较快的乡镇为卫溪街道、伾山街道、小河镇,分别从最初的11家、2家、2家增至后来的21家、18家、23家;而其余5个乡镇街道的家庭农场数量也有小幅度增长,如表3-15所示。

表3-15　2013—2017年浚县各乡镇家庭农场数量　　(单位:家)

乡镇	2013	2014	2015	2016	2017
浚县	66	109	175	183	238
白寺乡	5	29	38	38	54
新镇	1	21	46	46	46
卫贤镇	2	6	17	17	37
卫溪街道	2	5	8	15	23
伾山街道	11	21	21	21	21
小河镇	2	12	17	17	18
屯子镇	12	3	0	0	11
善堂镇	23	2	2	3	9
黎阳街道	4	4	6	9	7
浚州街道	2	1	8	5	7
王庄乡	2	5	5	5	5

数据来源:浚县农业农村局。

根据表3-16所列示的数据可以看出,该县家庭农场土地总经营面积在近几年中增长幅度较大。家庭承包的土地经营面积也从2013年的0.26万亩增加至0.79万亩,2017年这一数值是原来的3倍左右,整体增长幅度较大;而流转土地面积近几年并未出现较大波动,在1.15万亩上下浮动,如表3-16所示。

表 3-16 2013-2017 年浚县家庭农场土地面积构成情况 （单位:万亩）

年份	家庭总经营面积	家庭承包经营	流转经营
2013	1.43	0.26	1.15
2014	2.00	0.38	1.35
2015	3.26	0.23	1.08
2016	3.31	0.23	1.10
2017	3.65	0.79	1.18

数据来源:浚县农业农村局。

浚县家庭农场经营面积呈现出向适度经营规模集中的趋势。根据浚县农业农村局的监测数据可知,2013 年该县家庭农场土地总经营面积为 1.43 万亩,之后几年呈连续增长态势,2017 年该数值已增至 3.65 万亩,是最初总经营面积的 2 倍多。当然随之增长的还有家庭农场的数量,该数值在 2013 年仅为 66 家,经过 4 年的增长,2017 年该数值为 238 个,该数值涨幅高达 260%。随着家庭农场数量的增加,土地总经营面积也会出现相应增长。但是现在出现的情况是家庭农场增长的速率要快于土地总经营面积的增长速率,这也就直接导致了平均每户土地经营面积的减少,整体呈现出适度经营发展趋势。2013 年该数值为 216 亩,该数值逐年调整为 2017 年的 153.3 亩,如表 3-17 所示。

表 3-17 2013—2017 年浚县家庭农场平均经营面积

年份	总经营面积/万亩	家庭农场数量/家	平均每户经营面积/亩
2013	1.43	66	216
2014	2.00	109	183.8
2015	3.26	175	186
2016	3.31	183	180.7
2017	3.65	238	153.3

数据来源:浚县农业农村局。

浚县家庭农场的经营模式与河南省整体状况相符合,种植粮食的家庭农场数量较多,连续五年占比都在 90% 以上。这是因为浚县大部分地区地

势平坦,以平原为主,适合大面积种植粮食作物。根据表3-18所列示数据可知,2013年至2017年,大面积种植粮食的家庭农场数量呈现逐年递增趋势,从54家增加为212家,其中家庭农场种植面积为50亩至200亩的变动幅度最大,从原本的25家一直增加到现在的151家;家庭农场种植面积为200亩至500亩的增长幅度相对较小,从21家增加到54家,而经营面积500亩以上的家庭农场数量近几年未出现较大变化。

从经营面积方面看,家庭农场的土地经营规模主要向50亩至200亩倾斜。在种植粮食的家庭农场中,家庭农场数量变动幅度最大的是经营面积为50亩至200亩的,随着年份的增加在种植业家庭农场中占比逐渐增加,2013年该数值为46.3%,经过四年的增长,2017年为71.23%。其次家庭农场数量增加的还有经营面积为200亩至500亩,但占种植业家庭农场的比例却呈现下降趋势,2013年占比38.89%,2017年则降至25.47%,这是因为50亩至200亩的这一比例增加过大,自然会导致其他经营面积类型的家庭农场占比的降低。经营面积为500亩以上的家庭农场的数量并未出现太大波动。总而言之,浚县家庭农场不但在数量上不断增加,土地经营面积也随之增加,同时每户土地经营规模呈现出适度发展的趋势,如表3-18所示。

表3-18　2013—2017年浚县种植业家庭农场土地经营规模　(单位:家)

年份	种植业	其中:粮食业	50—200亩	200—500亩	500亩以上
2013	59	54	25	21	8
2014	91	88	59	21	8
2015	154	152	97	49	6
2016	164	159	98	55	6
2017	217	212	151	54	7

数据来源:浚县农业农村局。

浚县家庭农场的投资规模表现出逐年增长的趋势。根据该县农业农村局的监测数据显示,2018年,全县共有家庭农场368家,其中投资额为5万—10万的有2家,45家10万—20万元,68家20万—30万元,49家30万—40万元,6家40万—50万元,120家50万—60万元,19家60万—100万元,

39 家 100 万—200 万元,19 家 200 万—500 万元,1 家超过 500 万元的。大部分家庭农场的投资额主要集中在 50 万元到 60 万元,这一数值占全部家庭农场的 32.6%。具体到家庭农场的生产投入品总值这一数据,全县家庭农场购买农业生产投入品总值从 2013 年的 285.40 万元逐年增加至 2017 年的 2688.26 万元,总体呈现上升趋势,5 年时间用于购买农业生产投入品的资金增加了 2402.8 万元。2013 年每家家庭农场花费 4.31 万元用于购买农业生产投入品,2017 年该数值已经增长为 11.29 万元,涨幅高达 161.9%,如图 3-8 显示。

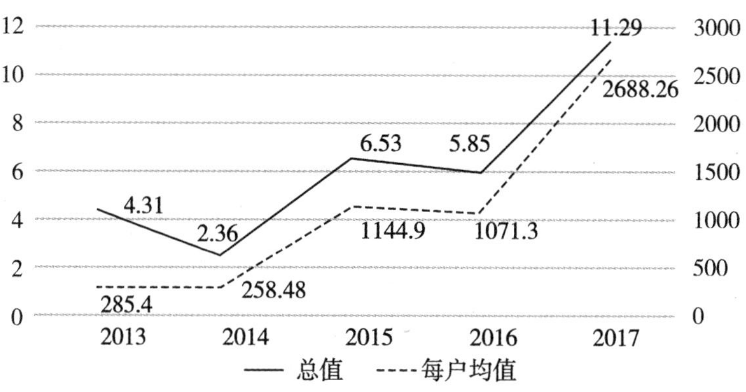

图 3-8　浚县家庭农场投资趋势(单位:万元)

(数据来源:浚县农业农村局)

在收益方面,浚县家庭农场整体上是增加的。具体从年销售额看,2013 年至 2017 年浚县家庭农场销售农产品总值呈现"U 型"趋势图,年销售总额从 0.23 亿元下降为 0.14 亿元,2015 年是转折点,之后开始上升为 0.37 亿元,这五年来年销售总额整体上呈现上升趋势。具体来看,家庭农场年销售总额在 10 万元至 50 万元之间的数量较多,一般占到全部家庭农场数量的一半左右。

由表 3-19 所列示数据可知,2013 年至 2017 年浚县家庭农场年销售总额在 10 万元以上的占比有所上升。2013 年有 37 家家庭农场年销售总额超过 10 万元,占全部的 56.92%,而 2017 年年销售总额超过 10 万元的家庭农场有 160 个,占全部的 67.22%,同时年销售总额超过 50 万元的家庭农场数量也有所增加。

表 3-19　2013—2017 年浚县家庭农场的销售总值

年份	销售总值/亿元	0-10 万	10 万-50 万	50 万-100 万	100 万以上
2013	0.23	28	35	2	0
2014	0.24	28	67	12	2
2015	0.14	69	74	19	13
2016	0.27	69	79	22	13
2017	0.37	78	131	23	6

数据来源：浚县农业农村局。

浚县农业局的相关监测数据显示，家庭农场总体数量从 2013 年到 2017 年有所增加，同时家庭农场的劳动力在数量上也呈现显著增加。从最初的 157 人增加至 1 344 人，年平均增长 81.2%。这几年中，2017 年劳动力总人数中有 699 人为家庭成员劳动力，这一数值与 2013 年相比增加了 558 人，约占劳动力总量的一半左右，平均每个家庭农场中家庭成员有 5.6 人；在 1 344 人中有 645 人为常年雇工劳动力，这一数值相较于 2013 年的数值呈现大幅增长，占劳动力总量的 48%，也就是说每个家庭农场每年要雇佣 1.8 人。根据数据显示，常年雇工劳动力近几年呈现超快速的增长态势，人数是 2013 年人数的 40 倍，如表 3-20 所示。

表 3-20　2013—2017 年浚县家庭农场劳动力情况　　（单位：人）

年份	常年雇工	家庭成员	劳动力总量
2013	16	141	157
2014	189	370	559
2015	686	456	1142
2016	624	493	1117
2017	645	699	1344

数据来源：浚县农业农村局。

（三）浚县家庭农场的发展模式

浚县家庭农场的发展模式主要有种植业家庭农场、畜牧业家庭农场、种养结合型家庭农场以及其他类型。2013 年浚县家庭农场共 66 家，其中种植型家庭农场 59 家，畜牧型家庭农场 3 家，种养结合型仅有 1 家，其他类型 3 家。2014 年共有 109 家，种植业 91 家，畜牧业 12 家，其他类型 6 家；2015 年共有 175 家，种植业 154 家，畜牧业 12 家，其他类型 9 家，2016 年共有 183 家，种植业 164 家，畜牧业 12 家，其他类型 7 家；2017 年，共有 238 个家庭农场，种植业 217 家，畜牧业 12 家，其他类型 9 家。如图 3-9 所示，从 2013 年到 2017 年，该县家庭农场总数量逐年增加，经营结构仍是以种植业家庭农场为主导，畜牧业家庭农场为辅，其余类型的家庭农场并未出现明显变化。

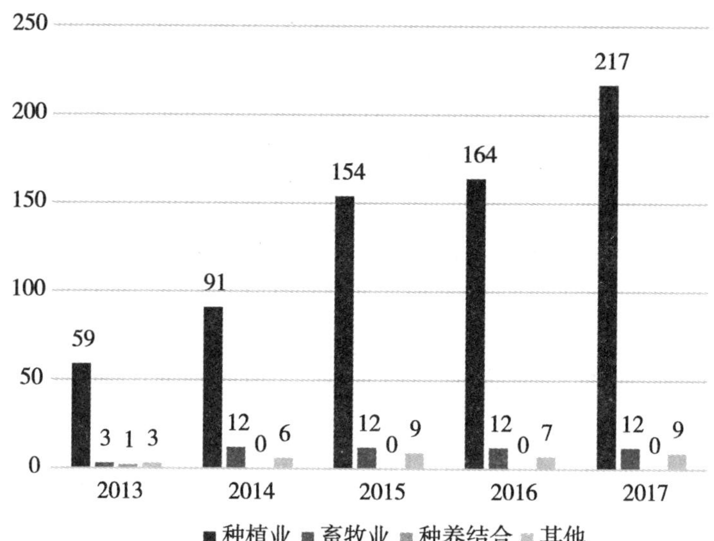

图 3-9　2013—2017 年浚县各类家庭农场数量（单位：家）

（数据来源：浚县农业农村局）

分析表 3-21 中的数据发现，浚县家庭农场以种植业为主，其中种植粮食类型的家庭农场数量明显多于其他类型的家庭农场。2013 年全县共有 66 家家庭农场，其中有 59 家家庭农场从事种植业，占全部的 89.3%；有 54 家家庭农场种植粮食作物，占全部的 81.8%。2017 年，种植业家庭农场占绝大多数，为 217 家，占全部家庭农场的 91.1%，其中只有 5 家家庭农场未种植粮食产物,其余212家全部种植粮食作物,占全部的89%。可见在家庭农场经营类型中,种植类型的家庭农场一直居于主位,如表3-21所示。

表3-21　2013—2017年该种植类家庭农场数量及占比

年份	合计/家	种植类/家	占比%	粮食种植类/家	占比%
2013	66	59	89.3	54	81.8
2014	109	91	83.4	88	80.7
2015	175	154	88	152	86.8
2016	183	164	89.6	159	86.8
2017	238	217	91.1	212	89

数据来源:浚县农业农村局。

第四章

河南省家庭农场主经营能力评价

第一节　评价指标体系的构建

家庭农场主经营能力评价指标主要是反映当前家庭农场经营者对家庭农场高质量发展的基础能力和综合素质,因此,能力评价指标的界定和选取对家庭农场主经营能力评价的结果将产生重要的影响,只有合理设置家庭农场主经营能力评价指标,才能科学地呈现当前家庭农场主经营能力的高低强弱,才能为进一步提升与优化提供准确参考。

一、评价指标体系构建原则

我们在设计家庭农场主经营能力评价指标体系时,应遵循以下几个方面原则。

(一)综合性原则

在当前现代农业发展中,家庭农场主经营能力更多的是一种综合性素质的体现,其包含不同的能力。因此,在构建家庭农场主经营能力评价体系,应从系统论的角度出发来构建评价指标体系,评价体系的构建不仅要科学评价出家庭农场主真实的经营能力水平,而且还要通过评价诊断当前家

庭农场主在经营能力方面存在的劣势和短板，评价指标体系不能出现以偏概全，否则会导致评价结果的片面和失真。

（二）科学性原则

家庭农场主经营能力评价指标体系设计的目的是客观地反映家庭农场主经营能力真实情况，在指标选取上务必做到客观公正，指标体系的设计应遵循相应的理论基础和现实状况，评价指标体系一方面能够具备学科领域内相应的理论背景，同时也要与家庭农场发展实际相结合，达到理论与实践的统一。

（三）代表性原则

评价指标的数量并非越多越好，指标过多，容易使评价结果不集中，从而造成片面的评价结果。因此，在评价指标选取和设计过程中，要依照典型性、关键性原则，从而能够全面地反映家庭农场主经营能力的水平与现状。

（四）可操作性原则

构建河南省家庭农场主经营能力评价指标体系的最终目的是为了全面准确地反映当前家庭农场主管理家庭农场能力的现状与水平，在保证指标体系科学合理的基础上，评价的关键环节在于家庭农场主经营能力相关数据的获取，在数据获取方面：一要注意采样合理，能够具有相应的代表性；二要数据获取成本较低。因此，在构建指标体系过程中，要考虑数据获得的可操作性，尽量避免不实用、不好操作的指标。

二、评价指标体系框架设计

科学构建家庭农场主经营能力评价指标体系是我们深入了解当前家庭农场经营情况的基础，是确保有效测量家庭农场主经营能力进而构建家庭农场主经营能力提升机制的关键环节。因此，所构建的农场主经营能力评价指标体系必须建立在科学完整的理论基础之上，以实现指标选取的合理性和有效性。笔者主要依据以下研究思路设计家庭农场主经营能力评价指标体系。从现代农业发展角度来看，农业生产首先是获取相应的农业生产资料，在投入生产后，在劳动力的整合活动与适宜的自然条件相互作用下，形成一定数量的农产品，在经过一定环节的初加工后，投入市场获取相应的报酬和收入的过程（李青，2016）。纵观整个农业生产活动，摆在家庭农场主面前的通常是四个方面的问题：一是生产什么，怎么选择合适的农作物；二是生产多少，如果把握整个生产量；三是如何生产；四是生产之后通过什么渠道、什么方式销售出去，转化为经营业绩与利润。

首先，关于生产什么，家庭农场主要想实现产品供给有效，必须紧密围绕市场，以市场需求信息为前提安排农业生产，因此，信息是家庭农场生存和发展首先要具备的；其次，生产多少，家庭农场主在以市场需求信息为前提下安排农业生产，但产品能生产多少，取决于家庭农场的生产能力，而生产能力取决于生产要素（徐勇，林冠，2011），农业生产要素主要包含劳动力、资金、土地，即本书所说的资源；再次，如何生产，家庭农场生产产品是通过人工还是机械化生产，高质量、高标准产品的生产需要家庭农场主具备相应的生产技术；最后，如何销售，家庭农场最终能否实现农产品有效供给，关键在于有效，而检验产品供给是否有效的标准是产品能否被市场所吸收，即产品能否被顺利卖出，因此家庭农场销售产品应以相应的营销为指导。具体家庭农场生产经营过程如图 4-1 所示。

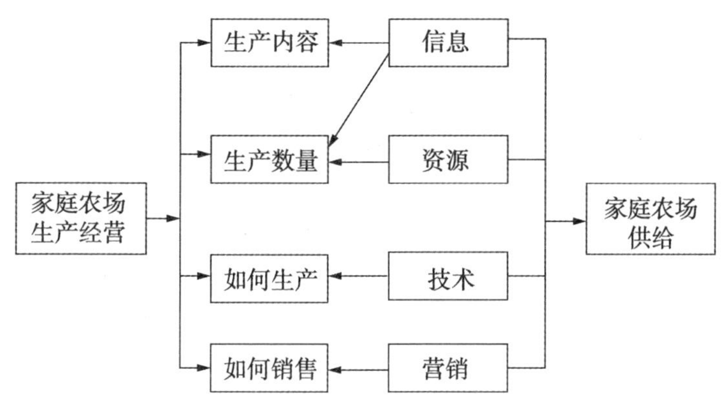

图 4-1 家庭农场生产经营过程图

基于上述分析，本书在充分征求农业经济管理领域相关专家以及对部分家庭农场主访谈的基础上，将家庭农场主经营能力评价体系设计为四个维度，在四个维度下设置若干评价指标，这四个维度分别是信息能力、资源能力、技术能力以及营销能力，如表 4-1 所示。通过对这四个维度、若干指标进行评价进而得出家庭农场主经营能力水平与现状。评价指标的具体分析如下。

表 4-1　河南省家庭农场主经营能力评价指标体系

一级指标	二级指标	三级指标
信息能力	信息获取能力	获取市场需求信息途径
		农产品市场需求了解程度
	信息利用能力	依据市场需求信息生产程度
		依据市场需求信息销售程度
资源能力	配置劳动力能力	雇佣劳动力难易程度
		雇佣劳动力成本感知
		劳动力满足需求程度
	配置资金能力	获得资金难易程度
		获得资金成本感知
		资金满足需求程度
	配置土地能力	流转土地难易程度
		流转土地成本感知
		土地满足需求程度
技术能力	技术获得能力	获得农业生产技术培训情况
		农业生产技术知识了解程度
	技术转化能力	使用农业生产技术获得指导难易程度
		使用农业生产技术获得指导花费费用
营销能力	产品能力	产品的技术含量
		产品的成本优势
		产品的标准化生产程度
		产品的加工程度
	品牌能力	产品获得三品一标认证情况
		产品品牌知名度

(一)信息能力

家庭农场主信息能力总体分为信息获取能力和信息转化能力。首先，信息获取能力是现代人所必备的基本能力(吴晓尧,2007);对家庭农场主来说,确定家庭农场的经营内容是经营农场的关键内容,如何选择适合自身农

场发展实际又符合市场需求的农作物是每一个家庭农场主所面对的首要课题，那么只有通过各式各样的途径获取足够的市场信息，才能科学地判断和选择合适的家庭农场经营内容。如果家庭农场主对市场信息或者农作物信息了解不够，那么极容易导致农场主凭主观感觉进行生产决策，从而使实际生产情况与市场需求及趋势相背离，最终导致结果是生产的卖不掉，需要的买不来，使得家庭农场发展陷入困境，从而影响家庭农场高质量发展。

只具备获取信息的能力是不够的，除此之外，信息的转化能力对家庭农场的发展至关重要。信息的转化能力能够有效地反映家庭农场主利用市场信息及时转化为生产信息的能力，信息转化能力能帮助家庭农场主有效地与市场进行对接，及时掌握市场动态，并且能够把市场动态与农场发展紧密结合在一起。如果家庭农场主具备了信息转化能力，能够从纷繁复杂的市场信息中掌握对于自身发展有用的信息，且能够将市场需求及时落地，无疑将对经营能力的提升大有裨益，相反如果仅仅能够获取相关信息，但并不能及时有效地转化成为生产信息，那么结果可能是投放到市场上的产品并不是市场所需要的，这一农业生产过程便是无效的；同样，产品生产出来，却不依据市场需求信息合理地安排销售，也不能实现产品效益的最大化，无法实现农产品有效供给。

（二）资源能力

家庭农场主的资源能力主要包括掌握人、财、物等资源的能力。按照农业生产的特点，家庭农场发展中所涉及的具体资源能力总结为土地配置能力、资金筹措能力、劳动力能力；特别在劳动力能力方面是许多家庭农场主面临的发展困境。由于人口老龄化程度加剧以及农业人口的劳动力转移致使家庭农场用工难、用工贵问题十分突出，农业劳动力不稳定很大程度上影响了农业生产目标的实现，一些家庭农场在生产、收成与加工时往往面对招工的困境。那么如何评价家庭农场主管理劳动力资源的能力成为评价经营能力的重要内容，总的来说，本书将家庭农场主管理劳动力能力划分为雇佣劳动力难易程度、雇佣劳动力成本感知和劳动力满足需求程度三个评价因子。

具备资金筹措能力是家庭农场主经营管理家庭农场的重要基础和保证。现代农业发展与传统农业相比，生产和经营所需资金投入力度大，回收

周期长，许多家庭农场的高质量发展受限于资金筹措能力不足，但随着农业市场化和现代化纵深发展，越来越多的家庭农场主采用更为先进的农业生产技术和农业机械投入家庭农场经营中，如果家庭农场主没有一定的资金筹措能力或者获得资金成本较高，无疑对家庭农场高质量发展增添了许多的不确定性，在家庭农场主经营能力评价体系中，将资金筹措能力具体划分为获得资金难易程度、获得资金成本感知及资金满足需求程度三个指标来进行评价。

土地是农业生产的基础保证和必要条件，也是当前家庭农场实现高质量发展所面临的首要问题。经调查发现，农村土地流转不畅是多数家庭农场发展中面临的现实问题，土地流转的难易程度关系家庭农场主开展经营管理的相关决策，从而进一步影响家庭农场的高质量发展。与此同时，土地流转成本也成为影响家庭农场发展的又一重要因素，如果土地流转成本过高，在无形中增加了家庭农场经营成本和运行压力，限制了家庭农场扩大生产的积极性。通过以上分析，笔者将家庭农场主配置土地能力划分为流转土地难易程度、流转土地成本感以及土地满足需求程度三个评价因子。

（三）技术能力

现代农业的高质量发展离不开农业技术创新和科技成果应用。拥有一定的创新技术和转化能力，可以帮助家庭农场主进一步提高农产品品质，更好地满足市场需求，提升家庭农场的产量与效益，因此拥有一定的技术能力是检验家庭农场主经营能力高低的重要指标。家庭农场主的技术能力由两部分构成：一部分是获取技术能力，另一部分是转化技术能力。那么获取技术能力主要有两个评价因子：一个是农业生产技术培训情况，另外一个是农业生产技术了解程度。农业生产技术培训是家庭农场主获取农业技术的重要渠道；农技培训使得家庭农场主能够及时掌握现代农业相关的生产经营技术，丰富和提升了家庭农场主经营能力。此外，对于农业生产技术的了解程度也从侧面体现了家庭农场主掌握农业技术的质量和数量。

转化技术能力是评价家庭农场主科技能力的另一个重要指标。选取使用农业技术指导难易程度和使用农业技术成本费用作为评价因子，家庭农场主使用农业生产技术越容易获得指导，花费费用越少，大规模使用农业生产技术的可能性才越高；而且及时获得技术指导，有助于降低技术使用的难

度，提高家庭农场主技术使用的效果。相反，如果家庭农场主缺乏相应的农业生产技术指导，获得指导花费费用较高，一定程度上就会阻碍家庭农场主对技术的投入使用。

（四）营销能力

现代农业的兴旺与发展离不开消费市场平台，如何获得消费市场的认可是摆在所有家庭农场主面前的重大课题，因此营销能力在现代农业发展中至关重要，也是评价家庭农场主经营能力的重要参考指标。在参考营销能力相关研究的基础上，结合本书的研究实际，认为家庭农场主经营能力应包含产品能力和品牌能力两种要素。产品能力主要包含有产品的技术含量、产品的成本优势、产品的标准化生产程度以及加工程度这四个评价因子；品牌能力则是结合现代农业发展和农产品市场的具体状况，划分为农产品获得三品一标认证情况和农产品品牌知名度两种评价因子。

三、评价指标权重方法

以往研究表明，权重设计在能力评价中发挥重要作用，它反映着各个评价因子在整个评价体系中的影响程度，进而影响能力评价体系的最终结果。本章对家庭农场主经营能力的评价，主要由定性的模糊指标组成，所构建的指标体系具有多维度、多层次的特点，准确量化各指标因素对家庭农场主经营能力评价结果的重要性较难，层次分析法（AHP）的使用则可以圆满地解决此类研究难题。层次分析法作为一种系统性的分析方法，通常适用于多层次、多目标、多架构的系统评价，而且对样本数量的要求不高，对于一些定性模糊指标因子的评价准确性较高，为了使家庭农场主经营能力评价结果更具有科学性和准确性，选用层次分析法确定评价体系指标因子权重。

（一）构建层次结构

在研究对象和研究内容的基础上，厘清各评价指标之间的相互关系，并以目标层、准则层及指标层结构来构建递阶层结构，此外根据需要可进一步添加设置子准则层。

（二）构建判断矩阵

通过构造判断矩阵，两两比较同一层次各因素相对于上一层某因素的重要性，例如，某一层次的各因素 $B_1, B_2, \cdots B_n$ 相对于上一层中某一因素 A 的重要性，可由判断矩阵 $A=(a_{ij})_{n\times n}$ 表示，判断矩阵 A 又称正互反矩阵，满足 $a_{ij}=1, a_{ij}=1/a_{ji}, i, j=1, 2, \cdots, n$。

（三）进行层次单排序及其一致性检验

在判断矩阵 A 构造完成后，首先求出 A 的最大特征值 λ_{max}，然后利用特征方程 $AW=\lambda_{max}W$ 求解出对应的特征向量 W。其次将特征向量 W 归一化，得出相对重要性权重结果，在此过程中，还需要进行一致性检验。

判断矩阵的不一致程度由一致性指标来衡量，记为 C，定义为：

$$c=\frac{\lambda_{\max}-n}{n-1}$$

当 $C=0$ 时，判断矩阵是一致的，C 的值越大，不一致程度就越严重，随机一致性指标为

$$R=\overline{\frac{\lambda_{\max}-n}{n-1}}$$

用来确定不一致程度的可接受范围。其中 $\overline{\lambda}_{max}$ 表示多个 n 阶判断矩阵最大特征值的平均值，只有随机一致性比例 $C_R=C/R<0.1$ 时，A 的不一致性才可接受，否则需要重新调整判断矩阵，针对不同的阶数 n，随机一致性指标 R 的值如表 4-2 所示。

表 4-2　平均随机一致性指标

阶数	1	2	3	4	5	6	7	8	9	10	11
R	0.00	0.00	0.58	0.90	1.12	1.24	1.32	1.41	1.45	1.49	1.41

其中计算确定判断矩阵 $A(a_{ij})_{n\times n}$ 的最大特征值对应的特征向 $W=(\omega_1, \omega_2, \cdots, \omega_n)$ 的常用方法是方根法。判断矩阵 A 的最大特征值为

$$\lambda_{\max}=\frac{1}{n}\sum_{i=1}^{n}\frac{(AW)i}{\omega i}$$

其中 $(AW)_i$ 表示 AW 的第 i 个分量。

（四）进行层次总排序及其组合一致性检验

层次总排序是计算指标层的各因素相对于目标层的重要性权重的过

程,是从目标层到指标层逐层进行的。例如,某一层 A 包含 $A_1, A_2, \cdots, A_n$,各因素相对于上一层中某一因素 G 的权重为 $a_1, a_2, \cdots, a_m$,其下一层 B 包含 n 个因素 $B_1, B_2, \cdots, B_n$,相对于 A_i的权重为 $b_{i1}, b_{i2}, \cdots, b_{in}$;那么 $B_1, B_2, \cdots, B_n$关于 G 的权重为 $C_1, C_2, \cdots, C_n$,其中

$$C_j = \sum_{i=1}^{m} a_i b_{ij}, j = 1, 2, \cdots, n$$

层次总排序也需要进行组合一致性检验。设 B 层的 n 个因素 B_1, $B_2, \cdots, B_n$关于 A_i的层次单排序一致性指标为 C_i,随机一致性指标为 R_i,那么 $B_1, B_2, \cdots, B_n$关于 G 的组合一致性指标为

$$C_R = \sum_{i=1}^{m} a_i C_i / \sum_{i=1}^{m} a_i R_i$$

只有 $CR<0.1$ 时,判断矩阵才具有满意的一致性,否则必须重新调整判断矩阵。

四、能力评价方法选择

家庭农场主经营能力评价体系是一个具有多层次、较为复杂的评价系统,其包含的部分指标因素具有不确定性和难以量化的特点,这在一定程度上使家庭农场主经营能力评价中具有一些模糊性指标,那么选用什么方法进行评价在整个评价过程中显得尤为重要。模糊综合评价法是一种能够解决指标模糊、量化较难的方法,它能够有效评价受多种因素影响的目标事物,而且能够解决定性指标难以定量的问题,特别适合解决各种定性与定量相结合的评价体系。因此,采用模糊综合评价方法构建家庭农场主经营能力评价模型,将层次分析法与模糊综合评价法进行有效结果,从而对家庭农场主经营能力展开全面评价。一般来说,模糊综合评价法有以下几个基本步骤。

(一)确定评价因素集 U

其中 $U=\{u_1, u_2, \cdots, u_n\}$是被评价对象的 n 种评价指标因素,n 的个数由具体评价指标体系决定。

(二)确定评判集 V

其中 $V=\{v_1, v_2, \cdots, v_m\}$是对评价对象的 m 种评判等级,一般划分为

3～5个等级。

（三）建立单因素评判矩阵 R

首先对单因素 $u_i(i=1,2,\cdots,n)$ 作单因素评判，根据因素 u_i 着眼该事物的评价等级。$V_j(j=1,2,\cdots,m)$ 的隶属度为 r_{ij}，得出第 i 个因素 u_i 的单因素评判集：$r_i=(r_{i1},r_{i2},\cdots,r_{im})$。

由 n 个因素的评价集确定出一个总的评价矩阵 R，

$$R=(r_{ij})_{n\times m}=\begin{bmatrix} r_{11} & r_{12} & r_{1m} \\ r_{21} & r_{22} & r_{2m} \\ r_{n1} & r_{n2} & r_{nm} \end{bmatrix}$$

其中 r_{ij} 代表第 i 个因素 u_i 在第 j 个评语 v_j 上的频率分布，一般需要将其归一化，使得

$$\sum_{j=1}^{m} r_{ij} = 1$$

（四）构建评判模型，进行综合评判

在模糊关系矩阵 R 的基础上，引入一个模糊子集 A，$A=(a_1,a_2,\cdots,a_n)$，其中 $a_i\geqslant 0$，且 $\sum a_i=1$。A 代表各因素在评价对象中的地位与作用，即指标的权重。引入模糊子集 B，$B=(b_1,b_2,\cdots,b_m)$，B 称为模糊评价决策集，其中 $0\leqslant b_j<1$ 且 $\sum b_j=1$，b_j 代表被评价对象具有评语 v_j 的程度。令 $B=A*R$，其中 $*$ 为算子符号，采用使用较为方便简单的加权平均法算子模型，该模型兼顾了各因素对评价对象的贡献，有助于评价者了解整个评价对象的全貌，比较客观地反映了评价结果。通常采用最大隶属度原则，选择最大的 b_j 所对应的评价等级作为综合评价的结果。

第二节　河南省家庭农场主经营能力的基础现状

近年来，各级政府大力支持和培育新型农业经营主体，家庭农场已经成为推动河南农业高质量发展的主力军。首先，河南省家庭农场数量增长较

快，从河南省农业农村厅公布数据看，2015 年全省在工商部门注册的家庭农场仅有 19 870 家，截止到 2020 年年底在工商部门注册的家庭农场达到 259 277 家。其次，是家庭农场经营范围类别日趋多样化，从过去单一以粮食种植为主，逐步发展扩大为畜禽养殖、水产养殖、果蔬种植、农产品加工、农业观光、农业体验、花卉养殖、药材种植以及农业社会化服务等方面，家庭农场的快速发展已经成为河南省现代农业发展中一支不可或缺的重要力量。

2020 年“中央一号文件”提出，重点培育家庭农场、农业专业合作社等新型农业经营主体，建立健全支持农民合作社和家庭农场发展的政策体系和管理制度。对于支持家庭农场的政策表述已经连续八年出现在“中央一号文件”中，近年来，河南省积极贯彻落实中央会议精神，高度重视家庭农场发展，制定了一揽子政策措施支持和培育家庭农场发展。2015 年河南省财政厅下发了《关于 2015 年省级现代农业产业（新型农业经营主体培育）专项实施指导意见和资金计划的通知》；2016 年河南省政府批准成立农业信贷担保公司，重点对粮食适度规模经营主体提供信贷担保服务，这一举措有力缓解了制约新型农业经营主体发展的“融资难”“融资贵”“融资慢”等问题，进一步推动了河南新型农业经营主体发展；2017 年河南省委办公厅省政府办公厅印发了《关于加强政策体系建设促进新型农业经营主体发展的实施意见》，对于新型农业经营主体，提出了发挥政策引导作用、加快完善支持政策体系与健全政策落实机制，重点解决农业产业发展和经营主体培育面临的共性和瓶颈问题，一揽子政策措施的颁布和实施为家庭农场高质量发展营造了良好的有利环境。

河南省家庭农场在快速发展的同时也暴露出一些明显的发展瓶颈。从实地走访调研中得知，河南省家庭农场在数量增长较快的同时，也存在着诸如家庭农场管理主体综合素质较低、组织管理松散、农场运作不规范、技术能力较低、营销能力弱等一系列问题，此外，部分家庭农场主对土地流转存在担忧，他们迫切希望签订长期土地流转合同，以便更好地加大投资从事农业生产；此外，由于农业生产天生的弱质性，农业生产往往会面临较大的自然风险和市场风险，导致农业产出与收益存在较大不确定性，造成融资渠道不畅，融资难、融资成本高，成为家庭农场主普遍反映的“老大难”问题，此外，农业人才匮乏、农业政策性涉农保险不足，也是众多家庭农场主普遍反映的问题。此外,课题组在调查中还发现一些支农惠农政策实施效果不明显,部分政策落地难,不能有效化解家庭农场主在经营时面临的问题。

第三节　河南省家庭农场主经营能力问卷调查分析

一、问卷的设计与调查

科学设计调查问卷是开展能力评价研究的基本前提。河南省家庭农场主经营能力评价的问卷设计分为两部分展开:首先,邀请农业经济管理领域的专家学者和部分家庭农场主来研讨评价指标体系中各指标设计与重要性赋值,请他们结合自身的研究实际和工作实际,按照 1—9 标度法要求,对本书中设计的河南省家庭农场主经营能力评价体系中的各项指标因子的指标权重进行打分。其次,针对全省家庭农场主开展经营能力抽样调查,抽样调查从被调查者基本情况及其经营能力现状入手,基本情况调查主要对家庭农场主的性别、年龄、户籍、文化程度、家庭农场面积、经营品类等个人和农场基本特征进行摸底;经营能力则按照评价体系中设计的信息能力、资源能力、技术能力以及营销能力四个维度展开调查。在问卷量表设计上,笔者采用李克特五级量表,并结合研究的实际问题,将河南省家庭农场主经营能力水平划分为好、较好、一般、较差、差五个级别,并将被调查者填写的对应选项设计 1—5 分的评价分值,从而能够更加科学地判断河南省家庭农场主经营能力状况与水平。

本次调查在河南省农业农村厅和各地市农业农村局的支持和配合下,对河南省豫东、豫北、豫南等区域 500 名家庭农场主展开了广泛的调研活动,其中豫东主要包含有夏邑、宁陵、梁园、沈丘和淮阳 5 个县区,豫北则主要涉及滑县、内黄、淇县、淇滨区、林州、台前 6 个县区,豫南则主要集中在淮滨、商城、桐柏、内乡、淅川、固始 6 个县区;考虑到本文指标个数 23,样本取量以指

标个数 5 ~ 10 倍为准,此次共发放调查问卷 560 份,剔除填写不完整及答案单一等无效问卷外,剩余有效问卷 496 份,有效率达到 88.57%,样本取量比较科学。其中,豫东 168 份,占比 33.87%,豫北 176 份,占比 35.48%,豫南 152 份,占比 30.65%,具体调查范围与样本量分布如表 4-3 所示,问卷来源主要由笔者实地调研和参加各类家庭农场主培训和讲座所组成,问卷调查时间 2020 年 10 月—2021 年 6 月。

表 4-3　调查范围与样本量分布

区域	县市区	样本	占比
豫东	夏邑、宁陵、梁园、沈丘、淮阳	168	33.87%
豫北	滑县、内黄、淇县、淇滨、林州、台前	176	35.48%
豫南	淮滨、商城、桐柏、内乡、淅川、固始	152	30.65%

二、数据描述性统计分析

通过对调查问卷汇总,496 份有效问卷的基本情况如表 4-4 所示,调查样本总体呈现以下特点:从调查结果中看,此次抽样调查的 496 人中,有 91.13% 为男性农场主,女性仅占比 8.87%,总数为 44 人,调查结果与当前我国农业从业人员特点基本一致,从事农业生产的人员依然是以男性劳动力为主。在被调查者年龄方面,数据显示有 242 人在 36—50 岁,占总样本数的 48.79%,这一年龄层次几乎占被调查人群的一半;其次的年龄层次集中在 51—60 岁,共有 171 人,占比 34.48%;然而,20—35 岁的家庭农场主仅有 69 人,占总调查人数的 13.91%,数据表明年轻人从事家庭农场管理的意愿并不强烈,愿意从事农业生产的年轻群体较少,年龄在 61 岁以上的占比 2.82%,仅有 14 人;在家庭农场主户籍方面,高达 96.37% 的家庭农场主是农村户口,而具有城市户口的家庭农场主仅有 18 人,占比 3.63%,这充分表明河南省目前从事家庭农场经营管理的绝大多数以农村人口为主,而具备城市户口的人群,往往不会投身农业行业领域,很少参与家庭农场的开发与经营。此外,据调查结果显示,此次被抽样调查的家庭农场主中,初中学历的有 214 人,占总调查人数的 43.15%;拥有高中学历者占比 31.85%,达到

158 人;专科本科学历的占比 23.79%,达到 118 人,其余的最低为小学学历 4 人,占比不到样本的 1%,最高是研究生学历,占比不足样本数的 1%。从河南省家庭农场主学历结构情况来看,整体呈现中间多、两头少的特点,学历基本以初高中层次为主,其比例高达整个调查样本的 75%,本科以上学历的凤毛麟角。同时,问卷调查还涉及河南省家庭农场经营类别方面,从调查结果看,目前河南省家庭农场经营类别日趋多元化,基本囊括了各类家庭农场类别,其中以粮食生产经营居多,占比为 46.37%,其次是果蔬种植,占总样本数的 20.56%,水产、畜禽养殖分别占 10.48% 和 11.69%,其他家庭农场经营类别占比 1.61%,此外 9.27% 的家庭农场同时开展两种或两种以上的农产品生产经营,这类家庭农场往往以粮食生产为主,兼顾经营其他农产品类目。

表 4–4　调查样本的基本特征

样本类型	调查选项	样本数量	占比
性别	男	452	91.13%
	女	44	8.87%
年龄	20–35 岁	69	13.91%
	36–50 岁	242	48.79%
	51–60 岁	171	34.48%
	61 岁及以上	14	2.82%
户籍	农村	478	96.37%
	城市	18	3.63%
文化程度	小学	4	0.81%
	初中	214	43.15%
	高中	158	31.85%
	专科、本科	118	23.79%
	研究生	2	0.40%

续表 4-4

样本类型	调查选项	样本数量	占比
经营面积	10 亩及以下	14	2.82%
	11—30 亩	18	3.63%
	31—50 亩	33	6.65%
	51—100 亩	30	6.05%
	101—300 亩	157	31.65%
	301—500 亩	102	20.56%
	500 亩以上	142	28.63%
经营种类	粮食种植	230	46.37%
	畜禽养殖	58	11.69%
	果蔬种植	102	20.56%
	水产渔业	52	10.48%
	其他	8	1.61%
	两种以上兼营	46	9.27%

三、信度和效度检验

调查问卷的科学性和合理性是确保经营能力评价结果准确客观的基础保证。为了使调查问卷避免出现语义不清或者内容指向不明确等情况，尽力保持被调查者能够客观地填写，笔者首先在问卷发放之前进行预调查，并根据专家学者和部分家庭农场经营者的意见和建议对问卷不足之处进行修订，最终形成了经营能力评价的最终调查问卷，问卷汇总整理后，还要进行调查问卷的信度和效度检验，以更加确保调查问卷的有效性和合理性。

（一）信度检验

信度检验通常用来检验结果稳定性和可靠性的程度，是判断是否可靠的一种检验方式。信度检验有多种方式，常见的有克朗巴哈 α 信度系数法、复本信度法、折半信度法、重测信度法等。其中以克朗巴哈 α 信度系数法是最为常用的检验信度的方法，它能够有效地评价调查问卷各题项之间的内在一致性。从以往的研究中发现，α 系数取值如果在 0.6 以下，需要重新对问卷进行修订，增加或删减题项；如果 α 值高于 0.6，低于 0.7，那么调查问卷的信度达到合格;α值位于0.7—0.8,则信度较好,如果α值大于0.9,则该问卷的信度达到优良。笔者采用SPSS24.0来计算问卷量表的克朗巴哈α信度系数,从而对问卷的内部一致性进行检验,具体计算结果见表4-5。

表4-5　问卷的Cronbach α系数检验

Cronbach α	标准化项的Cronbach α系数	项数
0.757	0.760	23

(2)效度检验

效度检验用来反映期望测量目标和测量结果之间的吻合程度,效度检验通常也称之为问卷有效性检验。效度测量的方法有三种,分别是内容效度、标准效度以及结构效度。内容效度主要用来判断问卷测量题项是否能够有效反映所要测量事物的特征以及题项是否具有代表性和适合性。本研究调查问卷的设计是建立在相关理论基础之上,界定了家庭农场主经营能力的内涵,并对相关能力进行划分,在此期间不断征求相关研究领域专家意见并进行修改调整,最终提炼出河南省家庭农场主经营能力评价指标,形成量表。结构效度是统计学中常用的效度检验方法,比较具有说服力,通常采用KMO值和Bartlett球形度检验对问卷结构效度进行分析,学者Kaiser提出的KMO值判断标准,目前认可度较高,认为KMO值小于0.5时,不适合进行分析,KMO值在0.6—0.7,处于一般,KMO值在0.7—0.8,比较适中,KMO值大于0.8处于优良。具体计算结果如表4-6所示。

表4-6　问卷的KMO值和Bartlett球形度检验

足够度的KMO度量		0.682
Bartlett球形度检验	近似卡方	3305.793
	自由度	253
	显著性	0.000

第四节 河南省家庭农场主经营能力评价及结果分析

一、家庭农场主经营能力评价指标权重的计算

河南省家庭农场主经营能力评价指标体系根据目标层、准则层、子准则层和指标层建立递阶层次结构，然后构造指标两两判断矩阵，本研究共邀请了 10 名相关领域的工作人员和专家学者进行了问卷调查，家庭农场主 6 名以及 4 名从事农业经济管理理论研究工作的专家学者，对河南省家庭农场主经营能力的指标重要性进行打分，考虑到家庭农场主与专家学者关于部分指标权重赋值可能存在较大差异，为此笔者先对 10 份指标权重打分表，去掉一个赋值最高分和一个赋值最低分，然后对剩下得分求平均值，最后相关得分四舍五入取整。根据得分结果构造判断矩阵，如表 4-7 至 4-20 所示。

表 4-7 经营能力的层次单排序

A	B_1	B_2	B_3	B_4
B_1	1	4	1/5	1/7
B_2	1/4	1	1/7	1/9
B_3	5	7	1	1/3
B_4	7	9	3	1

表 4-8 信息能力的层次单排序

B_1	C_1	C_2	W
C_1	1	1/3	0.2500
C_2	3	1	0.7500

表 4-9　资源能力的层次单排序

B_2	C_3	C_4	C_5	W
C_3	1	4	1/3	0. 2797
C_4	1/4	1	1/5	0. 0936
C_5	3	5	1	0. 6267

表 4-10　技术能力的层次单排序

B_3	C_6	C_7	W
C_6	1	3	0. 7500
C_7	1/3	1	0. 2500

表 4-11　营销能力的层次单排序

B_4	C_8	C_9	W
C_8	1	1/5	0. 1667
C_9	5	1	0. 8333

表 4-12　信息获取能力的层次单排序

C_1	D_1	D_2	W
D_1	1	5	0. 8333
D_2	1/5	1	0. 1667

表 4-13　信息利用能力的层次单排序

C_2	D_3	D_4	W
D_3	1	5	0. 8333
D_4	1/5	1	0. 1667

表 4-14 配置劳动力能力的层次单排序

C_3	D_5	D_6	D_7	W
D_5	1	5	3	0. 6370
D_6	1/5	1	1/3	0. 1047
D_7	1/3	3	1	0. 2583

表 4-15 配置资金能力的层次单排序

C_4	D_8	D_9	D_{10}	W
D_8	1	5	3	0. 6267
D_9	1/5	1	1/4	0. 0936
D_{10}	1/3	4	1	0. 2797

表 4-16 配置土地能力的层次单排序

C_5	D_{11}	D_{12}	D_{13}	W
D_{11}	1	5	4	0. 6738
D_{12}	1/5	1	1/3	0. 1007
D_{13}	1/4	3	1	0. 2255

表 4-17 技术获得能力的层次单排序

C_6	D_{14}	D_{15}	W
D_{14}	1	5	0. 8333
D_{15}	1/5	1	0. 1667

表 4-18 技术使用能力的层次单排序

C_7	D_{16}	D_{17}	W
D_{16}	1	5	0. 8333
D_{17}	1/5	1	0. 1667

表 4-19　产品能力的层次单排序

C_8	D_{18}	D_{19}	D_{20}	D_{21}	W
D_{18}	1	3	5	7	0.5650
D_{19}	1/3	1	3	5	0.2622
D_{20}	1/5	1/3	1	3	0.1175
D_{21}	1/7	1/5	1/3	1	0.0553

表 4-20　品牌能力的层次单排序

C_9	D_{22}	D_{23}	W
D_{22}	1	7	0.1250
D_{23}	7	1	0.8750

运用 MATLAB R2014b 软件,对建立的判断矩阵进行层次单排序和层次总排序,并进行一致性检验,具体计算结果如表 4-21 所示。

表 4-21　判断矩阵一致性检验

判断矩阵	λ_{max}	CI	CR
A	4.2354	0.0785	0.0872
B_1	2	0	0
B_2	3.0858	0.0429	0.0739
B_3	2	0	0
B_4	2	0	0
C_1	2	0	0
C_2	2	0	0
C_3	3.0358	0.0193	0.0332
C_4	3.0858	0.0429	0.0739
C_5	3.0858	0.0429	0.0739
C_6	2	0	0
C_7	2	0	0
C_8	4.1170	0.0390	0.0433
C_9	2	0	0

由表 4-21 可知,所构造的判断矩阵 CR 均<0.1,满足一致性检验,整理

得出各个指标的层次单权重和层次总权重，如表 4-22 所示。

表 4-22 家庭农场主经营能力评估指标权重值

	层次排序值	子准则层	层次单排序值	层次总排序值	指标层	层次单排序值	层次总排序值
		C_1	0.2500	0.0232	D_1	0.8333	0.0193
B_1	0.0926				D_2	0.1667	0.0039
		C_2	0.7500	0.0695	D_3	0.8333	0.0579
					D_4	0.1667	0.0116
		C_3	0.2797	0.0111	D_5	0.6370	0.0071
					D_6	0.1047	0.0012
					D_7	0.2583	0.0029
					D_8	0.6267	0.0023
B_2	0.0398	C_4	0.0936	0.0037	D_9	0.0936	0.0003
					D_{10}	0.2797	0.0010
					D_{11}	0.6738	0.0168
		C_5	0.6267	0.0249	D_{12}	0.1007	0.0025
					D_{13}	0.2255	0.0056
		C_6	0.7500	0.2166	D_{14}	0.8333	0.1805
B_3	0.2888				D_{15}	0.1667	0.0361
		C_7	0.2500	0.0722	D_{16}	0.8333	0.0602
					D_{17}	0.1667	0.0120
					D_{18}	0.5650	0.0545
		C_8	0.1667	0.0965	D_{19}	0.2622	0.0253
B_4	0.5788				D_{20}	0.1175	0.0113
					D_{21}	0.0553	0.0053
		C_9	0.8333	0.4823	D_{22}	0.1250	0.0603
					D_{23}	0.8750	0.4220

相对于目标层A而言,准则层B的层次总排序值和B相对于A的层次单排序值是一样的,即表4-22中的层次排序值;子准则层C的层次总排序值是由表4-22中准则层B的层次排序值与子准则层C的层次单排序值相乘而来;指标层D的层次总排序值是由表4-22中的准则层B的层次排序值、子准则层C的层次单排序值和指标层D的层次单排序值依次相乘而来,即由子准则层C的层次总排序值与指标层D的层次单排序值相乘得来。

准则层B的层次总排序一致性检验等同于准则层B相对于目标层A的层次单排序一致性检验,即表4-19中的$C_R=0.0872<0.1$。子准则层C的层次总排序一致性检验为:

$$C_R=\sum_{i=1}^{m}a_iC_i/\sum_{i=1}^{m}a_iR_i=\frac{0.0926\times0+0.0398\times0.0429+0.0288\times0+0.5788\times0}{0.0926\times0+0.0398\times0.58+0.2888\times0+0.5788\times0}$$

$$=0.0740<0.1$$

以此类推,关于指标层D的一致性检验应为:

$$\frac{0.2500\times0+0.7500\times0+0.2797\times0.0193+0.0936\times0.0429+}{0.2500\times0+0.7500\times0+0.2797\times0.58+0.0936\times0.58+}$$

$$\frac{0.6267\times0.0429+0.7500\times0+0.2500\times0+0.1667\times0.0390+0.8333\times0}{0.6267\times0.58+0.7500\times0+0.2500\times0+0.1667\times0.90+0.8333\times0}$$

$$=0.0586<0.1$$

基于以上检验结果,表明在层次结构总排序C_R均<0.1,此检验结果表明经营能力评价体系结构层次具有较为良好的一致性结果。

表4-23　指标层层次总排序值

	指标层	层次总排序值	排序
D_1	获取市场需求信息途径	0.0193	9
D_2	农产品市场需求了解程度	0.0039	17
D_3	依据市场需求信息生产程度	0.0579	5
D_4	依据市场需求信息销售程度	0.0116	12
D_5	雇佣劳动力难易程度	0.0071	14
D_6	雇佣劳动力成本感知	0.0012	21
D_7	劳动力满足需求程度	0.0029	18

续表 4-23

	指标层	层次总排序值	排序
D_8	获得资金难易程度	0.0023	20
D_9	获得资金成本感知	0.0003	23
D_{10}	资金满足需求程度	0.0010	22
D_{11}	流转土地难易程度	0.0168	10
D_{12}	流转土地成本感知	0.0025	19
D_{13}	土地满足需求程度	0.0056	15
D_{14}	获得农业生产技术培训情况	0.1805	2
D_{15}	农业生产技术知识了解程度	0.0361	7
D_{16}	使用农业生产技术获得指导难易程度	0.0602	4
D_{17}	使用农业生产技术获得指导花费费用	0.0120	11
D_{18}	产品的技术含量	0.0545	6
D_{19}	产品的成本优势	0.0253	8
D_{20}	产品的标准化生产程度	0.0113	13
D_{21}	产品的加工程度	0.0053	16
D_{22}	产品获得三品一标认证情况	0.0603	3
D_{23}	产品品牌知名度	0.4220	1

从表 4-23 中发现,在河南省家庭农场主经营能力评价过程中,营销能力对河南省家庭农场主经营能力影响最大,权重值达 0.5788,紧随其后的是家庭农场主的技术能力,权重值为 0.2888;然而信息能力和资源能力表现较弱,其中信息能力权重值为 0.0926,资源能力权重值最小,仅为 0.0398。在子准则层中,各经营能力指标对河南省家庭农场主经营能力评价的作用程度表现为:品牌能力>技术获得能力>产品能力>技术使用能力>信息利用能力>配置土地能力>信息获取能力>配置劳动力能力>配置资金能力。

在指标层中,各评价指标权重的排序结果为:产品品牌知名度>获得农业生产技术培训情况>产品获得三品一标认证情况>使用农业生产技术获得指导难易程度>依据市场需求信息生产程度>产品的技术含量>农业生产技

术知识了解程度>产品的成本优势>获取市场需求信息途径>流转土地难易程度>使用农业生产技术获得指导花费费用>依据市场需求信息销售程度>产品的标准化生产程度>雇佣劳动力难易程度>土地满足需求程度>产品的加工程度>农产品市场需求了解程度>劳动力满足需求程度>流转土地成本感知>获得资金难易程度>雇佣劳动力成本感知>资金满足需求程度>获得资金成本感知,具体排序结果见表4-23。

通过以上研究结果表明在河南省家庭农场主经营能力评价体系各指标中,农产品的品牌能力和知名度是最重要的影响因素,农产品品牌能力即反映了市场对农产品的认可程度,同时也可判断家庭农场主经营管理能力的高低。然后是家庭农场主获得农业生产技术培训情况,这一结果充分表明新型农业生产技术在家庭农场主经营能力中的作用,家庭农场要想实现高质量的发展,生产出符合市场需求的产品,离不开农业生产技术的不断学习和更新。农产品获得三品一标认证情况是衡量农产品品质的重要尺度,是对家庭农场生产产品的认可;使用农业生产技术获得指导难易程度是对家庭农场主在产品生产过程中,技术问题能否得到有效解决的测度;然后是依据市场需求信息生产程度,说明家庭农场主要想实现农产品的有效供给就必须以市场需求为中心,围绕消费者需求合理安排自己的产品种类和产品生产规模;此外,农产品的技术含量权重值也在0.05以上,表明在产品能力诸多因素中,产品所含技术含量的高低是产品能力的重要体现,是家庭农场主经营能力评价体系中的重要因素。除上述指标外,还存在诸如产品的标准化生产程度、依据市场需求信息销售程度、流转土地难易程度、获取市场需求信息途径、产品的成本优势、农业生产技术知识了解程度等指标同样在河南省家庭农场主经营能力评价体系中发挥着重要的作用。

二、河南省家庭农场主经营能力模糊综合评价

(一)确定河南省家庭农场主经营能力的评价因素集

河南省家庭农场主经营能力的评价因素从总体上划分为23个指标层指标、9个子准则层指标和4个准则层指标。

$$U=\{U_1,U_2,U_3,U_4\}=\{B_1,B_2,B_3,B_4\}$$

$$U=\{U_{11},U_{12}\}=\{C_1,C_2\}$$

$U_2=\{U_{21},U_{22},U_{23}\}=\{C_3,C_4,C_5\}$

$U_3=\{U_{31},U_{32}\}=\{C_6,C_7\}$

$U_4=\{U_{41},U_{42}\}=\{C_8,C_9\}$

$U_{11}=\{D_1,D_2\}$

$U_{12}=\{D_3,D_4\}$

$U_{21}=\{D_5,D_6,D_7\}$

$U_{22}=\{D_8,D_9,D_{10}\}$

$U_{23}=\{D_{11},D_{12},D_{13}\}$

$U_{31}=\{D_{14},D_{15}\}$

$U_{32}=\{D_{16},D_{17}\}$

$U_{41}=\{D_{18},D_{19},D_{20},D_{21}\}$

$U_{42}=\{D_{22},D_{23}\}$

(二)确定河南省家庭农场主经营能力的评价等级

根据以往的研究经验,笔者将河南省家庭农场主经营能力评价划分为五个评价等级,分别是差、较差、一般、较好、好,即

$$V=\{v_1,v_2,v_3,v_4,v_5\}=\{差,较差,一般,较好,好\}$$

(三)单因素模糊评判矩阵

以往研究表明,李克特五级量表在问卷设计中具有较强的应用性,本书在家庭农场主经营能力评价问卷中使用李克特五级量表进行测量,根据李克特五级量表特性,将被调查的河南省家庭农场主对应填写的问卷选项分别给予1—5分的评价分值,以此对应农场主经营能力评价中的差、较差、一般、较好、好五个等级,并整理出各评价指标对应的隶属度,具体见表4-24。

表4-24 家庭农场主经营能力评估指标权重值

指标层D	隶属度				
	差	较差	一般	较好	好
获取市场需求信息途径	0.0685	0.0948	0.5065	0.2117	0.0645
农产品市场需求了解程度	0.0222	0.0887	0.5171	0.3246	0.0464
依据市场需求信息生产程度	0.0141	0.0645	0.4940	0.3770	0.0504
依据市场需求信息销售程度	0.0141	0.0524	0.5181	0.3528	0.0625

续表 4-24

指标层 D	隶属度				
	差	较差	一般	较好	好
雇佣劳动力难易程度	0.2077	0.4113	0.3065	0.0565	0.0181
雇佣劳动力成本感知	0.1593	0.4012	0.3044	0.0827	0.0524
劳动力满足需求程度	0.0625	0.3670	0.4698	0.0887	0.0121
获得资金难易程度	0.1371	0.4677	0.2823	0.0867	0.0262
获得资金成本感知	0.1351	0.4556	0.3488	0.0484	0.0121
资金满足需求程度	0.1875	0.4516	0.2722	0.0706	0.0181
流转土地难易程度	0.1431	0.5403	0.1996	0.1008	0.0161
流转土地成本感知	0.1694	0.5504	0.2480	0.0202	0.0121
土地满足需求程度	0.0282	0.2722	0.4194	0.2379	0.0423
获得农业生产技术培训情况	0.0625	0.0726	0.3730	0.4201	0.0907
农业生产技术知识了解程度	0.0060	0.0746	0.5040	0.3810	0.0343
使用农业生产技术获得指导难易程度	0.0262	0.1129	0.3831	0.3730	0.1048
使用农业生产技术获得指导花费费用	0.0302	0.2056	0.4153	0.2722	0.0776
产品的技术含量	0.0161	0.1250	0.6069	0.2117	0.0403
产品的成本优势	0.1069	0.5464	0.2964	0.0343	0.0161
产品的标准化生产程度	0.0403	0.1109	0.5585	0.2641	0.0262
产品的加工程度	0.1190	0.1593	0.5766	0.1230	0.0222
产品获得三品一标认证情况	0.7198	0.1895	0.0464	0.0363	0.0081
产品品牌知名度	0.7460	0.1915	0.0343	0.0282	0

根据其评价指标隶属度建立子准则层对应的模糊综合评价矩阵 R：

(1)信息获取能力模糊综合评价矩阵 R_1：

$$R_1=\begin{pmatrix}0.0685 & 0.0948 & 0.5065 & 0.2117 & 0.0645\\ 0.0222 & 0.0887 & 0.5181 & 0.3246 & 0.0464\end{pmatrix}$$

(2)信息利用能力模糊综合评价矩阵 R_2：

$$R_2=\begin{pmatrix}0.0141 & 0.0645 & 0.4940 & 0.3770 & 0.0504\\ 0.0141 & 0.0524 & 0.5181 & 0.3528 & 0.0625\end{pmatrix}$$

(3)配置劳动力能力模糊综合评价矩阵 R_3：

$$R_3=\begin{pmatrix}0.2077 & 0.4113 & 0.3065 & 0.0565 & 0.0181\\0.1593 & 0.4012 & 0.3044 & 0.0827 & 0.0524\\0.0625 & 0.3670 & 0.4698 & 0.0887 & 0.0121\end{pmatrix}$$

(4)配置资金能力模糊综合评价矩阵 R_4：

$$R_4=\begin{pmatrix}0.1371 & 0.4677 & 0.2823 & 0.0867 & 0.0262\\0.1351 & 0.4556 & 0.3488 & 0.0484 & 0.0121\\0.1875 & 0.4516 & 0.2722 & 0.0706 & 0.0181\end{pmatrix}$$

(5)配置土地能力模糊综合评价矩阵 R_5：

$$R_5=\begin{pmatrix}0.1431 & 0.5403 & 0.1996 & 0.1008 & 0.0161\\0.1694 & 0.5504 & 0.2480 & 0.0202 & 0.0121\\0.0282 & 0.2722 & 0.4194 & 0.2379 & 0.0423\end{pmatrix}$$

(6)技术获得能力模糊综合评价矩阵 R_6：

$$R_6=\begin{pmatrix}0.0625 & 0.0726 & 0.3730 & 0.4012 & 0.0907\\0.0060 & 0.0746 & 0.5040 & 0.3810 & 0.0343\end{pmatrix}$$

(7)技术使用能力模糊综合评价矩阵 R_7：

$$R_7=\begin{pmatrix}0.0262 & 0.1129 & 0.3831 & 0.3730 & 0.1048\\0.0302 & 0.2056 & 0.4153 & 0.2722 & 0.0776\end{pmatrix}$$

(8)产品能力模糊综合评价矩阵 R_8：

$$R_8=\begin{pmatrix}0.0161 & 0.1250 & 0.6069 & 0.2117 & 0.0403\\0.1069 & 0.5464 & 0.2964 & 0.0343 & 0.0161\\0.0403 & 0.1109 & 0.5585 & 0.2641 & 0.0262\\0.1190 & 0.1593 & 0.5766 & 0.1230 & 0.0222\end{pmatrix}$$

(9)品牌能力模糊综合评价矩阵 R_9：

$$R_9=\begin{pmatrix}0.7198 & 0.1895 & 0.0464 & 0.0363 & 0.0081\\0.7460 & 0.1915 & 0.0343 & 0.0282 & 0\end{pmatrix}$$

(四)建立评判模型,进行综合评判

信息获取能力指标层的指标权重:$A_1=(0.8333\quad 0.1667)$

根据 B=A＊R 的评价模型公式,可得信息获取能力模糊综合评价值。

同理可得,信息利用能力模糊综合评价值:

$B_2=A_2*R_2=(0.0141\quad 0.0625\quad 04980\quad 0.3730\quad 0.0524)$

配置劳动力能力模糊综合评价值：

$B_3 = A_3 * R_3 = (0.1651 \quad 0.3988 \quad 0.3485 \quad 0.0676 \quad 0.0201)$

配置资金能力模糊综合评价值：

$B_4 = A_4 * R_4 = (0.1510 \quad 0.4621 \quad 0.2857 \quad 0.0786 \quad 0.0226)$

配置土地能力模糊综合评价值：

$B_5 = A_5 * R_5 = (0.1198 \quad 0.4809 \quad 0.2540 \quad 0.1236 \quad 0.0216)$

技术获得能力模糊综合评价值：

$B_6 = A_6 * R_6 = (0.0531 \quad 0.0729 \quad 0.3948 \quad 0.3978 \quad 0.0813)$

技术使用能力模糊综合评价值：

$B_7 = A_7 * R_7 = (0.0269 \quad 0.1284 \quad 0.3885 \quad 0.3562 \quad 0.1001)$

产品能力模糊综合评价值：

$B_8 = A_8 * R_8 = (0.0484 \quad 0.2357 \quad 0.5181 \quad 0.1664 \quad 0.0313)$

品牌能力模糊综合评价值：

$B_9 = A_9 * R_9 = (0.7427 \quad 0.1913 \quad 0.0358 \quad 0.0292 \quad 0.0010)$

综上所述，准则层对应的模糊综合评价矩阵 R' 如下：

（1）信息能力模糊综合评价矩阵 $R_{1'}$：

$$R_{1'} = \begin{pmatrix} 0.0608 & 0.0938 & 0.5534 & 0.2305 & 0.0615 \\ 0.0141 & 0.0625 & 0.4980 & 0.3730 & 0.0524 \end{pmatrix}$$

（2）资源能力模糊综合评价矩阵 $R_{2'}$：

$$R_{2'} = \begin{pmatrix} 0.1651 & 0.3988 & 0.3485 & 0.0676 & 0.0201 \\ 0.1510 & 0.4621 & 0.2857 & 0.0786 & 0.0226 \\ 0.1198 & 0.4809 & 0.2540 & 0.1236 & 0.0216 \end{pmatrix}$$

（3）技术能力模糊综合评价矩阵 $R_{3'}$：

$$R_{3'} = \begin{pmatrix} 0.0531 & 0.0729 & 0.3948 & 0.3978 & 0.0813 \\ 0.0269 & 0.1284 & 0.3885 & 0.3562 & 0.1001 \end{pmatrix}$$

（4）营销能力模糊综合评价矩阵 $R_{4'}$：

$$R_{4'} = \begin{pmatrix} 0.0484 & 0.2357 & 0.5181 & 0.1664 & 0.0313 \\ 0.7427 & 0.1913 & 0.0358 & 0.0292 & 0.0010 \end{pmatrix}$$

信息能力指标层的指标权重：$A_{1'} = (0.2500 \quad 0.7500)$

根据的评价模型公式，可得信息能力模糊综合评价值：

$B_{1'}=A_{1'}*R_{1'}=(0.0258\quad 0.0703\quad 0.5119\quad 0.3374\quad 0.0547)$

同理可得：

资源能力模糊综合评价值：$B_{2'}=A_{2'}*R_{2'}=(0.1354\quad 0.4562\quad 0.2834\quad 0.1037\quad 0.0213)$

技术能力模糊综合评价值：$B_{3'}=A_{3'}*R_{3'}=(0.0466\quad 0.0868\quad 0.3932\quad 0.3874\quad 0.0860)$

营销能力模糊综合评价值：$B_{4'}=A_{4'}*R_{4'}=(0.620\quad 0.1987\quad 0.1162\quad 0.0521\quad 0.0061)$

综上，目标层河南省家庭农场主能力的模糊综合评价矩阵 R_0：

$$R_0=\begin{pmatrix}0.0258 & 0.0703 & 0.5119 & 0.3374 & 0.0547\\ 0.1354 & 0.4562 & 0.2834 & 0.1037 & 0.0213\\ 0.0466 & 0.0868 & 0.3932 & 0.3874 & 0.0860\\ 0.6270 & 0.1987 & 0.1162 & 0.0521 & 0.0061\end{pmatrix}$$

目标层对应的准则层指标权重：$A_0=(0.0926\quad 0.0398\quad 0.2888\quad 0.5788)$

适应能力最终模糊综合评价值：$B_0=A_0*R_0=(0.3841\quad 0.1647\quad 0.2395\quad 0.1774\quad 0.0343)$

依据最大隶属度原则，河南省家庭农场主经营能力中的信息能力、资源能力、技术能力、营销能力分别呈现出一般、较差、一般、差的水平等级，具体评价结果见表4-25。

表4-25　家庭农场主经营能力评价结果

评价对象	信息能力	资源能力	技术能力	营销能力	经营能力
评价结果	一般	较差	一般	差	差

三、评价结果分析

（一）信息能力表现一般

获取信息和利用信息能力是促进家庭农场高质量发展的必要条件，也是判断家庭农场主经营能力高低的重要指标，只有敏锐地获取和捕捉市场

信息,并及时根据市场的信息和需求合理安排生产和经营,才能确保家庭农场能够实现资源的有效配置和产品的有效供给。然而在对家庭农场主调查中发现,绝大多数家庭农场主获取信息的能力表现一般,大部分农场主对市场需求的把握不够准确,即使家庭农场主通过一定的渠道掌握了市场信息,其信息转化为生产的能力也受到种种局限,难以真正发挥信息指导生产的作用和价值,与此同时,把握市场信息开展农产品销售能力也处于一般水平,这里主要是由于家庭农场主获取市场需求信息途径一般,对农产品市场需求情况不是很了解,进而影响了产品销售能力,这都对家庭农场主经营能力水平以及家庭农场高质量发展产生了重要的影响。

(二)资源能力整体表现较差

农业生产资源要素合理配置是家庭农场实现农产品生产供给的前提,从家庭农场发展实际出发,劳动力、资金、土地等传统农业生产要素是农业生产的关键,评价结果显示,河南省家庭农场主资源配置能力处于较差水平,特别表现在劳动力资源配置、资金配置以及土地配置能力方面:劳动力成本高,资金获取难,土地流转难等问题难以得到有效解决,成为制约家庭农场高效发展的“绊脚石”。从调查中发现,多数家庭农场主经营能力提升受制于资金配置和土地配置两方面:一是表现在大多数家庭农场主对扩大农场规模存在疑虑,由于承包土地有时间限制,导致绝大部分家庭农场主不敢轻易加大投资,他们担心土地承包时间短,而农业生产周期长、回收慢,自己的收益无法得到可靠保障,同时由于农业生产抗风险能力较低,收益不稳定使得家庭农场主不敢轻易扩大生产规模;二是虽然国家和地方制定了支持和鼓励家庭农场发展的各项政策,但是大多数家庭农场主仍然反映目前获取资金渠道较少,资金获取成本高,难以支撑家庭农场的快速发展,巧妇难为无米之炊,资源配置能力较差使得家庭农场主经营能力的提升和发挥受到限制。

(三)技术能力表现一般

现代农业技术的迅猛发展使家庭农场的生产与经营越来越离不开新型农业生产技术的投入使用,如何获取最新的农业生产技术并用于家庭农场的生产经营是考验家庭农场主经营管理能力的重要标准。从以上评价结果得知,河南省多数家庭农场主从政府近年来举办的各种农业技术培训活动

中获知新型农业生产技术，这一比例达到了 77.42%，且最近五年来各级政府不断加大投入，利用专项资金定期组织家庭农场主参加培训，另外组织农业技术人员下基层开展农业技术指导，使家庭农场主获得农业技术能力较以往有所提升；然而在技术使用和转化方面还存在一些问题，诸如结合农场实际投入新技术以及技术转化存在一些技术瓶颈，整体使用和转化效率不高。

（四）营销能力表现较差

营销能力是河南省家庭农场主经营能力评价的关键指标，占比最大，这一评价结果与当前整个现代农业发展不谋而合，如何实现农产品的有效供给，关键在农产品是否被市场认可，只有农产品被市场接受和认可，才能最终实现家庭农场的高质量发展，因此，营销能力的高低成了河南省家庭农场主经营能力的重要评价标准。而营销能力指标层中，产品能力和品牌能力是最为重要的。评价结果表明，目前河南省家庭农场主产品能力处于一般水平，其产品的技术含量、标准化生产及加工程度表现一般；家庭农场主塑造品牌的能力还处于较差水平，多数家庭农场农产品品牌知名度低，市场和消费者认可度不理想。

第五章

河南省家庭农场主经营能力提升机制影响因素研究

家庭农场主经营能力提升机制的运行是一系列内外部因素共同作用的结果，影响家庭农场主经营能力提升的因素有哪些？各种因素是如何影响其发展的？影响的贡献度大小又是怎样的？这些问题就一直受政府部门、学术界的广泛关注，已经成为实现家庭农场高质量发展的关键瓶颈和重要问题。本章在计划行为理论拓展的基础上，构建家庭农场主经营能力提升机制实证模型，集中验证家庭农场主经营能力提升机制中诸多影响因素的作用程度，为家庭农场主经营能力提升机制的政策建议奠定实证基础。

第一节　实证分析流程设计与模型构建

对家庭农场主经营能力提升机制影响因素进行验证分析的目的就是，在前文规范分析的基础上，对家庭农场主经营能力提升机制中诸多影响因素进行实证研究，找出提升机制中具有关键作用的影响因素，从而能够为家庭农场主经营能力提升机制的优化奠定基础。

一、家庭农场主经营能力提升机制影响因素实证分析流程设计

为了更加科学地对家庭农场主经营能力提升机制影响因素进行实证分

析，笔者首先对实证分析的流程进行统筹设计，如图 5-1 所示。

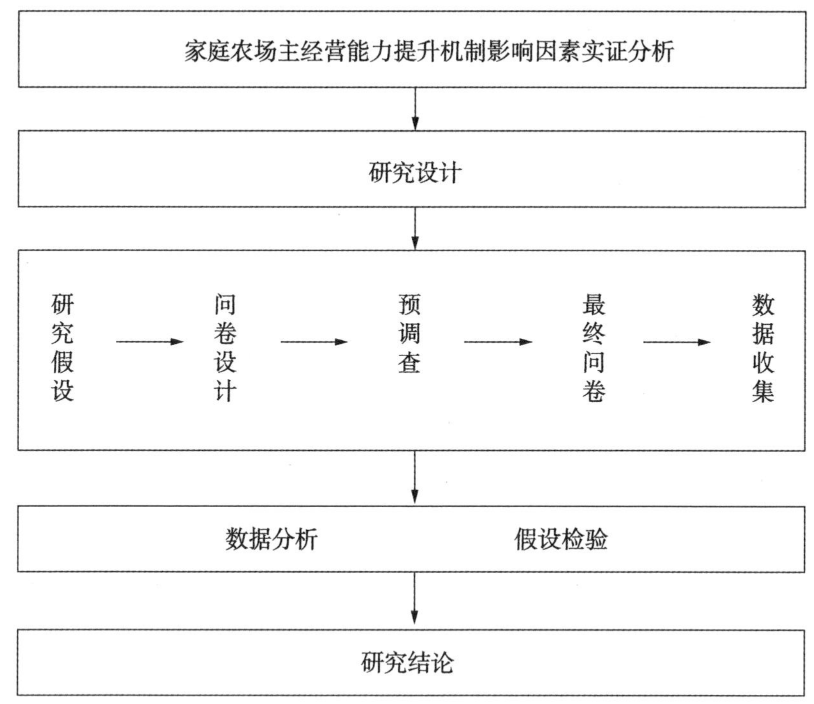

图 5-1　家庭农场主经营能力提升机制影响因素实证分析流程

首先，在以上分析的基础上，对计划行为理论的模型框架进行适当拓展，从而构建基于计划行为理论框架的家庭农场主经营能力提升机制影响因素分析的实证模型。其次，根据家庭农场主经营能力提升机制的性质和特点，在梳理相关研究的基础上设计家庭农场主经营能力提升机制实证模型中不同维度、要素的观测变量，并形成初始调查问卷，然后根据问卷预调查和专家访谈所反馈的问题和意见，对初始问卷进行修改和调整，最终形成正式问卷，并完成问卷发放和回收。最后，对回收的问卷进行描述性统计分析，并对家庭农场主经营能力提升机制实证模型进行验证性因子分析及假设检验。

从国内外相关文献来看，目前学术界对家庭农场主经营能力提升机制的系统性研究十分欠缺，家庭农场主经营能力提升机制的相关研究大多集中在家庭农场主经营能力现状及影响因素的定性研究方面，因此在现有研究中,很难找出较为成熟和完整的测量家庭农场主经营能力提升机制影响因素的量表。为了使本研究更加具有科学性,笔者查阅了大量相关的文献,并对部分专家进行了访谈,在此基础上确立了本研究的测量量表。

二、家庭农场主经营能力提升机制影响因素实证分析模型构建

(一)计划行为理论(TPB)及其应用背景

1991 年,Icek Ajzen 在对理性行为理论(Theory of Reasoned Action,TRA)进行拓展和修正的基础上,提出了新的行为研究理论模式——计划行为理论。计划行为理论认为:“行为(behavior)受实际控制条件的制约;在控制条件充分的情况下,行为受行为态度(attitude)、主观规范(subjective norm)和知觉行为控制(perceived behavior control)三个主要变量的影响,它们通过行为意愿(behavioral intention)的中介作用决定行为的产生。”计划行为理论提出后,被国内外众多学者广泛应用于人类许多行为的研究,如社会与学习行为、饮食行为、药物成瘾行为、临床医疗与筛检行为、运动行为等。计划行为理论已经成为研究人类行为最重要的理论工具之一。计划行为理论之所以能够成为对行为研究具有良好解释力的理论工具,是因为它不仅具有成熟的理论框架和研究模型,而且该理论具有较强的开放性和包容性,可以根据不同研究情境对理论模型进行适当的拓展和修正。家庭农场主经营能力提升机制构建的目的就是促使家庭农场主经营能力提升,从而进一步促进家庭农场的高质量发展。作为一种成熟的行为研究理论,计划行为理论同样适用于家庭农场主经营能力提升机制的分析研究。

(二)计划行为理论的拓展与研究模型构建

1. 计划行为理论的拓展

本章之所以选择计划行为理论作为研究的工具,主要由于计划行为理论是一个开放性和包容性较强的理论,并且拥有一套十分成熟的理论和模型框架。Ajzen 曾在其研究中指出,计划行为理论应该根据具体情境,增加或删减相应的影响变量。因此,在运用计划行为理论对家庭农场主经营能力提升机制影响因素进行研究时,必须要根据具体的研究内容和研究目标进行理论植入和理论拓展。从计划行为理论的模型来看,态度、主观规范以及知觉行为控制是影响个人行为意向的主要变量。行为态度是行为意向的

首要决定因素，它直接影响行为意向并与主观规范和行为控制认知相联系。态度是指个人对该项行为所持的正面或负面的感觉，指由个人对此特定行为的评价经过概念化之后所形成的。近年来学者普遍同意态度乃是个体的一种心理评价结果，但对评价主体则因研究主题不同而有所差异。庄明珠和郭德宾（2008）以特定行为作为正负面评价的主体，郭冠樟与叶乘豪（2012）认为态度系个人内心所反映出的一种喜好评价，而评估的对象可以是人，可以是事件，也可以是物品。谢明宏等（2011）则将个人的信念、感受或看法纳入态度所反映的心理倾向中。综合上述学者的看法，态度可视为行为主体基于本身的价值观、情绪感受或其他心理评价，所反映出来的一种喜恶或偏好的评价结果。主观规范是个体在决策是否执行某特定行为时感知的社会压力，它反映的是重要的他人或团体对个体行为决策的影响。Cialdini 等将主观规范划分为个体规范（personal norm）、示范性规范（descriptive norm）和指令性规范（injunctive norm），Harrison 的研究则发现个体规范仅能提高某些与道德有关的行为解释力，因此学术界普遍认可将主观规范分为指令性规范和示范性规范两个维度。主观规范是个体在进行某种行为决策时感受到的外界压力。如果行为人感觉到与自己有重要关系的人、组织或制度给自己的压力很大，就可能会改变行为态度，进而产生新的行为。根据计划行为理论，知觉行为控制指的是个人同时考虑到个人的技能、资源而去做一个特定行为的容易或困难程度，它影响个人预测从事该项行为可能产生的障碍。当行为控制认知与个体的实际行为控制能力接近，知觉行为控制可以直接对行为意向产生影响，知觉行为控制越强，行为意向越积极，行为发生可能性越大；反之，这种行为发生的可能性就越小。计划行为理论将许多通过态度和主观规范所无法解释的因素都归为知觉行为控制，使计划的行为和实际发生的行为之间的差异性可以得到更多的考虑（Conner and Armitage，1998）。

2. 研究模型的构建

通过以上对计划行为理论的拓展研究，本书在对计划行为理论进行拓展的基础上构建了家庭农场主经营能力提升机制影响因素实证模型，用于验证家庭农场主经营能力提升机制中影响因素的作用程度，实证模型如图 5-2 所示。

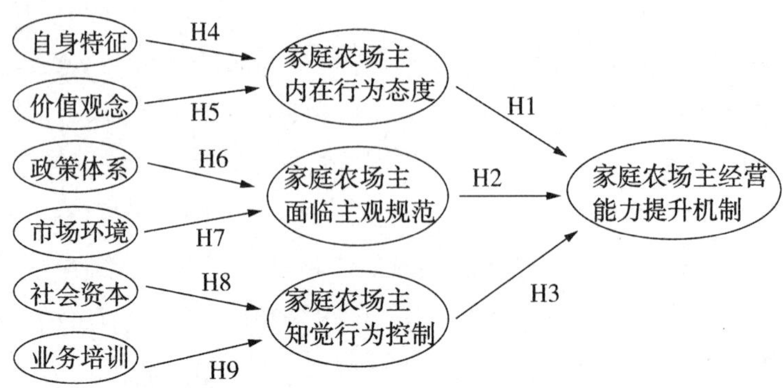

图 5-2 基于计划行为理论拓展的家庭农场主经营能力提升机制影响因素实证模型

基于计划行为理论拓展的家庭农场主经营能力提升机制影响因素实证模型,本书共提出如表 5-1 所示 9 条研究假设。

表 5-1 家庭农场主经营能力提升机制实证模型假设题项

假设代号	假设内容
H1	家庭农场主内在行为态度对家庭农场主经营能力提升有正向作用
H2	家庭农场主面临主观规范对家庭农场主经营能力提升有正向作用
H3	家庭农场主知觉行为控制对家庭农场主经营能力提升有正向作用
H4	家庭农场主自身特征对其经营能力提升有正向作用
H5	家庭农场主职业价值观对其经营能力提升有正向作用
H6	家庭农场政策措施对家庭农场主经营能力提升有正向作用
H7	家庭农场市场环境对家庭农场主经营能力提升有正向作用
H8	家庭农场主社会资本对其经营能力提升有正向作用
H9	家庭农场业务培训对家庭农场主经营能力提升有正向作用

第二节 实证分析中主要变量的测量

一、家庭农场主自身特征的测量

Garten 模型(2016)指出创业者个人应该具有多方面特质,职业农民的个体特征、能力与素质直接影响其综合能力,对其经营具有重要影响意义。卢旭、周菁华(2013)认为农村男性劳动力相较于女性劳动力来说在身体素质、个人技能、社会经历等诸多方面占有一定优势,二者在创业决策与创业行为上存在差异,男性劳动力选择创业的比例较高,创业的绩效也更为突出;吴易雄(2017)认为年轻的职业农民拥有更充沛的体力,更多的创业激情以及先进的农业知识与管理理念。而随着年龄的增长,其适应市场经济变化的能力不断降低,风险偏好不断减弱,因此不容易开展创业活动;朱明芬(2010)认为党员这一身份,较群众承载着更多社会责任,也代表了一定的先进性,其具备较强前瞻性,更加了解党的关于农业农村发展的政策方针,并能够做出积极响应,投身于农村这片创业沃土,且党员可能具备更丰富的人脉资源和社会阅历,这一身份可能对农民创业产生影响;朱明芬、钟王黎、郭红东(2018)认为农民学历水平越高,资源获取能力越强,越有可能选择自主创业,从而拓宽自身的发展空间;郑秀芝、邱乐志(2019)研究证实了农民经商或者打工经历对其创业绩效有重要作用。表明背景不同,从业经验和各方面的能力素质也会存在差异,从而对创业产生不同程度的影响。因此,本书在综合相关学者的研究基础上,设置不同题项来测量家庭农场主个体特征对其经营能力提升机制的影响,如表 5-2 所示。

表 5-2　家庭农场主自身特征初始测量题项

题目代码	测量题项
X1	家庭农场主的年龄
X2	家庭农场主受教育状况
X3	家庭农场主的性别
X4	从事农业工作年限
X5	家庭农场主是否是党员或村干部
X6	家庭农场主个人工作经历
X7	家庭农场主总承包面积
X8	非农收入占家庭农场总收入比重

二、家庭农场主职业价值观的测量

国外学者 Maslow 提出的人类需求理论层次包生理需要、安全需要、社交需要、尊重需要、自我实现需要等；国外学者 urkis 将价值取向分为内在价值、外在价值、社会价值、威望价值。凌文铨等（2009）认为，职业价值取向是人们对待职业的信念和态度，或是人们在职业生活中表现出来的一种价值倾向，它是价值取向在职业选择上的体现；廖泉文（2010）认为职业价值取向是人们职业定向与选择、职业工作态度方面的根本性观念；郑全全（2012）通过实证研究，首次将农民作为研究对象，定义了农民职业价值取向的构成因素，将农民职业价值观分为权益公平、内在价值、外在价值以及社会声望四个影响因子。根据学者们研究，结合本书的研究实际，将家庭农场主职业价值观设置为以下测量题项，如表 5-3 所示。

表 5-3　家庭农场主职业价值观初始测量题项

题目代码	测量题项
X9	自身认为家庭农场主是一个体面职业
X10	家庭农场经营收入能够过上理想的生活
X11	家人对家庭农场主身份较为满意
X12	家庭农场的经营符合自身兴趣爱好
X13	家庭农场主身份能够受到村民和亲戚朋友的尊重
X14	认为经营管理对家庭农场发展具有重要的作用

三、家庭农场政策措施的测量

家庭农场政策措施主要指政府制定的相关促进家庭农场发展的法规、政策和条例等。目前，国内学者研究中较少关注政策措施对家庭农场主经营能力提升的影响作用，仅有的研究多数是关注家庭农场的宏观发展，多以定性研究为主。夏英、周忠丽（2017）对政策和家庭农场高质量发展的关系进行研究，认为家庭农场的发展离不开良好的政策体系；黄祖辉（2013）在对山西省新型农业经营主体调查中发现，土地流转政策、土地金融政策以及担保政策对新型农业经营主体发展影响较大，也关系新型农业经营主体管理者是否增加投资、扩大生产的重要影响因素；扶玉枝（2018）认为家庭农场主综合素质培育中，资金筹措能力以及争取金融支持是一项重要的内容。本研究对家庭农场政策措施的分析在于探析家庭农场主对政策措施的关注程度以及主要诉求。因此，在前人研究的基础上，结合本文实际研究的需要，设计了如下政策措施初始测量题项，如表 5-4 所示。

表 5-4　家庭农场政策措施初始测量题项

题目代码	测量题项
X15	控制生产资料价格上涨政策设计
X16	农业信贷和担保政策设计
X17	土地流转扶持与优惠政策

四、家庭农场市场环境的测量

所谓家庭农场市场环境主要指农业生产的社会化服务体系的完善程度、农产品及相关投入品的市场价格、农产品国际贸易状况等。已有的研究表明，农业生产的社会化服务体系完善程度、农产品的专业化程度、农产品及相关投入品的价格、农产品的国际贸易状况等都会影响家庭农场生产经营的效率（如 Gudbarnd Lien & etc，2014 等），同时也是家庭农场主经营管理的重要参考因素。考虑到数据的可获得性和可操作性，基于前人的研究，本书将家庭农场市场环境的测量设置，如表 5-5 所示。

表 5-5　家庭农场市场环境初始测量题项

题目代码	测量题项
X18	家庭农场劳动力成本
X19	家庭农场农资投入成本
X20	所产农产品市场价格情况
X21	农业生产社会化服务体系
X22	所产农产品稳定销售渠道建立

五、家庭农场主社会资本的测量

社会资本是基于社会规范、信任以及关系网络的社会结构（Putnam、Leonardi，1993），成员利用其所具有的知识共享、互信互惠和风险分担等功能影响收入水平，增强经济活力。不同于传统的物质资本和人力资本概念，社会资本在促进社会成员合作、降低交易成本、克服集体行动困境，从而提高制度质量等方面发挥着重要作用（Tabellin，2008）。现有关于社会资本与农民收入增长关系的研究主要存在两种观点：一种观点强调社会资本有助于提高农民收入水平，如边燕杰和张文宏（2001）研究显示社会网络、社会资本对增加收入有着显著的积极作用，社会网络能够有效地促进就业和增加收入。黄春燕（2006）也发现社会资本与收入水平之间呈现正相关关系，而且社会资本还通过影响其他资本形式及农户的能力间接影响劳动者收入。其他学者认为，社会资本的收入效应要视具体情况而论。如虢超和丁建军（2014）发现“社会关系”的回报率随着收入的增加而上升，农村居民“社会关系”的回报率随收入的增加而上升，基于上述分析，结合本书对家庭农场主经营能力提升机制的研究，将家庭农场主社会资本设置为以下测量题项，如表 5-6 所示。

表 5-6 家庭农场主社会资本初始测量题项

题目代码	测量题项
X23	在本村或社区有血缘关系的亲戚
X24	具有参与社区治理的意愿
X25	具有省外非农工作经历
X26	对本社区常住居民的信任

六、家庭农场主业务培训的测量

目前国内对家庭农场主业务培训的研究大致分为两个方面:一个是对培训效果的直接评估,其次是对培训效果影响因素的研究分析。其中张亿钧等研究了农民职业培训效果的影响因素,认为培训的形式、时间等培训供给状况对农民培训效果有显著影响;徐金海等利用 167 份江苏省调查问卷和 Logit 回归模型对农场主业务培训进行研究,选取培训时间、培训内容、培训地点 3 个重要的变量,研究发现对职业农民能力提升具有显著正向影响的是培训内容,其次具有显著正向影响的是培训时间、培训地点。在总结国内外学者研究的基础上,本书提出以下家庭农场主业务培训的测量题项,如表 5-7 所示。

表 5-7 家庭农场业务培训初始测量题项

题目代码	测量题项
X27	培训内容针对性强,容易理解
X28	培训方法合理,符合需求
X29	培训讲师水平较高,讲解符合期望
X30	培训时间和地点安排得当
X31	其他家庭农场主参与培训的意愿和频率
X32	培训费用合理,符合培训预算
X33	培训主办方的背景和实力

七、家庭农场主经营能力提升机制初始量表构建

在本节中对主要变量的初始测量题项进行了设计，量表涉及自身特征、职业价值观、政策体系、市场环境、社会资本及业务培训六个变量共33个问题，如表5-8所示。

表5-8　家庭农场主经营能力提升机制影响因素验证初始量表

动力要素	代码	测量题项
家庭农场主自身特征	X1	家庭农场主的年龄
	X2	家庭农场主受教育状况
	X3	家庭农场主的性别
	X4	从事农业工作年限
	X5	家庭农场主是否是党员或村干部
	X6	家庭农场主个人工作经历
	X7	家庭农场主总承包面积
	X8	非农收入占家庭农场总收入比重
家庭农场主职业价值观	X9	自身认为家庭农场主是一个体面职业
	X10	家庭农场经营收入能够过上理想的生活
	X11	家人对家庭农场主身份较为满意
	X12	家庭农场的经营符合自身兴趣爱好
	X13	家庭农场主身份能够受到村民和亲戚朋友的尊重
	X14	认为经营管理对家庭农场发展具有重要的作用
家庭农场政策措施	X15	控制生产资料价格上涨政策设计
	X16	农业信贷和担保政策设计
	X17	土地流转扶持与优惠政策
家庭农场市场环境	X18	家庭农场劳动力成本
	X19	家庭农场农资投入成本
	X20	所产农产品市场价格情况
	X21	农业生产社会化服务体系
	X22	所产农产品稳定销售渠道建立

续表 5-8

动力要素	代码	测量题项
家庭农场主社会资本	X23	在本村或社区有血缘关系的亲戚
	X24	具有参与社区治理的意愿
	X25	具有省外非农工作经历
	X26	对本社区常住居民的信任
家庭农场业务培训	X27	培训内容针对性强,容易理解
	X28	培训方法合理,符合需求
	X29	培训讲师水平较高,讲解符合期望
	X30	培训时间和地点安排得当
	X31	其他家庭农场主参与培训的意愿和频率
	X32	培训费用合理,符合培训预算
	X33	培训主办方的背景和实力

第三节　问卷的信效度分析与问卷设计

一、问卷的效度分析

本研究中对问卷效度的测量采用建构效度(constructive validity)指标,是指“测量工具能够测量理论的概念或特质的程度。”一般来说,在检验建构效度的过程中,必须先从某一理论建构着手,然后再测量分析,以验证其结果是否符合原理论。建构效度分为收敛效度和区别效度,收敛效度所探讨的是理论构建的周延性问题,区别效度主要探讨理论构建的排他性问题,只有这两个效度同时满足才能认为问卷具有建构效度。

本书采用探索性因子分析方法对动力机制验证要素的类型进行建构效度分析,以验证结构方程模型中各题项的设定是否恰当。对探索性因子分析结果进行统计得到如表 5-9 所示的因子分析结果。

表 5-9 家庭农场主经营能力提升机制探索性因子分析结果

动力要素	代码	*KMO*	Bartlett 球型检验卡方值	累计方差贡献率(%)	显著性水平
家庭农场主自身特征	X1 X2 X3 X4 X5 X6 X7 X8 X9	0.746	831.148	62.467	0.000
家庭农场主认知能力	X10 X11 X12 X13 X14	0.773	1475.678	62.203	0.000
家庭农场政策措施	X15 X16 X17	0.867	683.361	82.628	0.000
家庭农场市场环境	X18 X19 X20 X21	0.838	951.595	66.625	0.000
家庭农场主社会资本	X22 X23 X24 X25 X26 X27 X28 X29 X30	0.881	1256.309	64.921	0.000
家庭农场业务培训	X31 X32 X33	0.747	444.628	61.256	0.000

KMO 是 Kaiser-Meyer-Olkin 所提出的取样适切性量数值,其值为 0 到 1,是判断题项间能否进行因子分析的重要指标。当 KMO 的值接近于 1 时,表示题项之间的共同因素越多,越适合进行因子分析;如果 KMO 小于 0.5,则不宜进行因子分析,进行因子分析的原则是 KMO 的值至少在 0.6 以上。Bartlett 球型检验是通过转换为 χ2 检验来完成对变量之间是否相互独立进行检验,若该统计量取值较大,则说明因子分析适用。

从上表可以看出,KMO 值均大于 0.6,Bartlett 球型检验显著,累计解释的方差贡献率大于 60%,该结果说明调查样本较好,量表的题项设计和问卷具有较高效度。

二、问卷的信度分析

信度检验又称为可靠性分析,是用来检验所进行测验的可信程度的。信度是指测量结果的一致性或稳定性,也就是研究者对于相同的或相似的现象或群体进行不同的测量(不同形式或不同时间的),其所得的结果的一致程度。任何测量的观测值都包括实际值与误差值两部分,而信度越高表示其误差越低,那么所得的观测值就不会因形式或时间的改变而变动,因此有一定的稳定性。信度的好坏一般采用信度系数这一重要的技术指标衡量。一般情况下,Cronbach a 的值≧0.70 时,问卷具有较高的信度;0.35 ≦ Cronbach a 的值<0.70 时,问卷的信度尚可;Cronbach a 的值<0.35 时,说明问卷的信度比较低。

本书通过运用 SPSS22.0 软件检验调查问卷的信度情况,将统计分析所得的各指标的 Cronbach's Alpha 值以及删除对应题项后对应的 CITC 值、项目已删除的 Cronbach's Alpha 值进行整理,如表 5-10 所示,如果"项目已删除的 Cronbach's Alpha 值所得结果小于指标的 Cronbach's Alpha 值",说明删除后的 Cronbach's Alpha 值比原来的还低,那么就不能删除该项目。也就是说,若"项目已删除的 Cronbach's Alpha 值"所得结果大于指标的"Cronbach's Alpha 值",那么应考虑删除该题项。在表 5-10 中的"判断"一列,若"项目已删除的 Cronbach's Alpha 值"所得结果小于指标的"Cronbach's Alpha 值",以"√"表示保留该题项,反之用"×"表示删除该题项。

表 5-10 问卷信度分析结果

动力要素	变量代码	Cronbach's Alpha 值	CITC 值	项目已删除的 Cronbach's Alpha 值	判断	评价结果
家庭农场主自身特征	X1	0.898	0.704	0.804	√	合理
	X2		0.662	0.816	√	合理
	X3		0.658	0.817	√	合理
	X4		0.760	0.876	√	合理
	X5		0.736	0.879	√	合理
	X6		0.747	0.878	√	合理
	X7		0.644	0.890	√	合理
	X8		0.511	0.853	×	不合理
家庭农场主职业价值观	X9	0.848	0.687	0.875	√	合理
	X10		0.738	0.869	√	合理
	X11		0.796	0.893	√	合理
	X12		0.771	0.875	√	合理
	X13		0.802	0.887	√	合理
	X14		0.503	0.851	×	不合理
家庭农场政策措施	X20	0.895	0.817	0.829	√	合理
	X21		0.787	0.855	√	合理
	X22		0.775	0.865	√	合理
家庭农场市场环境	X23	0.875	0.643	0.862	√	合理
	X24		0.730	0.841	√	合理
	X25		0.725	0.843	√	合理
	X26		0.669	0.856	√	合理
	X27		0.749	0.837	√	合理
家庭农场主社会资本	X30	0.889	0.734	0.866	√	合理
	X31		0.749	0.860	√	合理
	X32		0.798	0.842	√	合理
	X33		0.745	0.861	√	合理

续表 5-10

动力要素	变量代码	Cronbach's Alpha 值	CITC 值	项目已删除的 Cronbach's Alpha 值	判断	评价结果
家庭农场业务培训	X36	0.899	0.731	0.881	√	合理
	X37		0.738	0.880	√	合理
	X38		0.757	0.877	√	合理
	X39		0.678	0.889	√	合理
	X40		0.674	0.890	√	合理
	X41		0.786	0.872	√	合理
	X42		0.728	0.895	√	合理
	X43		0.541	0.896	×	不合理

表 5-10 中可以看出,所有要素指标的 Cronbach's Alpha 值均大于 0.7,这说明样本数据的各变量的计量比较可靠,信度较高,能够满足本研究的需要。而题项 X8、X14、X43 的"项目已删除的 Cronbach's Alpha 值"均大于"Cronbach's Alpha 值",所以考虑将这三项删除,那么删除之后的家庭农场主经营能力提升机制量表剩余 39 个题项。

三、问卷设计与样本数据

(一)初始问卷设计

问卷设计与数据收集是实证分析顺利进行的基础,其中变量和指标的选取和设计是调查问卷中最重要的一部分。"变量与指标设计是调查问卷对模型变量进行改进和完善的基础,其设计的合理性直接影响到问卷调查的信度和效度。"因此,为了确保调查问卷的信度和效度,笔者查阅了大量的相关文献,在此基础上对问卷问题进行设计与拓展。本书问卷设计的流程如图 5-3 所示。

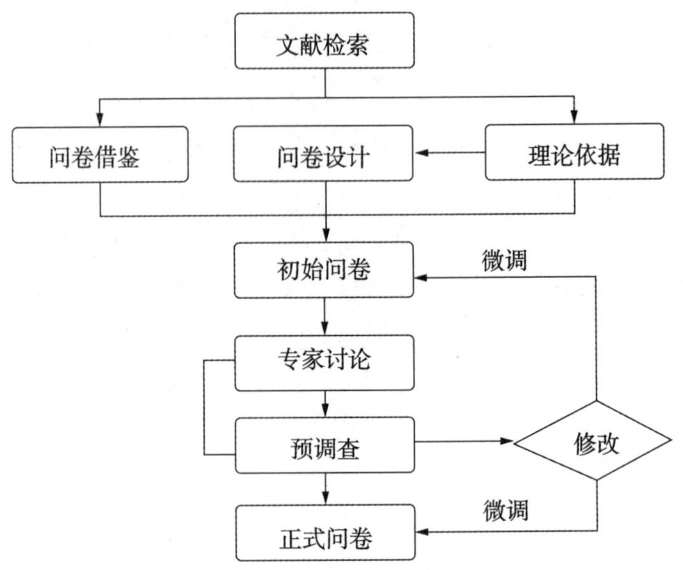

图 5-3　家庭农场主经营能力提升机制问卷设计流程

本研究采用7点李克特量表对变量的测度进行统计，将受访者对测量题项的认可程度用1～7这7个数字代表。运用7点李克特量表进行测度能够使检验数据更加具有区别力，同时也与本研究的问卷调查范围和规模相对应。本文7点李克特量表的具体含义如表5-11所示。

表 5-11　7 点李克特量表

1	2	3	4	5	6	7
极不赞同	不赞同	不太赞同	中立态度	有点赞同	赞同	非常赞同

"李克特量表的测度方法重视问题的内在一致性程度"，这是量表题项之间关系强度的函数，也是题项和潜在变量之间的关系指针，函数值的大小与题项数量有密切关系，题项数量越多，越有可能涵盖所要测量的潜在变量，但同时也会造成问卷过长，受试者不愿意作答等问题。基于对上述问题的考虑，笔者最大限度地对每个变量进行有效的测度，并缩短了调查问卷的长度，将问卷调查的题项控制在40题以内。

（二）问卷的完善与修正

在原始问卷设计完成后，为了有效避免个人理解的偏颇及问卷所可能出现的遗漏，针对问卷内容请教了有关专家，对问卷中所涉及的每一个问题进行了深入的讨论，力求问卷中所涉及的问题既言简意赅，又能使受访者理解调查者的意图和问题的含义。同时该问卷还采纳了河南省农业农村厅管理人员的建议，在综合专家及部分家庭农场主建议的基础上，删除了一些表述不清楚和重复的问题，并修改了部分问题的表述方式，简化问卷的措辞及相关学术用语。

（三）样本数据

根据家庭农场主经营能力提升机制的研究需要，在问卷调查对象上，选取一批家庭农场主作为调查样本。因此，从 2021 年 5 月至 2021 年 9 月，通过下述方式开展问卷调查，在河南省农业农村厅及部分地市农业农村局的支持下，选取部分地市的家庭农场主向其寄送调查问卷。在河南省农业农村厅及部分地市农业工作人员的帮助下，共发出调查问卷 500 份，历时一个半月，总回收问卷 451 份，回收率为 90.2%。

调查问卷回收之后，剔除无效问卷主要有两个标准：一是回收的问卷中，有十题及以上未进行作答的问卷进行剔除，根据这一标准，共剔除 9 份问卷；二是将问卷中未进行认真作答的问卷（未认真作答的问卷主要是指作答具有明显的规律性或集中性）进行剔除，按照这一标准，剔除 3 份问卷。经过剔除之后，实际有效问卷为 440 份，问卷回收的有效率达到 88.0%。具体问卷回收情况如表 5-12 所示。

表 5-12 问卷发放与回收结果统计表

名称	数量（份）	百分比
总发放问卷数	500	100%
回收问卷数	451	90.2%
无效问卷数	11	2.2%
实际有效问卷数	440	88.0%

第四节　数据的统计分析与实证结果分析

一、数据的描述性统计分析

“对数据进行描述性统计分析是数据分析的基础，有助于通过数据的内部规律而实现对统计方法的选择。”本研究中，主要采用 SPSS22.0 计算每个测量指标的平均值和标准差对数据进行分析，如表 5-13 所示，测量指标的平均值在 3.71 到 4.92，标准差在 1.011 到 1.482，这说明调查样本的离散状态较好，能够进行下一步的研究分析。

表 5-13　变量的平均值与标准差

	变量	平均值	标准差
家庭农场主行为态度	X13	4.51	1.230
	X14	4.59	1.152
	X15	4.20	1.300
	X16	4.62	1.131
	X17	4.55	1.216
家庭农场主主观规范	X27	4.33	1.194
	X26	4.28	1.176
家庭农场主知觉行为控制	X38	4.89	1.114
	X39	4.36	1.378
家庭农场主自身特征	X1	4.43	1.399
	X2	4.81	1.567
	X3	4.28	1.380
	X4	4.44	1.349
	X5	4.63	1.462
	X6	4.04	1.380
	X7	4.13	1.391

续表 5-13

	变量	平均值	标准差
家庭农场主职业价值观	X8	4.42	1.244
	X9	4.52	1.270
	X10	3.92	1.528
	X11	4.13	1.408
	X12	3.79	1.138
家庭农场政策措施	X18	4.54	1.146
	X19	4.42	1.124
	X20	4.32	1.163
家庭农场市场环境	X21	4.16	1.199
	X22	4.08	1.243
	X23	4.44	1.117
	X24	4.80	1.076
	X25	4.01	1.267
家庭农场主社会资本	X28	3.81	1.130
	X29	3.93	1.143
	X30	4.62	1.215
	X31	4.17	1.442
家庭农场主的业务培训	X32	4.04	1.300
	X33	4.95	1.376
	X34	4.70	1.482
	X35	4.99	1.382
	X36	4.77	1.484
	X37	4.38	1.316

二、样本分析与实证结果

家庭农场主经营能力提升机制影响因素分析中包含家庭农场主行为态度、家庭农场主主观规范、家庭农场主知觉行为控制三个变量，其结构方程的 R2 值为 0.386，表明家庭农场主的内在行为态度、主观规范、知觉行为控制等三个变量可充分解释其家庭农场主经营能力提升机制的影响因素分

析,从回归系数可知,对家庭农场主经营能力提升机制影响最大的变量为家庭农场主内在行为态度,其次为知觉行为控制。根据显著值检定结果(见表5-14),内在行为态度与知觉行为控制对家庭农场主经营能力提升机制具有显著的影响。

表 5-14 研究假设检定结果-行为意向

研究假设	显著性 P	标准化路径系数
H1 家庭农场主内在行为态度对其经营能力提升有正向作用	0.000 * *	0.404
H2 家庭农场主面临的主观规范对其经营能力提升有正向作用	0.826	0.010
H3 家庭农场主知觉行为控制对其经营能力提升有正向作用	0.000 * *	0.311

H1 至 H3 假设检定结果分别为:

H1:家庭农场主内在行为态度对家庭农场主经营能力提升有正向显著作用。

家庭农场主内在行为态度对家庭农场主经营能力提升机制的回归系数为0.404,P 值小于0.01 达到极为显著的水平,故 H1 假设成立。家庭农场主内在行为态度对其经营能力提升有正向作用。

H2:家庭农场主面临主观规范对家庭农场主经营能力提升有正向作用。

家庭农场主面临的主观规范对家庭农场主经营能力提升的 P 值为0.826,表明家庭农场主面临主观规范对家庭农场主经营能力提升有正向作用。

H3:家庭农场主知觉行为控制对家庭农场主经营能力提升有正向作用。

家庭农场主知觉行为控制对家庭农场主经营能力提升的回归系数为0.311,P 值小于0.01 达到极为显著的水平,故 H3 假设成立。家庭农场主知觉行为控制对家庭农场主经营能力提升有正向作用。

(一)家庭农场主内在行为态度

家庭农场主自身特征与家庭农场主职业价值观的回归方程式 R2 值为

0.555,表明家庭农场主的自身特征和职业价值观两个变量可充分解释其对家庭农场主经营能力提升机制的影响,而家庭农场主自身特征以及家庭农场主职业价值观变量对家庭农场主内在行为态度的P值皆小于0.01达到显著水平,其中家庭农场主职业价值观回归系数大于家庭农场主自身特征(见表5-15),可以得知家庭农场主职业价值观对家庭农场主经营能力提升机制的影响较家庭农场主自身特征更为显著。

表5-15 研究假设检定结果·家庭农场主内在行为态度

研究假设	显著性P	标准化路径系数
H4家庭农场主自身特征对其经营能力提升有正向作用	0.000**	0.254
H5家庭农场主职业价值观对其经营能力提升有正向作用	0.000**	0.537

H4与H5的假设检验结果如下:

H4:家庭农场主自身特征对其经营能力提升有正向作用。

家庭农场主自身特征对家庭农场主经营能力提升机制的回归系数为0.254,P值小于0.01,达到显著水平,故H4假设成立,家庭农场主自身特征对其内在行为态度有正向作用。在家庭农场主自身特征的测量题项中,以X2(家庭农场主受教育状况)、X5(家庭农场主是否是党员或村干部)、X6(从事农业工作年限)、X3(家庭农场主非农工作经历)最具有代表性,如表5-16所示,即家庭农场主受教育状况、具有党员或者村干部身份、具有较长农业工作年限以及家庭农场主具有相对丰富的非农工作经历,则家庭农场主的经营能力提升行为意向越强烈。

表 5-16 家庭农场主自身特征各观察变量因素负荷量

观察变项	因素负荷量	显著性 P	R2
X2 家庭农场主受教育状况	0.816	0.000＊＊	0.665
X5 家庭农场主是否是党员或村干部	0.804	0.000＊＊	0.646
X6 从事农业工作年限	0.795	0.000＊＊	0.632
X3 家庭农场主非农工作经历	0.792	0.000＊＊	0.627
X4 家庭农场主经营农场年限	0.768	0.000＊＊	0.589
X7 家庭农场主总承包面积	0.762	0.000＊＊	0.580
X1 家庭农场主的年龄	0.713	0.000＊＊	0.508

H5:家庭农场主职业价值观对其经营能力提升有正向作用。

家庭农场主职业价值观对其内在行为态度的回归系数为 0.537,检验结果达到显著水平,因此 H5 假设成立。由表 5-17 可知,“职业价值观”代表性较高的观察变项为:X10(家庭农场经营收入能够过上小康生活)、X13(家庭农场主身份能够得到村民和亲戚朋友的尊重)、X12(家庭农场的经营符合自身兴趣爱好),表示家庭农场主职业价值观中较为看重其职业经济收入以及职业社会声望及个人需求,这三个题项在家庭农场主职业价值观中具有十分重要的影响作用,这三个方面越明显,则家庭农场主内在行为态度越显著,行为意向越强。

表 5-17 家庭农场主职业价值观各观察变量因素负荷量

观察变项	因素负荷量	显著性 P	R2
X10 家庭农场经营收入能够过上小康生活	0.816	0.000＊＊	0.665
X13 家庭农场主身份能够受到村民和亲戚朋友的尊重	0.804	0.000＊＊	0.646
X12 家庭农场的经营符合自身兴趣爱好	0.795	0.000＊＊	0.632
X9 认为家庭农场主是一个体面职业	0.792	0.000＊＊	0.627
X11 家人对家庭农场主身份较为满意	0.768	0.000＊＊	0.589

(二)家庭农场主主观规范

家庭农场主主观规范、家庭农场政策措施与家庭农场市场环境的回归方程式 R2 为 0.435,从方程式可知,家庭农场政策措施与家庭农场市场环境两种变量可充分解释家庭农场主的主观规范,家庭农场政策措施与家庭农场市场环境的 P 值达到显著水平。从表 5-18 可知,家庭农场市场环境的回归系数为 0.383,高于家庭农场政策措施的 0.337,意味着在家庭农场主主观规范变量中,家庭农场市场环境的作用程度大于家庭农场政策措施的作用程度。

表 5-18　研究假设检定结果·家庭农场主主观规范

研究假设	P 值	路径系数
H6 家庭农场政策措施对家庭农场主经营能力提升有正向作用	0.000 * *	0.337
H7 家庭农场市场环境对家庭农场主经营能力提升有正向作用	0.000 * *0.383	

H6 与 H7 假设检定结果如下:

H6:家庭农场政策措施对家庭农场主经营能力提升有正向作用。

家庭农场政策措施对家庭农场主主观规范的回归系数为 0.337,P 值检验结果达到显著水平,因此 H6 假设成立。从表 5-19 可知,家庭农场政策措施各观察题项的因素负荷量皆高于 0.87,可知家庭农场主认为家庭农场政策体系中土地流转政策、农业信贷担保政策以及生产资料价格政策设计尤为重要,相关政策供给越完善,则家庭农场主的主观规范越强。

表 5-19　家庭农场政策措施各观察变量因素负荷量

观察变项	因素负荷量	P 值	R2
X14 土地流转扶持与优惠政策	0.902	0.000 * *	0.814
X15 农业信贷和担保政策设计	0.896	0.000 * *	0.803
X13 控制生产资料价格上涨政策设计	0.872	0.000 * *	0.759

H7：家庭农场市场环境对家庭农场主经营能力提升有正向作用。

家庭农场市场环境对家庭农场主主观规范的回归系数为0.383，P值检验结果达到显著水平，从表5-20可知，家庭农场市场环境的众多题项中，以X22（所产农产品稳定销售渠道建立）的因素负荷量最高，即家庭农场建立越完善的稳定的农产品销售渠道，则家庭农场主的主观规范越强。

表5-20　家庭农场市场环境各观察题项因素负荷量

观察变项	因素负荷量	P值	R2
X22 所产农产品稳定销售渠道建立	0.900	0.000 * *	0.814
X18 家庭农场劳动力成本	0.898	0.000 * *	0.803
X17 所产农产品市场价格情况	0.896	0.000 * *	0.759
X20 农业生产社会化服务体系	0.807	0.000 * *	0.650
X19 家庭农场农资投入成本	0.805	0.000 * *	0.647

（三）家庭农场主知觉行为控制

家庭农场主知觉行为控制、家庭农场主社会资本与家庭农场主业务培训的回归方程式R2值为0.331，显示家庭农场主社会资本与家庭农场主业务培训两个变量可充分解释家庭农场主知觉行为控制，方程式中的P值经过检验达到了显著水平，从表5-21可知，家庭农场主社会资本的回归系数为0.368，家庭农场主业务培训则为0.267，显示家庭农场主社会资本与家庭农场主业务培训对家庭农场主的知觉行为控制具有正向显著作用，并且以家庭农场主社会资本的影响较大。

表5-21　研究假设检定结果·家庭农场主知觉行为控制

研究假设	P值	路径系数
H8 家庭农场主社会资本对其经营能力提升有正向作用	0.000 * *	0.368
H9 家庭农场业务培训对家庭农场主经营能力提升有正向作用	0.000 * *	0.267

H8、H9 假设检验结果如下：

H8：家庭农场主社会资本对其经营能力提升有正向作用。

家庭农场主社会资本对家庭农场主知觉行为控制的回归系数为 0.368，P 值检验结果达到显著水平，故 H8 假设成立。从表 5-22 可知，家庭农场主社会资本最高的两个观察题项分别为具有省外非农工作经历与在本村或社区有血缘关系的亲戚，显示具有省外非农工作经历是家庭农场主社会资本测量项中最具有代表性的因素，可推导出家庭农场主具有省外非农工作经历对家庭农场主经营能力提升具有较强的知觉行为控制作用。

表 5-22 家庭农场主社会资本各观察题项因素负荷量

观察变项	因素负荷量	P 值	R2
X25 具有省外非农工作经历	0.857	0.000 * *	0.734
X23 在本村或社区有血缘关系的亲戚	0.822	0.000 * *	0.675
X24 具有参与社区治理的意愿	0.815	0.000 * *	0.663
X26 对本社区常住居民的信任	0.769	0.000 * *	0.590

H9：家庭农场主业务培训对家庭农场主经营能力提升有正向作用。

家庭农场主业务培训对家庭农场主知觉行为控制的回归系数为 0.267，P 值小于 0.01，显示家庭农场主业务培训对家庭农场主知觉行为控制具有正向显著的影响，因此 H9 假设成立，根据表 5-23 各观察题项的因素负荷量高低可知，对家庭农场主业务培训影响最深的四个因素依次是培训内容针对性强、容易理解；培训费用合理，符合培训预算；培训时间和地点安排得当以及培训方法合理，符合需求。

表 5-23 家庭农场业务培训各观察题项因素负荷量

观察变项	因素负荷量	P 值	R2
X28 培训内容针对性强，容易理解	0.793	0.000 * *	0.628
X26 培训费用合理，符合培训预算	0.785	0.000 * *	0.616
X27 培训时间和地点安排得当	0.755	0.000 * *	0.569
X30 培训方法合理，符合需求	0.719	0.000 * *	0.516

二、实证结果分析

(一)研究结果总结

通过借助样本调查的实证研究,并结合 SPSS22.0、结构方程模型等分析工具,对本书中提出的研究假设进行检验,其检验结果如表 5-24 所示。

表 5-24 家庭农场主经营能力提升机制假设检验结果总结

假设代号	假设内容	检验结果
H1	家庭农场主内在行为态度对家庭农场主经营能力提升有正向作用	成立
H2	家庭农场主面临主观规范对家庭农场主经营能力提升有正向作用	成立
H3	家庭农场主知觉行为控制对家庭农场主经营能力提升有正向作用	成立
H4	家庭农场主自身特征对其经营能力提升有正向作用	成立
H5	家庭农场主职业价值观对其经营能力提升有正向作用	成立
H6	家庭农场政策措施对家庭农场主经营能力提升有正向作用	成立
H7	家庭农场市场环境对家庭农场主经营能力提升有正向作用	成立
H8	家庭农场主社会资本对其经营能力提升有正向作用	成立
H9	家庭农场业务培训对家庭农场主经营能力提升有正向作用	成立

(二)研究结果分析

经过实证检验,本研究以家庭农场主内在行为态度、家庭农场主主观规范和家庭农场主知觉行为控制三个维度所建构的家庭农场主经营能力提升机制模型,对家庭农场主经营能力提升机制中诸多影响因素的作用程度具有较好的说明性。根据实证结果表明,在影响家庭农场主经营能力提升机制的三个维度中,以家庭农场主内在行为态度和家庭农场主知觉行为控制的影响系数最高,分别为 0.404 和 0.311,结果都达到了显著水平,家庭农场主的主观规范维度影响系数较为微弱。

首先,从实证结果来看,家庭农场主内在行为态度对家庭农场主经营能

力提升机制具有十分显著的作用。即家庭农场主个体特征越突出，职业价值观越正向，越具有正面的态度，其家庭农场经营能力提升的行为意向越高。在家庭农场主内在行为态度维度中，家庭农场主自身特征要素的影响系数为0.254，家庭农场主职业价值观要素的影响系数为0.537，皆达到极为显著的水平，可知家庭农场主职业价值观要素对于家庭农场主内在行为态度维度的影响力高于家庭农场主自身特征要素，表明家庭农场主职业价值观对其经营能力提升行为所发挥的影响作用大于家庭农场主自身特征要素。在家庭农场主自身特征要素的测量题项中，以X2（家庭农场主受教育状况）、X5（家庭农场主是否是党员或村干部）、X6（从事农业工作年限）、X3（家庭农场主非农工作经历）最具有代表性，即家庭农场主越是具有较高知识水平、党员干部身份以及从事农业工作经验和具有非农工作经历，越是能够影响家庭农场主产生经营能力提升的行为态度。家庭农场主的职业价值观对家庭农场主经营能力提升行为态度的形成发挥着显著的作用。在家庭农场主职业价值观的测量题项中，X10（家庭农场经营收入能够过上小康的生活）、X13（家庭农场主身份能够得到村民和亲戚朋友的尊重）、X12（家庭农场的经营符合自身兴趣爱好）因素负荷量最高，这说明稳定的经济收入、较高的认可和地位能够使家庭农场主更加容易形成提升自我经营能力的行为态度。

其次，与家庭农场主内在行为态度相比，家庭农场主面临的主观规范对其经营能力提升的影响作用较微弱，即家庭农场主面临的主观规范对家庭农场主经营能力提升机制的影响十分有限。在家庭农场主主观规范维度中，家庭农场市场环境的影响系数为0.383，家庭农场政策体系的影响系数为0.337，这说明在家庭农场主的主观规范中，家庭农场市场环境发挥的作用大于政府家庭农场政策体系。从家庭农场市场环境的测量题项来看，以X22（所产农产品稳定销售渠道建立）的因素负荷量最高，这说明家庭农场主在开展家庭农场的经营管理时，最容易受家庭农场农产品是否有稳定的销售渠道以及市场认可度的影响，也就是说，在家庭农场主具有稳定的农产品销售渠道时才会不断激励家庭农场主提升其经营管理能力，进而能够适应瞬息万变的市场环境变化。在政府制度政策测量题项中，以X14（土地流转扶持与优惠政策）最具有代表性，这表明在政府制定家庭农场相关制度政策中,家庭农场主最关心的是土地流转扶持与优惠的相关政策,甚至高于资金信贷和生产资料控制等选项。

最后,通过实证结果得出家庭农场主知觉行为控制对家庭农场主经营能力提升机制具有较为显著的作用。即家庭农场主知觉行为控制越强,其个人提升经营能力的意愿越明显。在家庭农场主知觉行为控制维度中,家庭农场主社会资本要素的影响系数为0.368,家庭农场主业务培训要素的影响系数为0.267,皆起到极为显著的作用。其从家庭农场主社会资本的测量题项来看,以X25(具有省外非农工作经历)、X23(在本村或社区有血缘关系的亲戚)因素负荷量最高,说明具有省外非农工作经历是家庭农场主社会资本测量项中最具有代表性的因素,可推导出家庭农场主具有省外非农工作经历对家庭农场主经营能力提升具有较强的知觉行为控制作用。此外,在家庭农场所在社区有血缘关系的亲属更能够提升家庭农场主知觉行为控制能力,这都对家庭农场主经营能力机制产生重要的影响。在家庭农场主业务培训的测量题项中,以X28(培训内容针对性强,容易理解)、X26(培训费用合理,符合培训预算)因素负荷量最高,这说明具有较强针对性和收费合理的家庭农场业务培训项目极易受到家庭农场主的青睐,表明培训内容和费用是影响家庭农场主经营能力提升机制的重要因素。

第六章

国内外家庭农场主经营能力提升的经验与启示

家庭农场的发展模式可以分成发达国家模式和国内典型模式，发达国家模式以国家为单位，而国内的家庭农场模式多数都是以地区命名。结合本书研究目的，以及各种模式的典型性，在国内范围从华东、华中和华西地区各选取一个家庭农场，在国际范围上选取五个不同的国家，以三种国内家庭农场模式和五个发达国家家庭农场模式中农场主能力提升为考察对象，从中总结出一些规律，学习先进的发展经验，结合河南省家庭农场的特点，获取家庭农场主经营能力提升的启示。

第一节　国内家庭农场主经营能力提升的经验与启示

近年来，上海松江、安徽郎溪、四川成都等多个地区积极探索和发展家庭农场，在此过程中也取得了较为不错的进展和成效，用实践证明了家庭农场具备很大的优势和潜力，是行之有效的现代化农业经营方式和经营主体之一。家庭农场要想在市场经济中占有一席之地，从多种多样的农业经营方式中脱颖而出、快速发展，必须提升自身的竞争力，在实现提升家庭农场的竞争力众多途径中，家庭农场主自身经营管理能力的提升是最为重要的，

社会化服务等方面只能对家庭农场竞争力的提升起到辅助作用。

由于这三个地区的家庭农场自然环境及外界条件有所差异,发展模式也有不同的侧重点,所示其家庭农场的农场主经营能力提升机制也是各有特点。通过分析这些地区家庭农场的做法和经验,避免其发展过程中的不足,能够加快河南省家庭农场主经营能力提升。

一、上海松江家庭农场主经营能力提升的经验

经过多年的摸索与实践,上海松江区终于找到了适合当地家庭农场的发展模式,结合当地小农户、大城市的特点,实现农业现代化。在政府的带领与指导下,松江区保持适度的经营规模,配合较为完善的准入考核退出机制和服务体系,上海松江模式的家庭农场也因此成为推进农业发展,提高农场主收入的典型经营模式。

第一,准入考核退出机制健全,利于筛选基本能力和发展潜力更强的农场主,农场主之间形成良性竞争,使得农场主不得不进步,提升了农场主整体队伍的经营管理能力。上海市松江区在2013年发布的《关于进一步规范家庭农场的意见》文件中明确指出要规范家庭农场的经营,对农场主的准入资格、程序、考核进行规定,实行准入与退出机制。其中,准入规定家庭农场主必须是本地农户家庭,年龄男性在25~60周岁,女性在25~55周岁,如果想要申请成为农场主,需要开展包括身体的健康素质、具备的农业知识水平、农业机具的熟练程度等多方面的考核,参照考核成绩选出更有发展潜力的农场主。通过准入考核的农场主也不是一劳永逸的,而是要遵循农场主试用期制度,这项制度实施的目的是督促家庭农场主能够潜心经营,做出更好的成绩。通过考核上岗的家庭农场主有为期一年的试用期,只有在试用期内通过年度考核的农场主才有资格转成正式的家庭农场主,而对于考核不合格或者有违约行为的家庭农场主,会取消其经营资格。家庭农场主的生产经营情况决定了他能够签订家庭农场承包协议的时间长度,有些家庭农场主的经营管理水平比较高、生产能力强,又能够主动学习以取得农民培训资格证书、农机驾驶证等证书,探索有发展前景的经营方式,或者多方面的考核结果都很优秀,对于这类家庭农场主,承包协议续约时可以优先考虑。农场主的退出也主要有两层标准:一方面对农场主进行年龄限制,到达

年龄上限后自动退休，这些农场主经营的家庭农场也由年轻且有经营资格的家庭农场主接手；另一方面是建立相应的考核制度，把减少家庭农场户数、扩大经营规模和延长承包时间作为发展方向，对于考核情况良好的家庭农场主实施多方面奖励与支持，而对于考核不合格者实行淘汰机制。这些准入、考核与退出机制在很大程度上保证了家庭农场主的整体素质，也保证了家庭农场的经营质量，使政府的财政投入能够物尽其用，发挥最大价值，减少了资金浪费，同时，也能促进家庭农场主队伍的整体能力提升，加速有限的土地流向种田能手，提高了土地资源利用率，也符合鼓励土地流入专业户手中的国家政策要求。

第二，上海松江地区对家庭农场的经营规模制定标准，对经营面积的规定提升了农场主的专业化和集约化农业生产能力。值得注意的是，松江的家庭农场经营与其他地区的家庭农场相比有一个要求显著不同，即规定申请经营的家庭农场主一定得是上海本地的农村户口，而且只有家庭农场主的家人能够参与家庭农场的生产经营活动，不能够将家庭农场转手承包给其他人进行经营。对于家庭农场雇佣员工的要求也十分严格，仅仅允许在临时用工方面进行短期招工，其他时候都不能招收家庭成员以外的劳动力，这些做法都保证了家庭农场生产的积极性和经营的稳定性。因为长期来看家庭农场的劳动力只有家庭成员，所以必须控制家庭农场的规模，要保障家庭成员足够应对生产活动。家庭农场与传统的农业生产有所不同，家庭农场要达到一定的经营面积，才能够合理利用生产机械，便于实现集中化种植生产。上海松江区政府对家庭农场经营规模进行了限定，根据粮价水平、国家补贴政策、规模效益、资金支持、当地的农业生产条件等一系列条件测算家庭农场规模，按户均2～3个劳动力进行测算，并没有盲目地追求扩大经营规模，而是将家庭农场规模确定为下限100亩，上限150亩，在这个区间范围内从事生产活动既符合上海松江区家庭农场家庭成员的生产能力，利于家庭成员之间的分工与合作，也符合国家追求规模效应的政策要求，家庭农场主能够实现规模效应。家庭农场的规模效应提高了农场主的利润，帮助家庭农场主能够获得比选择其他工作更高的收入，看到经营效果后，会有更多当地的农户愿意加入家庭农场经营序列中来，许多青壮年农民尤其是接受过高等教育的年轻人的加入，为家庭农场主队伍注入新鲜血液，推进了粮食生产的专业化进程。将种植规模限制在这个范围内，是与家庭农场生产能力和机械化水平协调发展的选择，能够利用现有的生产条件，实现合理配置劳动力与经营面积，进而促进劳动生产。另外，松江区规定申请经营家庭农场的农场主，必须把农场经营作为自己唯一的职业，不能够从事其他工作，而且经营的家庭农场只能经营一种主要的农业生产项目，推行社会化服务鼓励有一定专业技能的子女继承父业，上海松江区家庭农场劳动者通过“干中学”，人力资本水平得到不断提升，有利于家庭农场取得良好的农业绩效，农场主也有更强的职业认同感。因此除了能够提高家庭农场主的经营管理能力，另一方面也促使家庭农场主更加倾向于将精力用于所经营类别的农业生产业务的学习，在实践中摸索出更合适的种植方法，提高专业化生产能力。这种规模化、专业化的生产方式能够提高农业产出水平，节约生产成本，提高家庭农场主的经营收入，也提高了家庭农场主的专业化和集约化生产能力。

第三，上海松江区提供经济扶持，提升了农场主的融资及资金管理能力、风险承受能力。为了支持家庭农场主，上海松江区在2007年出台了区级扶持政策，每流转一亩地，给予家庭农场二百元的费用补贴，这一政策是为了防止家庭农场主因为土地流转费用太高而不愿意经营家庭农场。随着家庭农场效益的改善，松江区的政策有了变化，这一补贴变成了生产经营考核奖励型补贴，考核标准从粮食产量的竞赛、农业机械操作和使用、注重环保的秸秆还田等方面制定，以考核结果为依据，考核结果好的最高能够取得每亩地二百元的补贴，而考核不合格者不给予补贴，以此激励家庭农场主提高经营能力。松江的家庭农场可以依照国家规定在购买种子、购买农药和其他农业支出方面享受政府的补贴政策，上海松江区政府为了鼓励农场主规模经营，为推广农民机械作业服务，对农机服务提出最高限价，防止家庭农场的机械使用成本过高，还帮助家庭农场主购入农业机械设备，提高生产效率，并且对用于家庭农场的贷款给予利率优惠，提高了农场主的融资能力，降低融资难度。为了鼓励家庭农场主参与农业保险，在保险费用上也提供了补贴，还提高了保险赔偿的额度，通过农业保险降低家庭农场主因为自然天气或其他灾害带来的损失，提高农场主的风险承受能力。

第四，为家庭农场主经营提供配套服务，提高农场主学习能力和信息处

理能力。一方面，上海松江区对家庭农场主分级进行管理和技术等方面的培训，强化家庭农场主生产管理知识和解决实际问题的技能，加强农场主对农业生产知识、政策法规、保险知识和市场知识的了解，提升家庭农场主学习能力。为了提高家庭农场主的农业生产技能，上海松江区的农业技术推广部门引入了种植产量更高的农作物品种，推广使用效率更高的生产技术，并且派出专业技术人员到实际生产场地进行专业指导，具体问题具体分析，在生产全过程中提供多方面服务。例如，种植水稻的家庭农场主及员工，上海松江区的农业技术部门每年都会开展关于农业制度、品种选择、土壤肥料、环境保护等方面的技术操作培训。参加政府开展的培训也为家庭农场主相互沟通交流提供机会，利于相互学习进步，培育出更专业的农场主，家庭农场主实现联合发展、融合发展。另一方面，上海松江区为家庭农场主提供综合服务，使家庭农场主更加了解行业动态，提高情报收集和信息分析能力。为家庭农场提供关于天气、植物保护、市场供需情况及价格浮动等多种信息服务，提高家庭农场主的情报收集能力和信息分析能力，帮助家庭农场主更加关注行业动态，对市场变化做好心理预期，增强风险意识，可以及时识别到风险并采取防范措施，具有一定的市场风险抵御能力。

上海松江区的家庭农场勇于尝试，通过创新探索已经发展形成一套科学的运行模式以及家庭农场主能力提升机制。尽管河南省与上海松江区在劳动力、财政实力、土地资源等方面都存在差异，但是松江区因地制宜、科学发展的发展模式值得河南省学习借鉴。

首先，完善制度建设，引导农场主提高专业化生产能力。学习上海松江形成较为完善的家庭农场主准入退出考核机制，督促家庭农场主提高自身学习能力和经营能力；对家庭农场的经营面积进行限制，提升农场主专业化和集约化农业生产能力；松江区还规定申请经营家庭农场的农场主，必须把农场经营作为自己唯一的职业，提高农场主的职业认同感。河南省可以通过形成合理的家庭农场和家庭农场管理机制，加强对家庭农场主的引导与管理，在家庭农场主申请经营条件、经营管理考核和退出经营方面提出具体要求，使得家庭农场主真正成为一种职业选择，或者限制经营规模帮助家庭农场主提高集约化和专业化能力，使得家庭农场主有指导性地提升经营能力。对于申请经营家庭农场的农场主，设置一定的准入门槛，涉及户籍、年龄、受教育程度、农机技能以及身体素质等多个方面，在达到这些门槛的基础上，再通过民主选举，选出适合经营家庭农场的农场主。达到准入条件的家庭农场主也不是一劳永逸的，倘若经营不善，或者不直接参与经营活动、不服从管理或者将土地再次转包，依照制度规定取消经营资质，以此提高农场主的整体素质，并刺激家庭农场主提高经营能力。同时学习上海松江区对家庭农场规模进行限制的做法，结合河南省实际省情，加强对家庭农场主的引导，帮助家庭农场主少走弯路，提高农场主的集约化、专业化生产能力。

其次，设立专项扶持资金，提高家庭农场主资金管理能力。上海松江区财政扶持涉及多个方面，对农机服务提出最高限价，并且为家庭农场主提供生产经营考核奖励型补贴和贷款贴息补贴。松江区实施的财政扶持政策为其他地区提高家庭农场主能力提供了一个很好的例证，河南省可以学习松江区的发展经验，加大对于家庭农场主的财政扶持力度，可以设立家庭农场专项扶持资金，为经办规范的示范性农场提供多方面的保障服务。逐步建立和完善家庭农场财政专项扶持资金的申领条件，加强监督，加强考核，确保专项资金用在刀刃上，真正起到示范引领作用。为家庭农场设立专门的扶持资金，降低因流程繁琐而造成的资金浪费，做到专款专用。比如为家庭农场主提供奖励型补贴，提高家庭农场主的经营积极性，激励家庭农场主主动提高学习能力和创新能力，提高家庭农场主的职业认同感，也为家庭农场主减轻资金负担，提高资金管理能力。同时为因家庭农场建设而申请贷款的家庭农场主降低利率，提高获取正规金融信贷支持的可能性，降低融资成本，提高家庭农场主融资能力和盈利能力，让家庭农场主有能力、有资金、有信心从事家庭农场的生产经营活动。

最后，重视培训与指导，提高农场主专业知识水平。在理论知识方面，上海松江区对家庭农场主开展培训，普及农业生产知识、政策法规与市场知识。在实际应用方面，农业技术推广部门引入了种植产量更高的农作物品种，推广使用效率更高的生产技术，并且派出专业技术人员到实际生产场地进行专业指导。在实际经营过程中，为家庭农场提供关于天气、植物保护、市场供需情况及价格浮动等多种信息服务。生产专业化、生产规模化和农产品商业化都要以先进的技术和管理方法为依托，而科学的技术与管理方法需要专业的人才能掌握，也就是家庭农场主专业化能力需要得到提高，因

此河南省应该重视开展家庭农场主的培训，加强提升家庭农场主的农业知识、专业技术和管理水平。除了理论层面也要重视实践，帮助家庭农场主应用最新农业技术，提高生产效率和资源利用率，实现农业生产的生态循环，提高经营能力的同时，家庭农场主的种粮积极性和职业认同感也能得到提升。

二、安徽郎溪家庭农场主经营能力提升经验

安徽省郎溪县的家庭农场经历了开展专业培训、提供专项融资扶持、形成社会化组织等多方面进行全方位实践，探索适合当地家庭农场发展的道路，在郎溪县政府和家庭农场协会的共同支持下，郎溪县的家庭农场逐渐发展成富有特色的全国五种家庭农场经营模式之一。

（一）郎溪县家庭农场经营模式的特点

1. 家庭农场主组建了家庭农场协会，提高了当地家庭农场主的组织化水平

2009 年，响应政府号召，郎溪县选拔了经营规模大、成效好、具有示范作用的家庭农场主，这些农场主共同组建了“郎溪县家庭农场协会”，为了家庭农场协会的后续工作能够开展得更加顺利，还从县农委抽调了专业人士协助。协会提供给家庭农场主生产、科技和经营管理等方面的相关知识培训以及信息咨询服务，提高家庭农场主的农业知识水平和信息收集能力，帮助家庭农场主解决融资难的问题。郎溪县家庭农场协会这一社会组织为郎溪县的家庭农场主做好保障工作，帮助其开展生产经营活动，协会将国家政策结合家庭农场实际经营情况分析，使得家庭农场主更加了解最新的市场与行业动态，提高识别风险、防控风险的能力。协会努力积极为全体农场主提供经营指导，协助家庭农场主扩大经营规模，尝试着培育更高产、效益更好的品种，提高了家庭农场主的创新能力。另外，协会成员还能起到带头示范的作用，以协会成员家庭农场主为中心向在其周边生产的家庭农场主辐射，并以此促进整个县家庭农场主的能力提升，使家庭农场主的经营管理具有更大的发展潜力。

2. 开展技术指导和培训工作，提高家庭农场主学习能力

安徽郎溪县农委统计显示，该县的家庭农场主多数为中年人且文化素

质整体较低，储备的农业相关知识较少，掌握的先进技术也不多，由于这些家庭农场主自身知识储备和技术存在短板，使得家庭农场的实际生产活动受到限制。在提供技术指导方面，郎溪县提出来家庭农场“一场一顾问”的制度，选出一些精通技术的人才与家庭农场开展一对一的指导，农业技术人员指导家庭农场主进行标准化生产和学习应用新技术，帮助家庭农场主掌握更多的农作物种植、生产、加工等技能，并在现有的农业生产基础上应用新技术，通过运用新的生产技术，家庭农场主提高了生产效率，这一制度还帮助家庭农场主提高了生产、加工、销售产品的创新能力，提高了经营收入。在加强培训方面，郎溪县开展了“家庭农场主能力提升工程”的培训活动，为家庭农场主提供知识、普及农业专业技能以及学历提升方面的培训，为家庭农场主提供提升经营管理能力的学习机会。同时也将对家庭农场主的培训与新型农民培训工程、“送教育下乡”相结合，为家庭农场主开展更加专业和全面的农业培训。这类培训为家庭农场主提供机会学习更多农业经营知识，如农产品种植、农业相关政策、农产品市场信息分析、风险防范措施等，提高家庭农场主的学习能力，丰富农业知识，使得家庭农场主更加了解行业与市场，更加了解相关政策，将所学的农业知识应用于实际生产经营。

3. 协调金融支持，提高家庭农场主的资金管理能力

在经济补贴方面，为了扶持家庭农场发展，郎溪县对达到一定规模和经营水平的家庭农场给予补助和奖励，帮助其完善农场设施建造，做好生产经营保障工作。对于获得示范农场称号，以及大中专毕业生、以往在外工作或做生意但打算回到家乡经营家庭农场的，符合郎溪县财政要求条件后可以享受财政扶持政策，激发现有家庭农场主的生产积极性，使其能够主动提高学习能力，也鼓励更多有能力的人加入家庭农场主的队伍中去。家庭农场主组建成立的农民专业合作社如果想要购买农用机械设备，不但能够享受农用机具专项资金补贴，申请贷款时也有利率补贴。农机补贴降低了家庭农场主购入机具的资金压力，同时机具的应用也使得家庭农场主节约了人工成本，帮助家庭农场主实现更高的生产效率，提高了专业化生产能力。经济补贴既能够激励家庭农场主提高学习能力和专业化生产能力，又帮助家庭农场主降低了生产成本，提高了家庭农场主的资金管理能力。

在贷款支持方面，郎溪县财政局为促进农业发展设立了专项担保基金，

当家庭农场和支持家庭农场的社会化服务组织申请贷款时，财政局会利用专业担保基金提供担保，如果涉及农业的金融机构允许家庭农场以动产抵押的方式取得贷款，县财政根据金融机构发放的贷款总额，给予机构一定的奖励，鼓励金融机构支持家庭农场发展，帮助家庭农场主获得贷款支持缓解资金压力，提高了家庭农场主的融资能力。以促进家庭农场发展和维护家庭农场主利益为目标，家庭农场协会每年都会联系家庭农场和银行，开展对接会作为沟通平台，帮助银行机构了解家庭农场特点并设计满足家庭农场需求的专项贷款产品，为家庭农场提供资金支持，帮助家庭农场主克服融资障碍。家庭农场协会作为金融机构和家庭农场联系的中间人，与当地的中国农业银行、农村信用合作社、郎溪新华村镇银行、中国邮政储蓄银行积极联系，鼓励这些金融机构设计并推广适合家庭农场的贷款产品，为郎溪县的众多家庭农场主解决融资难题，降低家庭农场主的融资成本，提高资金管理能力。比如家庭农场协会与郎溪县的邮政储蓄银行共同召开会议，经过商议发布了《关于开展“小企业个体工商户和农户”金融服务活动的通知》，此项通知帮助很多家庭农场成功取得了贷款。后来新华村镇银行也和郎溪县的家庭农场协会一起举办了对接会，家庭农场协会的主要成员与新华村镇银行负责人共同参会，家庭农场主在会议上清楚明确讲述实际情况，加深银行方对贷款客户的了解，在明白家庭农场主的资金需求现实情况后，新华村镇银行专门设计了家庭农场贷款产品，以满足农场主需求。还和郎溪县家庭农场协会达成了长期资金合作的协议，为家庭农场的积极发展做好服务工作。针对家庭农场专门推出的贷款产品更加符合家庭农场的自身发展，降低了贷款难度，家庭农场主申请更加便捷，能更有效地解决家庭农场主遇到的资金制约问题，提高家庭农场主的资金管理能力。

4. 推进社会化服务，降低家庭农场生产成本，提高农场主经营管理能力

首先，政府为家庭农场的注册登记工作做好服务，加快促进农场的良性发展。郎溪县出台了各种管理办法和实施意见以此确定家庭农场的经营目标及类型。对于合乎规定的农业经营主体登记为家庭农场，实行动态管理制度，通过这些服务方式确保家庭农场的规范化和持续化发展，保证了家庭农场主的合法权益，以及家庭农场主合理享受政策支持的权利。通过动态管理，使得家庭农场主加强对家庭农场的计划与控制，更加注重经营战略，

提高自身的战略决策能力。

其次,为了促进已经注册登记的家庭农场能够做大做强,郎溪县政府做好专业指导和保障服务工作,在农业社会化服务体系中运用发达的信息化技术,充分利用互联网线上和线下平台,帮助家庭农场主收集更多有用的信息,该信息覆盖产前、产中和产后全过程,有生产、加工、销售等多个方面。与此同时,家庭农场协会以安徽省农业信息主网为主要依托,推广使用"郎溪县家庭农场协会网",这个网站为家庭农场主提供了多样化信息服务,例如农产品供求信息、家庭农场会员风采、农场主创业等栏目,尤其是农业论坛为家庭农场主提供了了解、学习其他先进农场主管理经验的机会,提升了农场主自身经营管理水平。郎溪县政府为家庭农场主配置了打印机、传真机、电脑等现代化设备,提供农业信息化培训,使家庭农场主有更多的途径获取农场品市场信息,降低了信息收集成本、增加了农产品销售渠道和提升了家庭农场主的情报收集能力、信息化应用水平。此外,为了家庭农场主能够更快了解到市场行业动态,郎溪县每年都会开展家庭农场发展建设的会议,会上对家庭农场主管理和经营模式进行探讨,促进家庭农场主之间信息交流和经验借鉴。

最后,除了信息服务之外,郎溪县政府还发展了一批有一定生产规模和服务能力的社会化服务组织,采取订单、互助、股份合作等多种形式,为家庭农场主提供生产技术、田间管理、农机应用、季节性用土以及市场销售等多方面的协作与帮助,提高了家庭农场主的专业化、组织化生产能力。社会化服务体系提供的支持使得有些农业生产过程中的成本能够社会化,降低了家庭农场主的经营成本,也使得家庭农场主能够运用到最新的技术,减少信息不对称、提高生产效率。因为,在农产品生产之前,家庭农场主就能够及时掌握足够的市场需求信息,为家庭农场生产的农产品顺利进入市场销售提供保障,降低经营风险,提高了家庭农场主的营业收入水平。

(二)郎溪县家庭农场经营模式的表示

安徽郎溪的家庭农场经营模式是全国家庭农场经营模式之一,了解和掌握了郎溪县发展家庭农场的做法、成效、经验之后,可以得到提高河南省家庭农场主经营能力的启示。

1. 支持成立家庭农场协会,提高家庭农场主的组织化水平

安徽郎溪在 2009 年成立了第一个家庭农场协会,家庭农场协会代表的是广大家庭农场主的利益,它在为家庭农场主提供社会化服务方面起到了重要作用,涉及政策信息咨询、农业技术指导以及融资沟通等多项活动。郎溪县家庭农场协会的成功发展为河南省提高家庭农场主经营能力提供了很好的思路,支持成立家庭农场协会,能使家庭农场由单打独斗的“游击队”发展为协同作战的“集团军”。成立家庭农场协会不仅可以提高家庭农场主的自治性,提升家庭农场抗击市场风险的能力,还能作为联结政府和家庭农场之间的纽带,通过社会化服务,促进家庭农场的规范化发展。

2. 提供针对性技术指导,因材施教提高家庭农场主专业生产能力

郎溪县提出来家庭农场“一场一顾问”的制度,选出一些精通技术的人才与家庭农场开展一对一的指导,并且将培育家庭农场主与“送教育下乡”等培训相结合。河南省也要大力发展农业技术服务指导工作,应对家庭农场主面临的不同问题给予不同的解决对策。对于效益不太可观的家庭农场主,要做好咨询服务工作,帮助家庭农场主解决生产经营过程中遇到的难题,方便家庭农场主进行有关技术的咨询和学习,提高家庭农场的生产效率,让家庭农场主有计划、有策略地扩大经营规模。对于成长较为迅速的家庭农场主,在具备基础专业能力之后,可以邀请专业的农业科技人员到达家庭农场进行实地指导,为家庭农场主解答实际生产经营过程中遇到的难题,帮助家庭农场主突破障碍取得进一步发展。

3. 拓宽融资渠道,提高家庭农场主融资能力

郎溪县首推“银农对接”这一新型方式,每年都会举办数场家庭农场与银行的对接会,也致力于创新家庭农场专项贷款产品,为家庭农场主解决了融资难题。河南省也要学习郎溪县经验,创新金融机构贷款产品,简化贷款程序,提高效率,鼓励业务范围涉及农业的金融机构支持家庭农场融资,针对家庭农场设计适合的贷款产品,扩大家庭农场信贷覆盖面,加强农业相关信贷产品和保险产品的配合,使得家庭农场主申请贷款流程更加简捷。解决银行与家庭农场主的信息不对称问题,为金融机构与家庭农场沟通搭建平台,鼓励金融机构考虑家庭农场的实际情况与特点,根据家庭农场的资金来往情况和实际需求,开发出不同种类的抵质押贷款,对财务状况良好的家

庭农场开展信用贷款，关注农业尤其是家庭农场的信贷产品开发，增加贷款多样性，满足家庭农场主需求。

4. 积极提供服务，引导农场主健康发展家庭农场

郎溪县政府为了使家庭农场不断发展壮大，及时向家庭农场主提供各类服务，全力支持引导家庭农场主。河南省也应以农业生产全过程为服务对象，全方位提供保障与服务。产前阶段着重关注培育家庭农场主专业技能、打造信息服务平台、市场需求情况调研以及高产量农作物选择等方面；产中阶段着重关注生产机具、除虫除草、施肥、提高农产品质量等方面；产后阶段着重关注产品包装、销售渠道、物流配送等方面，保障农场主在农业生产的每个环节都能得到切实的服务。基础设施需要投入的资金量大，收回成本所需要的时间长，所以由政府来提供，能够减小家庭农场主的资金压力，为家庭农场主提供良好的生产条件，提高家庭农场主收入水平。

三、成都家庭农场主经营能力提升经验

成都市将家庭农场看作是实现农业升级转型的关键，通过创办培训加强指导，提供社会化服务，出台扶持政策，做好家庭农场引导工作，鼓励农民尤其接受过农民专业教育的农民经营农场，使得成都市省级示范家庭农场数量远超省内其他城市。

（一）成都家庭农场经营模式特点

第一，将家庭农场主作为重点培训对象，提高家庭农场主农业知识。成都市每年都会为职业经理人开展农业培训，家庭农场主也在培训对象范围内，委托具有中等以上职业教育资质或市级以上示范性教育资质的专业机构开展农业培训，家庭农场主在通过培训考核后能够取得资格证书，以此增加家庭农场主学习农产品知识、农业技能和相关政策的机会。成都市整合多种资源，在开展职业经理人培训时，将家庭农场主看作重点培育对象，进行职业技能、政策解读、法律普及的知识培训；提高家庭农场主的学习能力，致力于成就一批文化水平高、技术水平高、管理能力强的家庭农场主。同时，成都市高度重视培育农业职业经理人，并鼓励接受过专业培训的农业职业经理人创办家庭农场。为了鼓励农业职业经理人开办家庭农场，成都市出台了很多政策文件，对于中级或者中级以上的农业职业经理人创办家庭

农场,而且符合家庭农场条件标准的,成都市会提供农业补贴;如果高校学生能够在毕业五年之内取得农业职业经理人资格证书,并且满足首次受聘或开办家庭农场半年以上的条件,就可以一次性获得一万元奖励。成都市做出的这些鼓励措施有助于培养掌握较高生产技术、具备较强风险意识和经营管理能力的家庭农场主,而且这批农场主有更大的发展潜力,在经营家庭农场后将培训内容运用于实践,为本地区其他家庭农场主带来更多值得借鉴的经验,可以带动成都市家庭农场主整体队伍的能力发展。

第二,在资金扶持方面,完善财政补贴及融资政策,提高家庭农场主资金管理能力。成都市级财政为了促进家庭农场发展设立了规模为1000万元的专项资金,从2014年开始作为家庭农场专项经费使用。成都市财政为了激发家庭农场主发展的积极性,还为示范性家庭农场设立了额外奖励,既发挥了激励家庭农场主提高经营能力的效果,又为有较大发展潜力的家庭农场继续壮大提供资金支持。同时,农业产业化企业和农民合作社能够享受的扶持政策,家庭农场也能够享受,比如财政在粮食生产规模化、农业产业化、完善农业基础设施等方面实施的补贴政策。在融资方面,对于经过合法注册,发展势头较好且有扩大经营面积能力的家庭农场主,金融机构在确认过其资产规模足够并且财务状况稳定后,要为家庭农场主提供农村土地经营权或其他形式的质押贷款,并给予贷款利率优惠,拓宽家庭农场主的融资渠道,降低家庭农场主的融资成本。同时也要关注未注册或发展情况不容乐观的家庭农场,针对小微企业专门提供的融资支持政策把这部分家庭农场也作为扶持对象,小微企业可以享受的贷款优惠政策同时也适用于家庭农场,信贷方面的保险也把家庭农场纳入保险范围之内,降低家庭农场主的经营风险。贷款利率优惠政策覆盖范围全面,降低了家庭农场主贷款获取成本,针对家庭农场开展的多种质押贷款也为家庭农场主增加了融资途径,满足了具有不同资金需求的家庭农场主的需要,在财政政策支持下,家庭农场主的融资能力和资金管理能力得到了提高。

第三,健全社会化服务,减轻农场主的负担,帮助家庭农场主提高生产能力。在农业机具方面,为家庭农场提供的技术服务内容主要包括宣传推广先进机械设备、农业机具使用技巧培训和农业技术问题咨询方面。在成都的农村设立农机专业合作社,对于没有购买机具意愿的农场主,也能够及

时租到机具，农机具的租赁服务既为家庭农场主避免了购入大量农用机具的带来了资金压力，又帮助家庭农场主提高了劳动生产效率。而且农技专业合作社了解更多机具使用专业知识，家庭农场主在整个生产过程中很多问题在咨询后都能得到解决。政府农技推广机构为家庭农场提供的服务包括技术讲座、现场咨询、实地指导、科技产品展销及其他，加强农技、农机的相关技术人员等与家庭农场主之间的交流，更便于提供专业化服务，引导农业机具、植物保护、劳务专合组织等多种社会组织向家庭农场提供农机作业、农产品种植、雇佣劳动力等方面的服务，帮助家庭农场主解决可能遇到的问题，有利于家庭农场主对经营的种植、养殖品种改良以及相关技术的完善。另外，在市场信息方面，为了解决很多家庭农场主对互联网认识不够，相关经验少的问题，农业专业合作社、政府农技部门和龙头企业会提供市场信息服务，帮助家庭农场主提高信息获取与处理能力，学习利用互联网平台进行信息收集与公开，例如有的家庭农场主会制作网页宣传经营的家庭农场，网页中包含农场基本介绍、所生产农产品、购买流程、联系方式等等，为农产品增加销售渠道。家庭农场主和客户也可以先通过网络联系，再引导客户到家庭农场参观考察，增强合作达成意愿，拓宽农产品销售渠道，提高经营收入和盈利水平。家庭农场主经营效益的好坏会受到市场动态、价格浮动、风险变化等多重影响，家庭农场主对外界农业信息了解得越多，对农产品市场的风险把控能力越强，因此加强家庭农场主的情报收集能力能够在生产经营过程中增强风险意识，提前采取风险应对措施，最大范围内降低风险、节约成本，最终提高收益。

（二）成都市家庭农场经营模式的启示

家庭农场能否有光明的发展前景，其家庭农场主的能力水平起到关键作用，成都目前为家庭农场主提供的社会化服务较为完善，总结四川成都市在家庭农场主能力提升方面的经验，河南省也能从中得到启发，为提高河南省家庭农场主的经营能力提供思路。

首先，将家庭农场主作为重点培养对象，提高家庭农场主队伍整体素质水平。成都市重视家庭农场主的培训工作，采用了普及性知识培训和技能培训，注重基础农业知识和技术的普及。河南省也有必要定期开展家庭农场主培训，将经营家庭农场可能用到的知识和技能纳入培训范围，将家庭农

场主纳为重点培养对象，使得家庭农场主有机会接受更加专业的培训，不但能够学习农业生产技能，也能够掌握管理知识，为参与培训并且通过培训考核的家庭农场主准备资格证书，让家庭农场主的经营资格变得更加规范。还应该鼓励接受能力强、专业水平高的年轻人加入家庭农场主队伍。加强政策支持，鼓励接受过农业教育的人开始经营家庭农场，将培训过程中接受的农业知识和专业技能教育实际应用于农业发展，通过"干中学"积累经验，既可以发挥培训的应用价值，又能够整体提高家庭农场主的经营管理能力。引进懂技术、会管理的人才，能够提高现有农产品的产量和质量，生产的农产品更有销售市场，减少投入的生产消耗与管理成本，提高所生产农产品的竞争优势，增加超额利润，以这部分经营能力水平较高的家庭农场主为中心，像周边家庭农场主扩散，将拥有的技能和经验带给周边家庭农场主，带动整体家庭农场主的能力发展。

其次，加大财政扶持，提高家庭农场主资金管理能力。成都不但为家庭农场提供经费补贴，还针对不同经营状况的家庭农场提出与之相适应的融资政策。河南省可以把家庭农场列入财政重点支持范畴，例如增加种植农作物的补贴、土地流转费用补贴、开展农业培训的经费补贴等多种支持政策，有补贴政策帮助分担一部分资金压力，减轻家庭农场主的经济负担，集中精力致力于家庭农场经营，也有能力为家庭农场购置更多农业机械设备，提高劳动生产率。也要健全家庭农场的保险制度，为家庭农场主提供更多经营保障，对家庭农场主实行较低农业保险保费或对参与农业保险的家庭农场主进行补贴，增强家庭农场主的保险意识，能够有效地进行风险转移，降低家庭农场主经营的不确定性，提高风险应对能力与市场不确定性的承受能力。除了提供经费补贴也要支持，考虑到农场主的实际经营状况不同，提出不同的支持政策，扩宽家庭农场主的融资途径，满足具有不同资金需求的家庭农场主的需要。

最后，提供信息服务，提高家庭农场主信息收集能力。成都目前为家庭农场主提供的社会化服务较为完善，涉及多个方面，尤其是重视信息服务非常具有借鉴意义。河南省可以通过提供公益性信息服务，加强农场主之间、农场主与客户之间的协同合作，结合互联网、创建农业服务平台，为家庭农场主提供信息，便于需求者与服务方的对接，降低家庭农场主的信息收集成

本,加强农业信息的交流与共享,形成一套专业化、标准化农业高效服务体系。河南省要以保障家庭农场主的权益为目标,促进形成市场化服务组织,成立专门为家庭农场主服务的组织,切实解决家庭农场主遇到的问题,加强农场主的组织与沟通,提高家庭农场主信息收集与处理能力,使得农场主有平台加强彼此间学习与经验借鉴,有助于形成良性竞争,提升整个区域内家庭农场主经营能力。

第二节　发达国家家庭农场主经营能力提升的经验与启示

家庭农场在美国、日本、英国、法国和德国已经经历了很长时间的发展,这些国家的家庭农场也十分成熟。家庭农场主是生产经营活动的掌舵人,他们的能力是决定家庭农场发展前程的重要因素。结合河南省家庭农场发展情况,探讨这些国家提升家庭农场主经营能力的成功经验能够为河南省提升家庭农场主经营能力提供参考。

一、美国家庭农场主经营能力提升的经验与启示

美国是家庭农场发展比较早的国家之一。美国把培育高素质的家庭农场主视为扶持家庭农场的重要途径,因而注重加强对家庭农场主的培训,造就的高素质家庭农场主有更强的学习和接受能力,为在农业中广泛应用科技创造条件,并以完善的社会服务为保障,使得家庭农场成为美国现代农业的基本载体。学习美国对家庭农场主的培养经验可以为河南省家庭农场主提升提供一定的启示。

(一)美国家庭农场经营能力培养

1. 美国重视对家庭农场主开展教育培训,提高家庭农场主学习能力

以法律文件作为基础保障,美国形成了完善的农业专业人才教育体系,提高家庭农场主的受教育水平。美国将家庭农场主的教育培训工作交由农

业部和各州赠地大学共同负责，具体实施工作由农业推广站承担。美国培养家庭农场主最具有特色的做法是把农场主需求调查作为提高培训工作精准性的途径，采取纸质问卷调查、网络评估、电话调查、实地调研、座谈会等多种方式了解家庭农场主的现状，进而摸清真正需求，并据此设置培训课程。

在设计培训内容时，了解家庭农场主真正的需求，深入分析调查结果，细化培训计划、安排培训课程。家庭农场主参与制定的培训内容，既提高了家庭农场主的学习积极性，使家庭农场主愿意学习农业知识技能，又结合了实践经验，更加具有实用性，帮助家庭农场主提高农作物种植、加工、生产等方面的技能。在落实培训活动计划时，州农业推广中心与县农业推广站，考虑农场主自身特点与家庭农场发展方向，安排好相应的培训课程与活动，针对不同类型家庭农场主开展的课程可以有不同的侧重点，计算农场主开办家庭农场时间的长短，时间低于 5 年看作初学型家庭农场主，培训课程主要是农场如何存活下去；时间为 5 到 10 年看作经验型家庭农场主，培训课程主要是如何扩大经营规模；经营时间超过 10 年的家庭农场主称为专家型，培训课程以如何提高利润为主。认识到家庭农场主的需求差异，以需求为导向，针对不同家庭农场主提供不同种类的培训内容，帮助解决家庭农场不同发展阶段遇到的不同问题，能够更加满足家庭农场主的需要，提高培训效率，使得家庭农场主掌握真正需要的经营管理知识。在培训形式上，美国既有网络培训，又有面授课堂。在美国，家庭农场主绝大部分学习都是线上完成的，包括提升学历、提高技术、信息传播。家庭农场主能够通过农学院或者推广中心的网址找到自己需要的学习资源，也可以利用政府、合作社、协会组织、农业公司等在网络平台发布的信息。如果家庭农场主在短时间内需要学会某项技能，比如处理意外出现的大量害虫，而又无法通过网络找到解决措施，那么推广站的工作人员可以到家庭农场结合农场实际情况给出专业指导，帮助家庭农场主突破学习困境。线上线下相结合的培训形式，充分利用学习资源，消除空间的限制，节约时间，提高家庭农场主学习效率。

2. 生产产品因地制宜，科技应用于农业，提高家庭农场主的专业化生产能力

一方面，美国家庭农场的生产区域化特征十分明显，基本上某一生产区

域只会选择一到两种农作物进行生产,因为不同的自然环境适合的农作物不同,所以农业生产区域由自然条件决定,生产区域化降低了家庭农场主的经营风险,帮助家庭农场主做出正确的战略决策,提高家庭农场主对生产过程的控制能力。农作物大致分布成:北部平原农场主要种植小麦;中部平原的农场主要种植玉米;南部平原、西部山区农场以发展畜牧业为主;太平洋南岸农场主要种植水果蔬菜;五大湖地区的农场主要发展乳制品。美国的家庭农场主选择只生产一到两种农作物,不但顺应了自然环境的选择,更加重要的是将农业生产专业化。并不是全部家庭农场所处的地理位置都能找到适合种植的农作物,有些家庭农场因为所处环境因素或者满足整体发展要求,会成为以提供娱乐为主或者以生态保护型发展。比如娱乐为主的家庭农场促进了密苏里州的第二、第三产业发展。这种发展方式能够顺应自然选择,提升资源利用率,有利于产业集聚效应的发挥,节约家庭农场主花费的成本,更有助于同地区家庭农场主交流经验与相互借鉴,使家庭农场主获得更多的收益。

另一方面,将科技融入农业,通过在农业中运用现代科技达到生产的规模化和经营的专业化。美国已经在农业生产中运用了现代生物技术和先进的信息化技术等。现代生物技术在优化农作物品种方面起到了很大的作用,能够显著提升农作物的品质、产量,也促进了畜牧业的发展,提高了家庭农场主的收入水平。与此同时,美国也将现代化信息技术广泛应用于农业,兴起了“精确农业”的发展潮流,对于治理害虫、防范家禽疾病、整合农业资源等有着非凡的意义。家庭农场主充分利用现代化信息技术,掌握市场动态、收集生产信息、发布劳动力需求信息等,提高了家庭农场主的情报收集能力和信息分析能力。广泛运用科学技术能够降低生产成本,使得家庭农场主能够追求人力成本的节约,将资金运用在家庭农场的其他方面,提高家庭农场经营水平。

3. 美国提高社会化服务水平,为家庭农场主提供良好的经营环境,让家庭农场主更专注于农业生产

目前,美国农业社会化服务主要包含由政府有关组织机构组成的公共农业服务系统、由农场主合作社组成的合作农业服务系统和由社会商业机构组成的私营农业服务系统三个类别。组成公共农业服务系统的政府积极

出资建设农业生产过程中会用到的农产品加工车间、储存仓库和销售网点，准备好生产会用到的机具设备，发布气象变化的服务站点等，为家庭农场主提供服务保障，节约生产成本，提高家庭农场主的生产效率。私营农业服务系统主要是向家庭农场主提供农业资料、贷款支持、专业指导、市场信息以及农业方面的实用性研究发现，甚至是制定生产计划和监督经营活动，已经成为协同家庭农场发展的伙伴，帮助家庭农场主提高资金管理能力。合作社是家庭农场主们的联合体，能够作为家庭农场主的代表从事市场活动，关注家庭农场主的利益，不仅在提高农场主收入水平、辅助农场专业生产、提高农产品销量等方面起了很大作用，还能够参与很多政治场合，为家庭农场主表达更有影响力的建议、催促代表农场主权益的法律和政策，家庭农场主原来是以个体的方式进入市场，由此变成了以集体方式参与市场竞争，从而放大了家庭农场主的市场优势，提高了家庭农场主的职业认同感。

（二）美国家庭农场主能力提升启示

美国家庭农场发展十分成功，探索了很多发展经验，是值得其他家庭农场学习的典范，尤其是在提升家庭农场主能力的举措，对于河南省来说富有借鉴意义。

第一，重视调查农场主的培训需求，根据调查结果设置多种类别培训课程，提高家庭农场主知识水平。从美国培育家庭农场主的经验来看，开展需求调查提高培训的精准性是美国培育家庭农场主的一大特色。首先弄清楚家庭农场主最需要补充哪部分知识，再合理安排培训内容，按照需求情况对家庭农场主分别开展不同种类培训。设计培训内容时要考虑农作物从生产到转化为农产品销售的全流程、家庭农场经营种类的多样性，开展培训活动时要考虑到家庭农场主经营的类型和规模不同，需要有针对性地培训，能够真正协助家庭农场主学习生产技术、强化管理知识、提高风险应对能力。其次，将培训对象按需分类，并据此设计差异化的培训是将来提高培训效率的有效实现路径，有针对性地开展培训能够减少家庭农场主参加不需要的培训浪费的时间，提高培训效率，提高家庭农场主知识水平和学习能力。最后，在培训形式上，可开通多种学习渠道由学习者自主选择。由于互联网和共享学习资源的快速发展，家庭农场主学习知识和技能的途径也在变多。河南省可以将美国先进经验与省内实际情况相结合，考虑家庭农场主特点，

设计更适合家庭农场主学习规律的线上学习课程，提供给家庭农场主多种选择，开展不同学习方式的试点，逐步总结出适合中河南省家庭农场主的学习方式和路径，强化教育培训效果。

第二，注重规模经济和农业结合科技的引导，提高家庭农场主的生产能力。通过对美国不同规模的家庭农场经营效益分析，发现规模为大型或者超大型的家庭农场利润更高。因此，河南省的家庭农场要善于利用专业合作组织等，学习引入新型经营模式，尽早做到规模化生产，由此降低家庭农场主运营成本，达到规模经济，同时大规模的经营范围有助于实现农业生产机械化，大规模种植少数种类的农产品，能够使家庭农场主将精力集中于个别领域，能够了解更多相关信息，提高信息收集能力。美国家庭农场主的成功发展与现代科技的贡献是分不开的，因为完善的农业技术服务体系是家庭农场主经营的基础。河南省的农业技术服务应该把重点放在两个方面：一是，鼓励为家庭农场主提供多方面的农业科技服务。各个地区应当制定较大力度的激励政策，鼓励农业研究机构、高校农业院系、农业行业的企业，积极为家庭农场主提供实用的服务，帮助家庭农场主掌握应用较为先进的机械设备，提高生产效率。同时，及时更新农业科技的服务方式，尽量满足不同家庭农场主的多种需求。引导他们各自发挥优势，能够为家庭农场主提供关于研发高产种子、引入先进生产技术、病虫防治等多方面服务，使农场主真正得到有应用价值的服务，进而在农场主经营效益上看到收获。二是，推进农业信息化建设。健全的信息网络系统能够帮助家庭农场主进步，为农场主提供有时效性、有价值的多种信息，节约家庭农场主收集和甄选信息的时间与成本，帮助其掌握种植、养护、经营等多方面的最新动态，及时避开一些风险，提高风险应对能力，而且帮助家庭农场主能够更加准确地预测未来市场方向，做出科学合理的经营决策，对家庭农场有更明确清晰的控制与规划。

第三，美国家庭农场的经营经验表明，社会化服务是加快经营土地集聚、进行专业化生产和实现规模化经营的需要，家庭农场主采纳农业社会化服务有助于减少生产成本、降低财务风险、提高生产能力。在完善社会化服务时，毋庸置疑政府购买依然是主要力量，但是要多引导社会机构组织参与，改善原有农业社会化服务体系，争取培育参与方更多、功能更齐全的农业生产服务组织，做好产前的种子选用、市场调研，产中的病虫害防治、农业机具租用，产后的包装加工、运输销售等，为家庭农场提供服务保障，实现家庭农场成本社会化分担，从而降低家庭农场的信息成本等交易费用，提高家庭农场主经营的经济效益与社会效益，为家庭农场主们提供更符合市场规律的优质专业化服务，使得家庭农场主能够发挥生产优势。

二、日本家庭农场主经营能力提升的经验与启示

日本通过加快土地流转、品牌化战略、培育农业人才和提供社会化服务等措施，打破了土地资源稀缺、老龄化问题严峻等不利于发展家庭农场的条件限制，使日本家庭农场能够成为全世界学习的典型，日本发展家庭农场，提升家庭农场主经营能力的先进经验具有很强的借鉴意义。

（一）日本家庭农场主经营能力培养

第一，以立法形式促进土地使用权流动，降低家庭农场主扩大生产规模的成本。在家庭农场经营过程中，家庭农场主要想实现适度规模经营，必须以清晰的土地产权为基础。在 1960 年至 1970 年间，日本政府农地改革将重点从所有制转向使用制度。日本政府接连提出多个和农地改革、调整有关的法律规定，鼓励将农业用地的所有权与使用权相分离，实行农田租赁和作业委托等形式的协作生产，从而帮助家庭农场主避免分散土地集中的困难。农场主有扩大土地面积的意愿时，能够依据法律要求向管理土地的组织机构提出申请，以取得长期使用权，家庭农场主扩大经营面积所需要花费的并不多，降低了扩大经营规模的成本。政府在法律层面改革土地经营权，避免了由于小规模家庭占有土地造成家庭农场主难以扩大经营规模、土地资源浪费的问题，为家庭农场主扩大经营规模清除障碍，调动了家庭农场主的生产积极性，使得土地流转更加规范，为家庭农场主实现适度规模经营创造条件，也降低了土地使用过程中产权不确定带来的问题，提高了经营的稳定性。通过对土地经营权改革，鼓励农场主以租赁土地与作业委托等多种形式推进土地集聚，加上日本政府非常注重使用农业新技术、新设备推进协作生产，为大规模农场建设提供条件，使得农场主做到土地连片经营，创办规模更大的农场，同时家庭农场的科技化、机械化水平迅速提升，帮助家庭农场主提高生产效率，显著提升日本家庭农场主的整体经营水平。

第二,注重品牌效应,激发家庭农场主的创新能力,提高家庭农场主盈利水平。日本的家庭农场生产虽然规模有所扩大,但是依旧以小型农场为主,因此日本开始寻求提高家庭农场经济的新出路,并找到发挥农产品品牌效应的方法。日本的家庭农场与美国、英国、德国、法国等国家有差异性,日本家庭农场规模虽小,但机械化水平不容小觑,特别是在农产品加工过程中,更加看重对农产品的深加工以及打造品牌文化。迄今为止,走品牌效应路线是最受日本家庭农场主欢迎的途径,这也为家庭农场主带来了可观的收益,提高了收入水平和盈利能力。甚至还有些农场主打造出了“一场一品”的农产品品牌,形成自己家庭农场的特色;而有些农场主选择通过联合多个生产区域,以协作经营方式打造“一区一品”的农产品品牌;例如家喻户晓的神户牛肉走的也是品牌效应路线,这类农产品虽然价格远远高于同等规格的产品,却依然能从同类商品中脱颖而出,深受消费者喜爱,是家庭农场主发挥创新能力,赋予产品附加价值,潜心经营的结果。家庭农场主充分利用本地资源优势,因地制宜,因为看中有机农产品的附加值,日本很多农场主都选择生产有机农产品,有机农作物的产量不高,但是农场主会严格管理它的农产品品牌,协同其他企业采用先进的科学技术深加工,降低原材料损失,使得有机农产品能更好维持本身的新鲜程度,大大提高了附加值,同时也提高了农场主的盈利水平。日本注重发掘传统文化,又愿意打造品牌战略,于是家庭农场主在打造产品品牌时植入传统文化,以获得更高收益。因此,日本的家庭农场主是利用创新能力,通过经营品牌克服了规模上的缺陷,提高了家庭农场的盈利水平,也为家庭农场主带来了超额利润。

第三,为家庭农场主提供培训,提高其知识水平和农业生产技能。家庭农场的生产以现代科学技术为保障,而现代科学技术的操作需要具备农业知识、管理知识、市场化意识的农场主。因此,日本开展了很多面向家庭农场主的培训,比如农业技术操作讲习班、商业知识讲习班、动物养殖讲习班等,以帮助家庭农场主学习相关知识,提高家庭农场主学习能力,为掌握现代技术打好基础。同时,为培养出优秀的家庭农场主,日本也十分看重培育年轻人,并为此制定出有利于年轻农场主的政策。比如为了鼓励有能力的年轻人经营家庭农场,提出年龄不足 45 岁的农业工作者,到农业学校、先进农家等研修,每年有 150 万日元经费补贴,享受时间长达 2 年,而独立创办家

庭农场的每年能有150万日元的补贴,补贴时间与前者一致。吸引年轻人务农是为了提高年轻人对家庭农场经营的重视程度,让农场主队伍富有朝气和新型思维,不断创新,促进家庭农场主整体能力的提升。为了给家庭农场主谋取到更多学习资源,日本还给开展农场主培训的机构提供资金支持,帮助这些机构买入教学用具、农用机具,提高教学水平,为家庭农场主提供良好的学习环境,使得家庭农场主成为懂技术、会管理的专业性人才。

第四,提供多样社会化服务,帮助家庭农场主提高生产水平。日本农业社会化服务种类繁多、发展迅速,社会化服务体系主要由政府和农协组成。日本政府通过法律、行政、经济等多种手段完善土地制度,为农场主提供融资支持,比如延长贷款时间、降低贷款利率,甚至是提供无息贷款等,提高家庭农场主的融资能力。政府改造了农田基础设施服务,提高了农田的生产质量,从而提高农产品的市场竞争力,也提高了家庭农场主的经营水平,还投资改造包括公路在内的基础设施,利于农产品储藏运输销售,帮助家庭农场主提高收入。政府还投资农业科研院校,不仅帮助家庭农场主掌握农业生产知识、农业政策法规、农产品市场知识和经营管理知识等,还引导家庭农场主改善土壤环境,提高家庭农场主的农业生态保护意识,注重生态发展。此外,日本还对家庭农场主给予补贴,日本政府制定了规章制度,任命了监管机构,严格把控财政扶持资金的用途,避免农业资金由于各种因素转用于非农业使用,保障扶持资金能够真正用于家庭农场经营,这些措施为提高家庭农场主的经营能力提供了保障。在政府支持下,日本农业协同组合已经在日本国内成立了系统化的农协网,这个网络系统的信息包罗万象,比如生产部门、采购部门、销售部门,甚至是医疗福利部门等。农协在很多时候都为家庭农场主服务,产前产中产后都可以作为农场主与市场互动的桥梁,当农户有扩大经营规模的意愿时,可以向农协申请,由农协和土地所有者商议,帮助农场主用较低的成本换取土地经营权,农协帮助家庭农场主降低了扩大生产规模的成本。另外,农协为农场主提供办理农业保险、开展培训、解决融资困难、销售农产品等服务,帮助农场主实现集约化生产,帮助家庭农场主提高农业知识和了解行业动态。由此可见,政府和农业组成的社会服务体系在保护家庭农场主利益,提高家庭农场主经营能力方面发挥了关键作用。

(二)日本家庭农场主经营能力提升启示

日本家庭农场在发展过程中积累了丰富的经验,人多地少的相似现实情况为我省提升家庭农场主经营能力提供借鉴。

第一,促进规模经营,降低家庭农场主农场经营成本。实现规模经营是降低生产成本的一个重要途径,也是土地资源浪费等问题的解决方式。家庭农场主想要实现盈利,也必须有一定经营规模,而合理的土地流转政策是农场主实现适度规模经营的前提条件。日本政府通过完善土地使用权制度,加快土地流转,解决农场主在扩大经营面积时遇到的难题,调动农场主的生产积极性,提高农场主经营能力。虽然我国现在有土地流转制度,但在具体实施过程中还存在一些可以改进的地方。土地流转成本过高使得家庭农场主想要扩大经营规模时有所顾虑,而且还因为普法力度不够,一些农场主不够了解相关法律法规,使得土地流转制度发挥的效力大打折扣。所以,一方面要使得土地流转政策更加合理化,形成更加公平公正的土地流转市场;另一方面要增大宣传力度,提高农场主的法律意识,让农场主既能遵守法律,又能用法律保护自身权益。为有扩大生产规模需要的家庭农场主清除障碍,帮助其降低农业生产成本。要学习日本先进经验,以政府科学引导、正常干预为前提,结合实际完善土地流转政策,利用土地租赁市场,促进没有经营意愿或没有生产能力的土地拥有者和家庭农场主达成土地流转交易,加快土地流转速度,减少土地资源浪费,使得家庭农场主能集中土地扩大家庭农场经营面积,不仅能帮助家庭农场主实现规模化生产,大规模经营也方便家庭农场主使用大型机械设备,实现机械化生产,为农业现代化奠定扎实基础。

第二,因地制宜,引导家庭农场主发挥创新能力。要结合省内不同地区的区位条件和地方特色,发展高度协作、高效益的家庭农场经济。应该帮助家庭农场主制定科学的发展方向,共同打造农产品加工业专业乡、专业村,发挥规模优势、区域优势,提高市场竞争力。通过促进家庭农场和农产品深加工企业的合作,共同打造知名农产品品牌,鼓励家庭农场主发挥创新能力,打造特色品牌,提高家庭农场主的经营利润。学习日本发展有机传统农产品的先进经验,打造有地方特色的农产品,生产高质量、有市场的特色产品。走品牌发展道路,结合特色传统文化,结合河南省丰富的文化底蕴优

势，打造具有知名度的农产品品牌。利用互联网优势，将农产品线上线下销售平台联合起来，省去不必要的中间环节，降低流通成本，利用快速发展的货运物流，把农产品销往全国。通过这些措施，使得家庭农场主勤于思考，提高创新能力，提高经营家庭农场的盈利水平，坚定经营家庭农场的信心和职业认同感。

第三，加强培训，提高家庭农场主知识、技能和管理能力。必须适应市场发展需要，从国际上汲取经验，培育懂得经营、善于管理的家庭农场主。政府要加强对家庭农场主的培育，并引导企业和社会资本等参与农场主经营能力提升。成立家庭农场主教育机构，加大对现有农场主的培养力度，以市场为导向举行与农业有关的培训，提高其生产种植、病虫害防治、管理运营等方面的知识水平。为了强化培训效果，尝试实行家庭农场经营考试制度，制定合理的考核方案，选拔有全面知识的现代农场主，激励家庭农场主提高学习能力。将来家庭农场需要大量懂经营、会技术的家庭农场主，来适应迅速变化的农场经营市场环境，因此应该鼓励农业院校或大学毕业生积极投身家庭农场创业的热潮，为创业者提供税收和融资方面的支持。尤其要加大对年轻农场主的培训投入，要扩大职业院校或者农业院系对农场生源的招生规模，减免学习农业相关专业学生的学费，激励完成学业的毕业生返乡从事家庭农场经营，为培育新生代农场主储备人才，大力发展农村农业教育，加快提升农场主及农场工作人员的文化程度、技术水平、风险意识、市场知识和经营管理能力。

第四，完善社会化服务，提高家庭农场主生产经营能力。健全的农业服务体系是家庭农场主经营的保障支撑，日本由政府与农协组成的农业服务体系为家庭农场主经营能力提升贡献了很大作用，在生产全过程中为家庭农场主提供帮助，充当农场主与市场之间沟通的桥梁。河南省提升家庭农场主经营能力必须构建配套的社会服务体系，为家庭农场主提供完善的生产服务，从而协助解决生产经营过程中的问题，实现经营利润最大化。通过与家庭农场主形成稳定的合作关系甚至是签订合同，让家庭农场主从农作物生产到农产品销售全程都能有服务保障。为家庭农场主开展生产经营活动提供技术和服务，对于家庭农场主在发展过程中需要的生产资料，比如优良品种、农用机械等，要给予支持发展，也要帮助家庭农场主掌握市场信息，

生产出能够满足市场多样化需求的农产品，也能够更好地防范市场风险。目前家庭农场正在完善生产前服务，但是忽视了生产中及生产后服务方面需要改进的地方，比如农产品加工、仓库储存和物流运输等方面，这些经验都为河南省帮助家庭农场主提升经营能力提供了思路。

三、英国家庭农场主经营能力提升的经验与启示

英国是是家庭农场发源的地区，伴随着工业革命的发生，英国的机械化水平不断提高，渐渐替代了低效的手工生产，农业的生产方式也发生了改变，需要的劳动力开始减少。英国虽然从事农业的人数不多，但是由于重视农业人才培养，又利用科技实现专业化、规模化生产，英国通过提高家庭农场主的经营管理能力，保障了国内一半左右人数的农业消费需求。

（一）英国家庭农场主经营能力培养

第一，促进规模经济，降低农场主的生产成本，提高收入水平。在立法上，国家用农业政策实现对农业的管理调控，为了提高规模效益、刺激农场主实现规模经营，帮助家庭农场主扩大生产规模。1947 年，英国颁布了《农业法》，要求生产面积小和产量低的家庭农场要改为合并经营，并且限制了家庭农场的最小经营面积，政府会参照家庭农场的生产规模、机械水平、销售业绩等多个方面给予家庭农场不同补贴费用，规模大的家庭农场能取得更多补贴，以此增强家庭农场主扩大家庭农场规模的意愿，降低家庭农场主扩大家庭农场规模的成本，这使得选择合并农场的农场主越来越多。这些措施促进了英国的小规模家庭农场数量减少，大规模的家庭农场数量有所增加。18 至 19 世纪，英国对土地制度改革，开始实施土地私有制度。这一制度变化刺激了农场主的生产积极性，明确的土地产权减少了家庭农场主进行土地交易的成本，提高了土地流转水平。后来为了将分散的土地集中起来，英国开始实行土地租赁制度，有法律作为保障，家庭农场主规模经营具有更高的可实施性。土地租赁制度使得土地租赁更加合法规范，通过法律文件对租赁双方的权利和义务进行约束，也有了更多人愿意参与进来，想要创办家庭农场或者扩大经营面积的农场主更容易取得土地，使农场主可以更高效地从事家庭农场生产经营。这些土地政策为家庭农场主实现规模化经营扫清了障碍，立法的存在为家庭农场主稳定经营提供法律依据，减少

了不确定因素，提高了家庭农场主经营的稳定性。

第二，依靠科技化提高家庭农场主农业生产率。英国农业在机械水平、自动化程度与劳动生产效率等方面都是佼佼者，第二次世界大战后，英国的农业机械化发展迅速。英国农场主可以寻求合适的机械工具提高生产水平，比如种植时的播种机、养护时的割草机、收割后的脱粒机，每个环节都有相应的农业用具，提高了家庭农场的生产效率，为家庭农场主降低了人工成本。英国的农用机具不但数量多，功能也更先进，农场现在使用的拖拉机，很多都配备有电子监测和空调设备，改善了农场主的工作条件，甜菜和马铃薯根据不同的生产环境，可以选择单行分段作业和多行作业等多种机械操作。英国有相对完善的农业科研体系，把《英国农业科技战略》当作促进英国农业科技发展的核心战略方法，这一战略加快了研发新技术和新产品，将最新科研成果应用于实际农业生产，建立农业信息数据库以及增加农业信息利用价值。能够帮助家庭农场主更加科学地运用生产工具，提高生产效率，同时提高家庭农场主的情报收集能力和信息分析能力，获取更多信息能够帮助家庭农场主做出更加正确的经营决策，提高经营收入。战略要求农业科技部门要开展农场主培训和指导工作，加强农场主、技术工作者和科研人员之间的沟通，促进田间试验的合作，也能了解农场主真正需求并决定下一步研发方向，为家庭农场主普及先进技术，为家庭农场主创造机会学习先进经验，促进技术发展和知识水平的提高。农业科技战略使得农场主与科技工作部门之间的联系更加紧密，使家庭农场主拥有学习农业部门技术和知识的机会，并对研究人员提出自己的诉求，也使得家庭农场生产的产品更有优势的进入国内和国际市场，产品有更多的需求方和更大的市场需求量，使得家庭农场经营收入水平有所提升。

第三，大量的农业补贴，提高家庭农场主的资金管理能力和生态保护意识。农业补贴包含创办初期的启动资金补贴、保护生态的补贴、购买农业机具的补贴、农产品最低限价等。英国设立的农业补贴以备用土地和保障食品安全为基础，限制农产品最低收购价格和提供土地规模生产资金补贴。在二战以后，英国政府对谷物等农作物、家禽肉类都实行了价格限制，使家庭农场主的经营收入得到保障。因为国际市场价格和英国补贴后的价格经常低于欧共体限制的农产品最低价格，所以家庭农场主按欧共体规定的价格销售农产品就可以取得更高的收入,提高了家庭农场主的收入水平。21世纪以来,英国政府开始加大农业补贴力度,更是增强了家庭农场主的信心,激发了生产积极性,使得其经营效益有所提高。英国政府为保护农业生态环境,增强家庭农场主的生态保护意识,增加生物多样性,做出了一系列改善农业环境的举措。具体有初级补贴政策、高级补贴政策、有机补贴政策以及牧场补贴政策等。比如,在田埂上种植高秆籽实类农作物、花草类绿色植物,吸引鸟类、昆虫等觅食以增加生物多样性,可以按照种植规模每年给予补贴。从2015年开始,英国政府取消“单一补贴计划”补贴,改为实施“基本补贴计划”,加大农业生产性补贴,但是只有家庭农场主的农业生产满足农田多样性的要求,才能取得这项补贴。另外,英国对农业生产所涉及的可持续发展问题较为重视,鼓励家庭农场主顺应自然发展规律,走绿色生态农业路线,鼓励家庭农场主选择生产有机农产品,遵循农作物用药限制,而且在产后阶段,能够实现农作物废弃材料回收再利用,提高资源利用率。为了保证政策实施力度,英国还成立了政策监督部门与专门的办公部门等。补贴措施激励了家庭农场主践行农业生态发展理念,监督措施也保障了家庭农场主走可持续发展的道路。

第四,提供技术培训和咨询服务,提高家庭农场主的风险应对能力和知识水平。帮助农场主寻找农业生产问题的解决方式,提倡农业专家为家庭农场主提供技术培训和专业咨询,是英国早期把科学融入农业的措施。英国的农业经营管理部门收集市场信息,了解市场需求,利用自身的专业知识和生产经验对市场信息进行分析,与家庭农场主交流经验并给出建议,帮助家庭农场主及时识别市场风险,及时做出风险规避措施,提高农场主的风险抵御能力,降低损失提高经营效益。同时,英国家庭农场主能力的提高还依靠政府对专业人才培育的政策。政府鼓励农业院校或专业不断扩大招生规模,对于毕业后愿意从事家庭农场经营工作且满足设定条件的学生,提供接受更加专业的学习机会,为家庭农场主队伍培养人才。家庭农场的生产与管理工作要求农场主具备较高专业能力,通过构建和改善科技指导机制、增加对农场主的培训投入,帮助家庭农场主提高专业生产能力,学习农业知识,可以促进家庭农场主能力的提高。

(二)英国家庭农场主经营能力提升启示

英国的家庭农场发展历史悠久、成果显著,尽管河南省的现实情况与英

国有众多不同，但河南省作为农业大省，仍然可以根据中国的基本国情，借鉴英国提高家庭农场主经营管理能力的成功经验。

首先，加速农地流转，提高家庭农场主扩大生产规模的能力。英国经过圈地运动以私有制为基础建立了家庭农场制度，完善的土地产权制度保障了英国家庭农场主可以使用先进的农业技术，从而提高生产效率。在我国国内生产资料归国家和集体所有，所以土地私有制的形式绝不可能实现。我们可以从英国的早期经验学习，土地租赁政策可以促进农场主提高经营能力，由于农业用地的所有权和经营权相分离，推广土地租赁能够增加土地租入方和租出方的收入，吸引更多人参与土地流转，加快土地集中。英国的经验中引起关注的是，比家庭农场的土地产权是哪种形式更重要的是家庭农场主是否可以取得土地的自主经营权，而土地租赁制度正好可以满足家庭农场主取得土地自主经营权的需求，也符合农场主对增加生产经营面积的要求，所以农场主的经营才能更加顺利。我国从 2003 年开始实施《中华人民共和国农村土地承包法》，在法律层面上保障了农场主拥有长期的土地使用权。除了保障农场主拥有土地承包权，河南省还必须加快农业用地规范合理流动，促进土地集中到生产能力更高的家庭农场主手中，为家庭农场主扩大生产规模扫除障碍，降低经营成本，引导农业向专业化、规模化、科技化方向发展。

其次，推广机械化生产，提高家庭农场主的生产能力。根据英国家庭农场的经验，农场主在扩大到一定经营规模之后，想要实现更高的生产效率，必须通过农业机械化实现，重视农业科技事业对家庭农场的扶持起到了至关重要的作用。河南省家庭农场主经济效益不高，购入先进农机的能力也十分有限，农场主具备的专业知识不足，不能及时应用最先进的生产农具，而且目前的农业科技推广流程并不完善，河南省依然有很多家庭农场主在使用老旧的生产方式，不仅降低了工作效率，没能实现土地最大价值，也造成了人员浪费，提高了农场主的人力成本。因此河南省应该重视农业科技推广工作，促进全省家庭农场的机械化水平。河南省应该学习英国经验，不断加强农用机械的研究、推广、教学工作合作，在财政方面给予农业科技研究更多支持，做好农场主技术培训与宣传工作，将知识真正转化为生产力。帮助家庭农场主掌握最新科技，提高生产效率。

再次，加大对家庭农场扶持，提高家庭农场主资金管理能力，鼓励家庭农场主重视生态保护。一是要加大对农场主直接补贴力度，使更多农场主享受补贴政策。要不断完善补贴政策，改变不合适的补贴方法和对象，补贴不应该只是看中家庭农场的存活，而且帮助家庭农场找到合适的发展方向不断成长壮大，政府可以挑选出专业水平较高、发展潜力较大的家庭农场主，为其提供不同种类的经营补贴，比如良种补贴、种植补贴、农机补贴等，但是必须加强督促，限制补贴能够真正用于农业生产。二是政府要重视农业基础设施建设，要加强对小型水利设施、防汛抗旱和减灾体系为重点的家庭农场设施投入，改善农村公路、用电、通信等多方面公共基础设施，教育环境和健康卫生条件，从而为农场主生产经营营造良好的环境，提高家庭农场主的风险应对能力。三是对农场主实施税收优惠政策，减少农场主的支出，鼓励农场主创办家庭农场。减免家庭农场的农业税、农林特产税、加工企业增值税等农业生产过程涉及税种，给予农产品最低价格保护，相反，对于农场主需要的生产资料，要尽可能实行最高限价，帮助家庭农场主降低生产成本，实现更大利润。四是制定补贴政策鼓励家庭农场主保护生态环境，引导家庭农场主生产过程中重视生态保护，充分保障家庭农场主树立可持续发展的经营理念，增强家庭农场主的生态保护意识和践行保护环境责任的能力。

最后，重视培训，提高家庭农场主的知识水平和商业能力。家庭农场主的培训内容必须要与时俱进，重视实用性，要依照市场环境与外界条件的更新不断完善培训内容。家庭农场主不仅需要学习先进的农业技术和专业的农业知识，也要补充经营管理商业知识，生产经营能力强的家庭农场主不只意味着是有技术、懂知识的农产品生产者，更应该发展成为从事农业的商人，他们了解最新市场动态，并及时调整经营战略，具备营销、策划、管理等多方面的商业能力。此外，要丰富培训渠道，要根据家庭农场主的需求不同而实行不同的培训计划，开通不同的学习渠道，开展差异化培训，结合生产经营实际情况，帮助家庭农场主多掌握具有实际应用价值的农业科技；为了增强培训教学效果，制定严格的考核方案，检验培训效果，提高家庭农场主的学习能力和经营能力。

四、法国家庭农场主经营能力提升的经验与启示

法国是现代农业生产与出口大国。农业发展有多种政策支持和社会化服务做保障，通过专业化生产，使得法国在欧盟国家甚至全世界的农业发展方面属于佼佼者，能够成为世界第二大农业和食品出口国、食品加工产品第一大出口国，其中法国家庭农场的贡献功不可没。

（一）法国家庭农场主经营能力培养

第一，实施多种支持政策，提高家庭农场主规模化生产能力。在法国，为了促进规模经济，“二战”以后为了鼓励家庭农场主扩大生产面积，实施了一系列政策鼓励家庭农场主购入土地。为了加快农田流转和土地集中，法国不仅借助经济和法律力量，还使用了组织方式和行政手段，直接参与土地流转和经营集中过程中，把中型家庭农场作为重点扶持中心，采取了完善、高效和协同的规模干预政策，对小家庭农场的小规模经营模式进行改组，改变了家庭农场的组织形式，提高了家庭农场主的土地资源利用率、农业生产效率和农产品市场竞争优势。具体体现在：实施了多方面的土地政策，包括人口政策、收入政策、价格保护政策、信贷政策等。实施这些政策的目的是加快土地集中，使得土地流转更加规范化、合理化，节约不必要的环节，其中显著特点是政府直接进入土地市场、干涉土地流转，给予没有生产能力却拥有土地的人较高价格，为这些农场主或者农户提高收入水平，然后把买来的土地转让给生产能力强的农场主，帮助家庭农场主扩大生产经营规模，提高土地利用率。人口政策的宗旨是为了释放家庭农场的老年劳动力，使得老年人将家庭农场转让给年轻的继承人或者租给年轻的农场主经营，这一举措推动了土地流向更加年轻、经营能力更强的农场主，促进了家庭农场主之间的良性竞争，使得家庭农场主有动力提高学习能力，有更强的意愿提高经营能力，不断创新以寻求更好的经营战略。收入政策主要包括农产品价格补贴政策、农村社会福利政策、农业保险政策等，它的目的是让家庭农场主取得更多收入，达到与城镇居民的收入水平不相上下，使家庭农场主有更强的职业意愿和职业认同感，以培育经营稳定性更强的家庭农场主。信贷政策的宗旨在于为家庭农场主买入土地提供资金支持，比如法国政府在 20 世纪 60 年代以后，就停止了对“不生利的农户”也就是小型农户提供贷款优惠

政策，而自19世纪70年代以来，家庭农场主需要资金购买土地或者机具以扩大经营规模的，都能够享受贷款利率减免政策，国家财政会补贴利息差额。政府采取直接干预措施促进规模改革，以庞大的政府财政专项预算和信贷计划作为保障，通过权威的政府机构和专业的非政府机构，对家庭农场适用的融资进行干预，帮助家庭农场主减轻资金压力，扩大生产规模。

第二，生产专业化，提高家庭农场主生产效率。法国农场最突出的特点是专业化，法国家庭农场的生产专业化主要有家庭农场分布的地区专业化、农产品加工工艺的专业化等。其中，地区专业化是政府以不同环境条件适合生产的农作物不同为依据，指定法定产区，引导家庭农场主在制定生产计划时因地制宜，选择发展某一种或几种特色农产品，制定如畜牧养殖农场、蔬菜种植农场，或者娱乐型农场等清晰的经营路线。比如普通的生产，法国政府划分了十个不同的产区可以种植葡萄，比如土地广阔土壤肥沃的波尔多地区，位于法国西南部，特色是盛产葡萄和葡萄酒。每当葡萄成熟的季节，世界各地都有游客赶来，不仅促进了葡萄的销售，也为发展娱乐及观光型农场提供了机会，也帮助家庭农场主实现了更多收益。而农产品加工工艺的专业化则主要是指为了提高产品优势，法国政府与欧盟规范了农产品加工工艺流程，要求更加专业严格，于是为了降低家庭农场经营成本，农场主把运输、供应等流程承包给专业的企业来做，使农场由自给自足型生产方式转化为商业化生产，也使得家庭农场主能够集中精力于农业种植，提高生产效率，发挥生产优势。地区专业化、农产品加工工艺的专业化既是家庭农场主利用资源禀赋与专业企业适应农业需求合作，各自发挥比较优势，进而提高家庭农场生产效率和产品优势的结果，也是政府积极扶持家庭农场，在充分了解各地区生产环境与农场主需求之后，做出科学引导的结果。专业化生产使得法国农产品的质量标准化，提高了农产品的市场竞争力，同时也正是这些既标准又专业的生产方式，让法国的农产品质量在全世界出名，帮助家庭农场主打造品牌效应，获得更多营业收入。

第三，完善社会化服务，降低家庭农场主生产成本。为了在生产的产前、产中、产后流程中提供给家庭农场主全面的服务，长久以来，法国的政府不断鼓励家庭农场主加入甚至是创立多种形式的服务组织，促进家庭农场主和其他服务组织的有效合作。目前，法国已经形成了以农业专业合作社

等组织为主体，较为完善的现代农业社会化服务，过去全部由一个农场自身来完成的产前、产中、产后全过程的活动，现在除了一些直接的生产活动外，都可以交由专门的服务机构来做，降低了家庭农场主的生产经营成本，提高了劳动效率。此外，这类以农业专业合作社为主体的农业社会化服务体系组织，还可以为家庭农场主提供农资、科技、信息、人才等方面的服务，提高家庭农场主的科技化水平，帮助家庭农场主掌握更多市场信息，增强应对市场风险的能力，为家庭农场主的正常经营做好保障支持工作。对于家庭农场主而言，加入专业合作社等社会组织利于家庭农场主规避生产和销售过程的信息不对称带来的风险，有效维护了家庭农场主的权益，节约农产品销售流通中的成本，提高收入水平。

（二）法国家庭农场主经营能力提高启示

虽然中国和法国的农业发展情况有着很大的不同，但法国也是农业大国，农业在法国的经济中占据重要地位，河南省也是农业大省，农业在全国举足轻重，而且家庭农场主在农业生产中发挥关键作用，法国培育家庭农场主的成功经验为河南省提升家庭农场主经营能力提供了诸多启示。

第一，给予政策支持，提高家庭农场主扩大生产规模能力和资金管理能力。目前河南省的家庭农场发展处于初始阶段，政府可以在政策上对发展农业进行支持，为农场主提供帮助和引导。在土地政策上，给予土地流转支持，保证政策的实施，鼓励农场主参与土地流转，最大程度上保障土地使用和经营权长期而稳定，从而利于家庭农场主调整生产规模，加大对家庭农场的投资，成立集约化、规模化的家庭农场。在财政方面，政府要加大财政支农的力度，使得财政支持向经营规模较大的家庭农场主倾斜，比如可以依据家庭农场经营面积，为农场主提供直接补贴，加大对农业基础设施建设的资金投入，减少家庭农场的生产成本。提高农场主的收入，促进家庭农场主积极购买先进的农业机械设备，以增加农场主的积累、提高生产再投入的能力和扩大经营规模的能力。在信贷政策上，推进对家庭农场贷款产品的研究，激励银行机构不断改善农场主的融资方式，为农场主增加融资途径提供便利条件，给予利率照顾，激发银行机构为农场主服务的积极性。金融机构可以扩大家庭农场信贷产品的覆盖范围，加快创新多种不同的金融产品，满足不同家庭农场主的贷款需求，实施贷款利率优惠政策，对家庭农场主用作扩

大经营规模的融资提供低息贷款。在价格方面,因为农场主要承担内部农场和外部市场的两方面压力,农产品的市场价格又普遍偏低,所以政府应该在市场最低限价方面给予农场主支持,使得家庭农场主提高经营收益,提高生产积极性。在税收方面,家庭农场主同从事农业生产的主体一样可以享受农业减免政策,另外政府还应该给予农产品的加工包装、运输销售方面的政策红利,保证家庭农场主的收入,调动家庭农场主的生产热情,增强农场主的信心。

第二,实施专业化生产,提高家庭农场主生产效率。法国选择的专业化生产方式减少了资源浪费,促进了家庭农场经济的繁荣。在河南省,不同地区适合的农作物也不同,可以学习法国的经验,因地制宜进行科学的规划。结合气候、土壤、水资源等资源禀赋,利用当地优势指引农场主选择合适的经营方向,使得家庭农场主做到专业化生产。实现专业化经营有助于家庭农场提高生产效率,扩大经营规模,在生产流程中也能够更加注重细节,使得生产越来越标准化。政府可以鼓励多种类型的家庭农场共存,制定多种家庭农场标准,促进建成多样化、标准化、专业化的家庭农场。现代化的农场发展离不开科技的投入和机械化的操作,河南省在这一方面也还存在很大的可提升空间。在实现专业化的基础上,要注重增强家庭农场主学习新技术和新知识的能力,提高家庭农场主的机械化和科技化生产能力,提高生产效率。借助农业机具可以使得家庭农场减少人力消耗,提高人均生产效率,也为家庭农场主扩大经营规模和提高经营效率提供技术支持,这有利于促进家庭农场调整结构,所以要鼓励科研机构研究农业科技,并能把科技真正用于农业生产,同时做好先进机具普及工作,协助家庭农场主实现专业化生产。

第三,健全社会化服务体系,降低家庭农场主生产成本。河南省正由传统农业转向现代化农业、由分散化经营转向规模化经营,这个转化过程需要完善的社会服务体系做支撑。政府不断完善农业社会化服务体系,制定相应政策,构建服务全面、形式多样的家庭农场服务组织。新型的家庭农场服务组织需要提供生产全过程的必要服务,比如产前的种子选择、收集市场信息,产中的机具租赁、技术指导,产后的包装加工、运输销售等,使得家庭农场主生产过程中更加专业化、经营的农产品更加标准化。同时要完善农业

技术开发和推广体系，鼓励形成家庭农场协会、农业合作社联合社、现代农业产业联合体等多种家庭农场服务组织；完善信息共享平台，及时将收集的农业相关信息共享给家庭农场主，准确地为家庭农场主提供各种市场情报与技术指导、规避风险等多种服务，使得家庭农场主主动掌握信息而不是被动经营。除了要依靠社会组织提供的外界援助，家庭农场主自身具备的专业素质也十分重要，不但要具备足够的农业知识，熟练掌握生产技巧，还要懂得人力资源管理、营销策划等知识，因此应该进一步完善家庭农场主培训政策，丰富农场主学习资源，开展农场主农业知识和经营管理培训，向农场主推广先进的技术工具，宣传病虫害防治技术，传授营销策划经验，提高家庭农场主的专业化水平和创新能力。

五、德国家庭农场主经营能力提升的经验与启示

德国的农业发展水平较高，农业用地大概占了国家土地面积的一半，德国家庭农场有着注重环保、科技先进等特征，德国重视家庭农场主素质培养，促进土地流转、科技现代化，以至于德国在世界上成为农业生产大国和农产品出口大国。

（一）德国农场主经营能力培养

第一，促进土地流转，提高家庭农场主规模化生产能力。德国意识到依靠小规模分散经营的农户只能达到落后的生产技术水平，这种形势下的家庭农场机械化水平低、劳动生产效率低、农作物转化为商品效率低、家庭农场主收益低等。这种市场情况使得人才、资本、技术等生产资料很难投向家庭农场。把分散的土地资源转移给少数家庭农场主经营，是由传统农业转为农业现代化的必经之路，于是德国颁布了《土地整理法》。土地整理主要是鼓励土地拥有者达成土地互换交易，实现土地集中，并对互换后的土地重新登记，然后对集中起来的土地资源整理改善，这个过程促进了家庭农场主扩大经营规模的进程。在土地整理活动中要依照“补偿原则”，拿出土地的一方要换回同等价值的土地，对于放弃换回土地的，也可以采取货币补偿的方式。成立了专门的机构解决相关纠纷与争议，保证土地正常流转，通过土地整理，德国将农业用地集中起来，为家庭农场主扩大生产规模提供了基础，也提高了土地资源利用率，改进农村的生态环境。德国的土地所有权绝

大部分集中在私人手上,德国制定了统一产权保护与管理制度,对所有的土地实行登记,即实施地籍制度,根据制度规定,法律只保护登记的土地所有者。在土地所有权明确之后,土地流转所花费的费用大大降低,减少了不必要环节的发生,家庭农场主花费更少的钱就可以买到或者租到土地,减少了经营成本,推进家庭农场主扩大经营规模。为了帮助家庭农场扩大经营规模,德国政府明确了租赁土地的用途,提出多种鼓励政策,促使生产能力低或者没有生产意愿的土地拥有者把土地租出去,使更多人参与土地租赁市场。引导土地流转到生产经营能力更强的家庭农场主手中,提高土地利用程度,使得土地流转更加规范,促进家庭农场主实现规模化经营,为家庭农场主实施专业化的经营与管理提供了重要基础。

第二,重视家庭农场主素质培养,提高家庭农场主知识水平。德国农业的高水平发展,与农业从事者的高素质是分不开的。德国的法律做出了明确规定,要求所有家庭农场主都必须接受教育,取得证书后才能够经营。德国主要通过两种途径开展农业教育工作:一种是在大学学习专业知识,还有一种是参与职业培训学习以取得农业从业资格。德国现在从事从业的工作人员,通过大学取得农业从业资格的达到四成,所以德国的家庭农场主很多都是具有高素质、高学位的农业专业人才,具有更高的知识水平、更强的学习能力。另外一部分农场主则是通过职业培训取得农业从业资格的,德国开展的职业培育十分有名,农场主可以接受的职业教育有三种不同类别,分别是初级、中级和高级的农业职业教育。其中初级农业职业学校和其他方面的职业学校的学习时间相同,学制三年,完成学业之后的学习者要参与全国统一的职业资格考试,考核十分全面,包含笔试、口试和实际操作三种考核,重视实际操作,农场主需要经过这项考试才能够从业家庭农场经营。培训分层次进行,首先要经过三年的初级职业学习,然后再到中级职业学校学习,主要是学习经营管理,不仅仅是生产。在完成中级农业职业学校的学习之后,再积累一年的工作经验,才能够到高级农业职业学校学习一年,学习内容主要是企业管理和营销知识。经过高级农业职业学校学习,家庭农场主可学习成为农业企业管理人才。除此之外,德国还提供很多种类的培训,比如种植、机械、养殖等,根据市场发展提供相应的培训内容,德国全面的农业教育,提高了家庭农场主的知识水平、学习能力、生产技能、管理能力和营

销能力等，为德国家庭农场主队伍发展提供了高素质的劳动力，这些劳动力对于新技术有较好的学习能力和接受能力，也为德国推广高度现代化的农业技术设备奠定基础。

第三，科技现代化，提高家庭农场主经营效率。德国家庭农场的连片经营面积变大，更利于使用机械设备，提高机械化程度，与此同时，德国发达的机械水平不仅能够提高生产效率，也有利于农场主扩大经营规模。德国家庭农场主的管理方式越来越现代化，主要体现为在农场中使用先进技术和科技，采取现代管理方式经营农场，农场主补充知识文化，创办优质、高效、绿色可持续的家庭农场。现在，德国家庭农场更加信息化、机械水平更高，不但能够提高家庭农场主的生产效率，还能提高农业资源的利用率，为家庭农场能够实现较大规模发展，并以较高的效率运行提供了技术上的支持。德国所有的农场主都为家庭农场购入了电脑等现代办公用具，会计记账和仓储登记等都采用科学方法，对于日常经营活动也明确记录，方便经济核算和会计监督，也为金融机构对家庭农场信用评级和授予信贷额度提供重要参考依据，降低家庭农场的信用风险。德国收集农业信息，并建立了专门的数据库，比如植物保护文献数据库、农药残留数据库与环境监测大型数据库等，有大量的农业数据支撑，家庭农场主获取信息更加便利，做出的经营策略更加科学。在收集基础信息方面，利用遥感技术和地理信息系统，收集土地面积、自然环境条件等数据，储存在数据库供以后分析使用。通过使用全球定位系统完成土地资源规划、作物测产与管理等工作，为土地规划工作做出技术保障，为制定农业扶持政策提供参考数据。在生产环节中，德国关注3S技术（即遥感技术、地理信息系统和全球定位系统）与农机的结合，为了接收卫星信号在大型农机上安装接收机，然后利用电脑分析处理数据，结合土壤环境与农作物特点决定施肥量或者病虫害防治用药量，适度用量既减少了不必要的浪费，又避免了过度施肥对土壤造成的破坏，还能最大程度保证农作物的安全，降低了家庭农场主经营风险。德国农业信息网络服务系统遍布全国，并积极探索新的信息技术，实现农业各机构之间的数据共享，为家庭农场主搭建信息共享平台，减少了家庭农场主信息收集的精力成本，提高了信息收集能力。农产品的生产者与消费者利用电子商务平台沟通合作，扩宽销售渠道，提高了家庭农场主经营收入。

(二)德国家庭农场主培养启示

在德国,家庭农场是主要的农业组织形式,德国家庭农场的发展水平在全世界屈指可数,在家庭农场主培养方面,也积累了丰富的经验,值得学习借鉴。

第一,规范土地流转,帮助家庭农场主实现规模化经营。分析发达国家家庭农场的发展变化,扩大经营面积是家庭农场发展壮大的必由之路。发达国家家庭农场主实现规模化生产,是以土地私有制为基础,通过小农场的合并或者土地租赁实现的,河南省家庭农场经营的土地,大多数是通过转包或者租赁取得的。从长远的角度看,土地租赁是河南省家庭农场发展的主要趋势。土地资源具有特殊性,不能只靠市场机制调节,还必须借助政府力量进行宏观调控,为土地流转营造良好的环境条件。首先,理清土地租赁流程,完善相应机制,利于农场主做出长期规划,防止农场主的经营成本因为租赁土地而变高。其次,河南省农业用地碎片化、分散化不利于农场主发挥规模经济效应,应该采取措施集中土地。可以推行“土地入股”的家庭农场经营方式,把不愿意生产或者生产水平落后的土地拥有者把农地交给生产效率高的人,再利用这些土地创办家庭农场,或者转移到正在经营的家庭农场主手上,用来扩大经营面积,这样土地使用权能够在长期内稳定,也使得流出土地和接收土地的农场主的收益都得到了保障。各级政府应该积极推进土地整理工作,各地村委会做好配合,将碎片化的土地资源集中起来,为家庭农场主经营做好土地资源保障。最后,应该重视完善土地流转制度,做好农场主土地维权的文件支撑。家庭农场主的经营往往伴随着土地流转难度大等问题,因此,河南省要完善土地流转制度,做好土地资源的合理配置。各级政府部门要加大监督力度,构建健康运行的土地流转环境,从而让土地拥有者放心转出土地,家庭农场主安心集中土地,减少交易的不确定性,促进交易达成,协助家庭农场主稳定经营,做出长期经营策略,实现规模化生产。

第二,加强农业教育,提高家庭农场主专业化水平。德国对于农场主的从业资格严格把关,并配备完善的农业教育,造就了能力素质较高的农场主,对德国家庭农场发展发挥重要作用。整体来看,河南省的家庭农场主素质能力还处于偏低的水平,大多数农场主只是通过实际农业生产过程中积累经验,并没有系统学习过农业知识。虽然现在设有农业技术推广服务中

心，但是所发挥作用，不能切实帮助农场主解决问题。家庭农场主并不是懂得农作物流程就能够胜任，还要会处理实际生产过程中出现的各项问题，还要懂得经营管理。因此，加强农业教育，培育专业的家庭农场主势在必行。首先，提高创办家庭农场的准入门槛，在家庭农场主受教育水平方面进行限制。要求申请成为农场主之前要系统学习过农业知识，或者接受过专业培训，具备农业生产、营销等多方面能力。同时，积极培养年轻农场主，重视技能培训，促进河南省家庭农场主专业化进程。其次，要积极调整研究方向，搭建研究机构、农场主之间互动交流平台，建立促进农业科技创新的体制和运行机制，将知识力量转化为实际生产力，将科研成果广泛应用于农业生产过程。最后，通过国家政策进行引导，鼓励农业相关专业的学生毕业后创办家庭农场，将科学技术转化为生产力，为家庭农场主队伍的发展提供人才保障，与传统家庭农场主进行思维碰撞，提高家庭农场主创新能力。

第三，推进科技支持农业，提高家庭农场主生产效率。家庭农场的高水平发展离不开信息技术的支撑，德国家庭农场利用3S技术等科学手段，改进家庭农场主的管理方式，也提高了土地资源利用率。目前，河南省还没有专门为家庭农场主的现代化管理提供支持的信息系统，使得农场主在测量土壤环境方面存在困难，也不能及时了解农作物生产情况，使得家庭农场主不易准确掌握播种时间、施肥量和病虫害农药用量。另外，因为掌握的土地规模、农作物生长等方面的信息不够，可能导致制定出农业政策不能达到扶持家庭农场主的实际效果。所以，河南省迫切需要构建农业信息管理系统，引入最新的农业信息科技，帮助农场主实现精准施肥与用药。一是，强化顶层设计，制定农业信息规划，为农业信息做出法律规范，保证农业信息的真实性与获取便利性，保障家庭农场主的合法权益。二是，结合河南省农业的特点，研究适合河南省家庭农场主的先进信息技术，学习运用国外科技设备，为家庭农场主实现信息化管理提供硬件支撑。三是，构建为家庭农场服务的信息平台，收集整理多方的农业信息资源，借助线上或线下平台向家庭农场主提供有用信息，包括农产品价格、新技术普及、农产品需求信息等，减少家庭农场主获得并使用农业信息的成本。四是，利用电子商务平台，充分利用互联网发展优势，加快现代生产技术和管理方式的应用，为家庭农场主实施高水平的生产运营模式提供条件。

第七章

河南省家庭农场主经营能力提升的优化路径

家庭农场主经营能力是家庭农场可持续发展的核心能力，是解决家庭农场生存问题的第一要素。面对激烈的市场竞争，善于经营，强化管理，以管理促经营，以经营促家庭农场发展，才能实现把农场做大做强的目标，因而着力增强经营能力是实现家庭农场持续健康发展的核心和动力。在新时代发展背景下，家庭农场主经营能力的提升面临着巨大的挑战——评价机制不健全，影响因素复杂多变、难以掌控，如何提升家庭农场主经营能力水平，推进"乡村振兴"战略实施成为当前政府、社会以及家庭农场主面临的重大课题。因此，本研究从宏观、中观和微观三个层面，即政府、社会和市场、家庭农场主自身，对河南省家庭农场主经营能力的提升机制进行构建与优化。

第一节　宏观层面：加强政府的支持作用

一、推进农村土地管理制度改革

在调查中发现，绝大部分家庭农场主因承包土地的时间有限，维护成本较高，在运营家庭农场的过程中并不敢轻易加大投资，扩大农场规模，因此，

有必要深化农村土地管理制度改革,以坚持农村耕地集体所有、农户家庭包干运营为基本框架,遵循"实现集体所有权、稳定农户承包权、放活土地经营权"的方向,构建以所有权、承包权和经营权"三权分立"为特征,集体所有、家庭承包、多元经营的新型农村土地管理制度,从而实现保障家庭农场主的土地物权,还权赋能的目标。总之,"权益保障、产权清晰、流转顺畅、权能明确、分配合理"的农村集体土地产权制度,对于提升家庭农场主发展建设家庭农场的土地管理和使用能力有极大的促进作用。

一要巩固落实农村集体土地所有权。政府部门应加强法律层面对农村集体所有权的保护,在制定的相关法律政策中要明确地将农民集体视为一种特殊民事主体——一种以村农民集体为关键的独立民事主体,并详细标注农民集体实行集体所有权的责任机构和规章程序。在责任机构方面,所有关于集体土地的重大决策事项,例如土地发包承包、利润收益分摊方式等,都应当通过举行农村集体经济组织成员大会或代表大会,履行成员们的知情权和投票表决权等来达成最终的一致意向,以使农村集体经济组织成员大会或者代表大会的职能得到强化,进而成为拥有权威性的能够服众的集体土地所有权决策机构。此外,还可以通过规定收益的分配使用方式,来巩固和保障农村集体土地所有权的坚实地位,例如将集体土地使用权转让获取的增值收益按照一定的比例交给村集体,由其负责管理,赋予其自主划定该部分收益使用领域和方法的权利。这样既可以提高村集体增强农村田地基础设施建设和维护的积极主动性,改善村集体生产生活条件,又可以促进村集体经济尤其是家庭农场的发展壮大,体现社会主义集体所有制的优越性。

二是保障承包权和经营权的相对独立性。对家庭农场主拥有的土地承包权要给予法律层面的意义,强化其具有的继承、转租、转让及抵押等功能,使农场主能够通过土地的征用和流转获得拥有承包权的资本收益,从而彰显土地承包权的财政功能,发挥增加农场主经济收益的作用。相关政府部门要允许、鼓励农村土地承包权和经营权在村集体组织、村成员内部之间合理合法地转进转出,自然高效地流通转让。此外,还应增强和压实家庭农场主的土地绿色使用意识和土地保护责任,明确在其拥有土地使用权、经营权和收益权的同时,还应牢记自身所背负的、应履行的土地爱护责任和义务,避免为了短期的经济效益而忽视长期目标，出现短期行为和长期战略相背离的现象，进而造成土地资源的污染和浪费。

三是要规范土地流转行为和程序。作为实现土地科学高效流转的组织者、管理者和服务者，政府部门应牢记自己的责任和使命，明确自己在该过程中的作用，以杜绝错位、越位和缺位等不良现象的发展，从而建立更为健全长效的土地流转机制，使得村集体土地向家庭农场流转得更为有序合理。首先，要着重创新土地流通转让所采用的传统的方式方法。要大力推广转包、出租、互换、转让和入股等流转承包地的方式，以拓展广大农民获取土地承包权、使用权和经营权的渠道，从而实现家庭农场高效可持续的发展，提升家庭农场规模适度化经营的效率和收益。其次，要健全土地流转服务体系架构。相关政府部门依托农民专业合作社及村委组织机构，借助当前的科学信息技术，完善覆盖“县—乡—村”的三级土地流转服务平台和信息网络管理架构，健全土地流转的程序和步骤，以确保土地流转双方关系的和谐稳定，推动家庭农场的适度和规范化运行。在此基础上积极引导和鼓励家庭农场主采取多种利益分配方式，比如实物计租货币结算、租金动态调整、土地经营权入股保底分红等。最后，要强化对土地流转的规范与管理。在土地流转过程中，既有转让方也有承包方，其间存在着利益纠葛纷争，会牵涉各方利益的得失问题。相关政府部门应充分考虑该问题将会引发的系列矛盾，在此基础上加强土地承包经营纠纷的调解仲裁体系建设，健全土地流转双方矛盾冲突处理机制，以妥善化解在土地承包权和经营权流转过程中所产生的纠纷摩擦。

二、促进农业融资体系建立健全

农业生产要素供给是农产品有效供给的基础，而评价结果显示，河南省家庭农场主的资金获取能力低，配置资金效力不高。所以，要建立健全家庭农场主投融资管理制度，积极拓展投融资服务途径，创新信贷模式，以进一步优化农村投资环境，真正缓解家庭农场主投资难、投资贵以及融资难、融资贵的现实问题，切实增强家庭农场主聚集资本的能力，进而保证家庭农场投资需要，推动家庭农场的蓬勃发展。综上所述，家庭农场主要对家庭农场固定资产投资合理计量并完善内部管理，进一步优化家庭农场的财务管理

架构，提升资本收益水平，并科学预测投资需要，以确保投资规模与途径的合理性，有效缓解家庭农场资金紧张问题。

（一）拓展家庭农场多样化投融资的途径

积极构建投融资平台，为家庭农场主筹集发展资本创造多样化的资金供给途径。一是通过引导正规的金融机构在农村区域建立经营组织、增设网点，通过拓展金融机构提升农民家庭农场主融资能力的水平，发挥其支农服务的主力军作用。例如，积极指导农行、邮储银行公司、农村经济发展银行公司和农村信用合作社等重点涉农中小企业金融机构拓宽农村融资服务（推广“阳光贷款”、便捷结算等针对性服务），加大对家庭农场发展的资金支持力度。二是着重发展家庭农业金融机构的补充部分，为了培育家庭农业小额信贷企业，可以参考美国社区银行的建设经验，在河南省各个地方也积极发展专业为家庭农场发展提供小额贷款业务的金融机构，以此满足广大家庭农场在小额贷款方面的需求。三是进一步规范民间借款活动，逐步形成阳光化、规范化的民间借款体系和通道，并合理指导和管理家庭农场主开展民间融资活动的行为，进一步拓展家庭农场主的融资途径、投资渠道。四是研究创新家庭农场主的投融资方法。

（二）建立家庭农场信贷融资保障系统

建立专门支撑家庭农场发展的融资保障系统。一是构建“家庭农场+担保机构+银行”的贷款模式。加快政策性农业担保机构的成立和农村地区担保机构的建设，激励和引导家庭农场主以股份合作的形式成立互助性担保机构，并着力加强家庭农场与担保公司之间的合作交流，以增强家庭农场生产经营获取信贷担保的概率。二是建立家庭农场信用等级评定体系。为合理避免家庭农场投资过程中的直接信用风险和逆向选择风险，进一步推进家庭农场投融资体制的良性循环，可实行全国统一的农业授信体系，并指导地方涉农金融组织积极做好家庭农场的信用等级评估管理工作，对客户信用评分更多的家庭农场可采取一揽子的政策，比如信贷优先、手续简单、利息优惠等。三是着力提升家庭农场主的财政资金管理水平，进一步规范家庭农场的会计管理工作。为了进一步推动家庭农场财务管理工作的改革与完善，可以考虑将会计工作深入家庭农场经营的各个链条，以达到由传统的简单会计记账、核对账款、财务报账向科学有效的事前预测、事中管理、事后

反映的迈进和家庭农场主财务管理水平的突破。另外,农场主也要对家庭农场生产运营中的各个环节的预算实施精细化管理,将各种收入、支出都纳入预算管理系统,并按照统一的规章制度进行管理,以强化对未来资金的刚性需求和应用效益,从而为家庭农场信贷提供支撑和依托。

(三)改进家庭农场信贷抵押业务

目前河南省家庭农场主除个人担保贷款以外,采取的主要信贷类型是房屋产权证抵押贷款,相对来说其他抵押物作为担保较为缺乏。面对这些问题,政府可以积极扩大抵押物范畴,把各种实体资产,包括家庭农场中所有的多年生作物(水果、树木、药材和花卉等)、饲养场地(池塘、水库、鸡圈和猪圈等)、牲畜、办公场所、农业设备、仓库等,以及各种无形资产(企业商标、专利权、销售协议、应收账款、技术知识产权和存货仓单等)都列入信贷抵押物范畴。同时,还可以针对家庭农场经营种类的不同评估其所掌握的资产状况,从而开展针对性较强的信贷抵押物服务,比如针对谷物类的家庭农场,可以将大型农机器械、存粮作为抵押物;针对经济作物类家庭农场,可以将塑料大棚、冷藏库作为抵押物,以及针对畜牧类或种养结合类的家庭农场,允许进行农业厂房、生物抵押活动;针对休闲型的家庭农场,也可以将农业设备、房屋地舍等作为担保质押物。另外,为增加家庭农场向农场主正规贷款的可获得性,并提高其对金融信用保证的满意度,从而增加家庭农场可贷款的额度及其对正规金融的信用效应和收入效果,各有关部门可以通过扩大家庭农场贷款抵押范围,盘活家庭农场现有的资金存量、保障现有资金链条的完整性。

(四)积极构建新型农村合作金融机构

针对农村合作金融要赋予科学合理的法律地位,并相应弱化、降低民间社会资金进入农村金融市场的条件与门槛,允许更多的符合要求的社会融资组织进入农村金融市场。一是积极发展新型的农村合作金融服务机构。具备分支机构较少、资本能力相对薄弱、基础设施与技术发展较为滞后等特征的新型农村金融机构,属于一类小微型金融机构,而且在与其他金融机构竞争业务时,其所具备的市场竞争力较弱,特别是在常规的农业储蓄服务与农村信贷服务上,已无法与其他金融机构相抗衡,不过在网点架构布局与贴近家庭农业客户等方面,新型的农村金融机构仍存在着很多优点,这也将成

为其与政策性金融机构相互协作、共同革新的重要基础，其中政策性金融机构由于具备了资本、信息技术与人才等各方面的优势，因此担负了促进家庭农场高效、可持续发展的主要责任，特别是在农业的贸易流通环节。但是随着农业社会经济发展和新兴的农业经营主体（尤其是家庭农场主）的不断发展，农村金融市场发生了巨大的改变，为了缓解这种改变带来的冲击，相关金融机构不断调整业务战略和服务体系架构，以便更好地促进家庭农场的高质量发展建设。在此种情况下，新型农村金融机构与现存金融机构具有相同的目标——服务家庭农场建设，而且在节约交易成本的情况下能充分发挥多方优势，更好地支撑家庭农场发展。一旦各方达成共同的合作意向，则新型农村金融机构将能够通过村镇商业银行对不同地区家庭农场经营情况的及时掌握，从而减少因信息不对称产生的经营成本，同时借助地方相关金融机构特别是农业发展银行的资本和信息技术优势，弱化家庭农场主们进行农业信贷经营过程中的风险，从而化解家庭农场的信用借贷危机，以达到新型的农村金融机构与地方政策性金融机构联合建立农业金融市场、共同发展家庭农场经济的目的。

二是进一步扶持和规范家庭农场之间的融资援助，鼓励和指导家庭农场主以自身为基础单位，组建合作社并开展金融服务方面的协作。为给农村合作金融机构的正常运营与发展提供切实可靠的法制保证，还可以以借鉴发达国家促进农村合作金融机构发展的成功经验与教训为基础，着力建立推动农村合作金融机构健康高效发展的基本法制制度。另外，针对由家庭农场主自发成立并产生的农业合作金融机构，政府有关部门切记过分干预，应借助自身的社会地位，因势利导，引导家庭农场合作金融组织形成合理的法人治理架构，进而进一步强化对机构的监督与管理，将之发展成为真正的可以自主运营的企业法人主体。

（五）健全家庭农场保障与支持体系

家庭农场保险制度作为一项可以支持家庭农场主减少因自然灾害所造成的直接经济损失，从而有效提高家庭农场对抗债务和预防经营风险能力的机制安排，可以科学地避免和分散家庭农场生产经营风险，并增加相关金融机构的放款额度和积极性，从而增加了家庭农场主资本可获取的相对稳定性。由于传统农产品保险制度体系带有准公共商品的特性——高成本、

高风险，且很难为市场完全供给，因此要求政府部门对其发展施以指导与规范，并革新现有农业保险模式，逐渐形成由政府部门占据主导地位的政策性农业保险与在政府部门大力支持下的商品保险制度相互结合的互补发展模式。为提高家庭农场发展的可持续性，要努力提高保险公司在农村布局的密度与深度，积极引导商业性保险公司拓展农村保险服务业务的覆盖范围，强化农业保险理赔力度，并积极发展各类农村保障险种，比如农民人身财产安全保障、养殖业与饲养业自然危害保障等，确保农业保险险种的丰富多样，能够满足家庭农场主的多种需求。另外，政府还可以在商业保险公司不愿意进入的领域范畴，探索提供政策性农产品保险服务企业组织，以提供政策性保障业务。家庭农场生产经营中的高投入风险，也会导致商业农产品保险经营的高投入风险，而一旦出现了重大的自然灾害，商业农业保险也会由于自己能力的不足难以承受，因而有必要建立合理的商业农业保险转移制度。首先，可尝试设立农村自然灾害保护基金，但由于其资金主要由河南省政府和各地级市共同出资，在出现了大范围的特大农村自然灾害而使得农村保险无力应付时，仍可以从该基金得到相关帮助，从而为农村保险未来的健康发展提供资金保证并构筑防线。其次，设立覆盖全省区域范围的农村再保险公司，以转移农业保险公司的经营危机，因此在农民保险公司的保险业务在遭遇严重农村自然灾害，并承受了巨大损失而无以为继时，仍可以直接从农村再保险公司中寻求援助、进行资金补偿。再次，着力推进农业政策性保险、合作互助保险、商业保险的协同发展，促进各方支持家庭农场建设合力的形成，尤其是银行和保险方面的扶持合力，从而为家庭农场拓宽融资渠道，增强农场主资金的集聚能力。

应尝试对商业性农业保险加以改革与完善，包括探索对商业性农业保险的补贴优惠，以及农业保险覆盖面的进一步拓宽。因此，尽管政策性农业保险在家庭农场保险支撑体系中处于十分关键的地位，但建立覆盖全省区域农业的政策性保险机构，也不是一蹴而就的。以营利为出发点的市场化农业保险——商业性农业保险是基于自愿的原则引导农户进行投保，是商业性保险机构业务的重要构成。由于家庭农场作物产量较容易遭受自然灾害的影响，其经营发展又有较高的风险性，而商业性农业保险机构按照市场价格原则所制定的家庭农场主所能购买的保险额度又较高，这样就不可避

免地提高了家庭农场生产运营的成本。所以,目前农业保险服务业务的资金来源大多是由三方(中央政府+地方财政+农场主)共同承担、处理。河南省的农村农业保险制度起步较晚,发展相比一些发达地区较为落后,并在当前情况下还面临着许多问题:保障对象种类匮乏、补偿额度偏低、可支付补偿金额程序复杂等,由此造成了家庭农场主投入意愿与积极性偏低,无法切实发挥其分散家庭农场风险的功能。所以,为切实降低家庭农场运营过程的金融资金风险:一方面应当加大对商业性农业保险的补贴,鼓励各类商业性保险机构积极扩大农业保险产品和服务的种类,以增强农业保险产品对家庭农场需求的满足性和针对性,更好地建设发展家庭农场。另一方面,实施家庭农场差异化保费补贴措施,针对家庭农场经营规模和农场种类的不同,施以不同的财政支持,以降低商业性农业保险机构赔付金额的支出,确保农业保险机构的正常运营,从而提高家庭农场应对巨大灾害的抵抗力和防御力。

三、构建家庭农场主职业化培训体系

家庭农场主作为家庭农场生产发展的执行者和领导者,其拥有的职业素质和经营能力是发展高质量家庭农场的重要组成部分,是促进家庭农场可持续发展的核心动力。目前家庭农场主的职业培训体系中存在的诸多问题,例如培训内容单一、模式固化、管理机制不合理等问题,极大阻碍了家庭农场主经营能力的提升,使其在发展建设家庭农场的过程中无法起到应有的作用。因此完善目前的职业培训体系,促进家庭农场主培训工作的常态化和制度化,进而实现家庭农场主经营能力的提升。

(一)丰富家庭农场主的培训内容

家庭农场主的培训内容不仅包括生产技能方面的工作,还包括思想、品德、法制等多方面的训练与教学,在开展落实培养工作时应多层次多维度地解决家庭农场主的现实需求。家庭农场主除掌握相关的农业知识之外,还需要加强对当前新兴信息科学技术的理解和掌握,因为与时俱进,学习先进的科学知识,提升自我的精神境界和思想素养有助于吸收和掌握发展家庭农场所需的现代技术以及现代化的农业机械设备,有助于更好地组织生产、销售、加工等经营活动,同时还有助于理解农产品品牌、有机食品标志、食品安全问题等。另外,还应强化对家庭农场主生态与环境保护意识的培训,发达国家农业在产业化过程中存在的社会矛盾、污染、土地荒芜等问题,在河南省现阶段家庭农场的发展过程也有所体现。总之,家庭农场主的培训内容应涵盖绿色农业、环保农业等有关概念,在传授家庭农场主最先进的农业科技与管理思想的同时,也应培训生态安全、循环农场对提升家庭农场运营效率方面的内容。与此同时,相关政策法规的培训也应列入日程,比如与家庭农场相关的法律法规的普及、惠民强农政策的推广,使家庭农场主成为适应新时代,具有现代先进科技知识和管理理念的新型职业农民。

(二)创新家庭农场主培训方式

因地制宜结合河南省家庭农场经营发展的实际需求,有针对性地开展培训,并且不断创新培训方式。一是注重理论和实践的结合,打破单纯的“灌输式”课堂教学模式。除了在课堂上传授理论知识外,还应进行实地实践验证,如在田间地头为农场主们演示相关先进技术的操作与运用,进行现场实际观摩学习。二是充分利用现代网络科技和平台,突破时间、空间的限制,让“人人学、处处学、时时学”成为可能。有关部门可以尝试建立线上教学平台,把面对面的课堂教学和连着网线的网上教学紧密结合,使无法到场实地感知的学员们借助网络获取信息资源,主动成为学习活动的主体,能够主动去探索问题、解决问题,满足农场主们对个性化、多样化和终身化学习的需求。三是注重学历提升教育和职业技能培训的相互融合共生。为了提升家庭农场主参与培训的积极性和主动性,可以尝试完善学历教育和各类非学历培训过程的认证制度和规则。

(三)组建良好的农业培训教师队伍

目前河南省家庭农场主培训的师资力量相对比较薄弱,而且一部分培训师资自身对农业的实际状况不能够真正了解,拥有的农业实践经验也很少,这就使得教师在培训过程中所讲授的农业相关理论知识比较单一。同时培训老师也没有连续性,更替比较频繁,导致教师培训的质量和效益均无法达到预期目标和获得收益。师资力量除结构与数量需要科学合理,具备较坚实的农业学科基础水平以外,还应鼓励相关农业机构培养教师时注重教师队伍人才的多样化,积极邀请农业专家、教授参加家庭农场主培训,以提高培训档次,同时也应注重发挥农广院校的资源优势,做好对农业专任与

兼职老师的系统培养工作，以提高农业培训老师的教育能力和实地培训水平，并及时地把新的农业知识与技术整合到教学中，理论知识联系现实，采用多样化的教学模式。

（四）完善考核评价机制

对于提高家庭农场主培训教学质量方面，国外施行了严谨的考核和认定机制，通常会有百分之一到百分之二的淘汰率，以为农民培训建立统一目标，为监督评估提供统一标准。总而言之，提升培训效果是非常有必要的。一是构建良好培训成效反馈与有效跟踪的机制，及时收集家庭农场主的反馈信息和改进建议，通常可采取电话通信、问卷调查或者公众号、QQ 等互联网方式。二是针对全省各个区域家庭农场的经营服务水平和提供的业务特性，有针对性地建立农场主培训结果的评估系统，以提高农场主资质认证的科学性与准确度，避免评估结果无效率导致的系列问题。三是建立专业化、职业化家庭农场主的考核认证制度，并定期组织培训成果交流研讨会，汲取优秀农场主的学习经验和教训，从而不断地提升自身的专业能力和知识素养。

四、完善农业科学技术创新与宣传推广体系

农业科学技术是实现我国粮食安全的基本保障条件，是冲破土地资源环境制约的必然选择，是推进现代化农业建设的动力来源。伴随全世界经济全球化的不断深入，不少发达国家加快农村科技进步和创新的进程，特别是在生物技术、信息技术、新能源和新材料等方面。

（一）加快转变农技推广运行机制

转变农业科技推广理念，以家庭农场主的现实需求为基准，树立“以农为本”的宣传理念。在家庭农场模式下，政府应激励和指导农村技术服务队伍以单个家庭农场为基本服务单元，重视了解服务对象的现实需求，深入实地调查家庭农场和家庭农场主究竟需要怎样的农业技术，以便有针对性地进行技术宣传与信息传播服务，从根本上改善“引进的技术农民不需要，需要的技术没引进”的农村技术服务供给状况。另外，政府还应构建起更加贴近现实的、专业性更强的农技推广工作运行机制，和以农村高新技术企业为主、农村高新技术示范园区和生产基地为辅的农村科学技术转化新体制。

在技术推广组织建设上，通过利用已有的技术发展优势资源，融合“农、科、教、企”等多种社会力量，快速构建起以“公益性农技推广机构为核心骨干、科学教育和社会性农技服务组织为重要补助、乡村社会负责农技员为基本”的新兴农技推广机构网络，促进家庭农场主对科技信息技术及其成果的理解和掌握，以提升家庭农场主的经营能力。

（二）推进农村科技体制改革

逐步增加对农村科学技术研究、创新和应用的资金投入，并从法律层面出发以立法的形式规定政府支出用于农业科技体制的比重，确保政府财政投入足额到位，从而明确政府在农业科技资源投入中的主体作用。同时，也为了鼓励与引导农业相关的科技公司以及民间社会资金投身农业科研活动中，以扩大农业科研资金筹集路径，丰富其资金来源，政府部门要尝试制定一揽子激励性较强的拥有一定倾向性的税收优惠措施。着重发展农业现代生态养殖技术，以提升农产品技术的精细化程度，以完善全程农产品生产机械化技术和农产品标准化技术为重点，以做到“耕地越种越好、产量越种越高、效益越种越多”。以解决“地少水缺的资源利用环境条件制约问题”为引导，通过各项有效举措改善耕地资源利用率和水自然资源利用率，以此带动家庭农场综合能力建设的全面提升，进而实现家庭农场主运营农场所需的科技信息知识水平的提升，从而促进家庭农场现代化、信息化发展。

（三）强化农村科学技术人才队伍建设

人才是农村科学技术创新的关键因素，而建设专业知识过硬的农村科学技术创新队伍，则是推动农村科学技术创新与普及工作的坚实基础。应努力扩大农业科技创新人才队伍，仿效科技智库成立发展的经验，积极组建农业专家服务团、智者库，坚定实行培养一批职业化、专业化的农业科技人才的目标。同时加快健全农村科学技术特派员机制，以充分调动农村科研技术人员的事业心和积极性，进而增加农村新兴科技扩散的速度和幅度。为了建立精干精准、高效服务的农村科技宣传营销队伍和适宜农村科技发展的政策环境、工作体系，提高农技推广人员的知识水平和宣传营销能力，吸引更多的科技人员加入科技成果转化这一大家庭中，应增加农技工作者进修学习、继续教育的机会，鼓励其积极参与学习培训活动，并采取函授、脱产等多种培训形式，传授管理、技术、营销等多方面知识，避免培训形式及内

容的单一乏味，以提高农技工作者参与培训的积极性，从而提升培训实施的效果，促进农技推广人才对培训内容的高效转化和应用，向家庭农场主更好地推广新兴的农业科学技术，提高其对相关科学技术的理解和认识，以实现家庭农场主自身经营能力的增强和提升。

五、积极发展家庭农场行业组织和合作社

（一）成立家庭农场主专业合作社

要以家庭农场为基础单位，成立家庭农场主专业合作社，践行家庭农场产业的集群化、集约化发展建设目标，从而有助于家庭农场主从优秀、典范的家庭农场中汲取经验教训，以期更好地建设家庭农场。一是要健全农场主专业合作社管理机构和内部决策机制，平衡好管理层决策者间的权力分配，并积极化解合作社管理者内部的矛盾摩擦。指导全省示范性家庭农场的农场主带头组建合作社，并积极加入合作社的生产、销售、咨询等管理经营服务中，以充分发挥能人、模范带头领导、鼓励人心的作用，充分调动其他农场主的积极性和主动性。合理利用民主集中制度集思广益的优点，明确农场主合作社民主与权威的关系，从而借鉴多方优秀的经营理念和发展模式。二是要构建适宜的农场主专业合作社的监督机制。在建立健全社会、组织，以及人员的监督机制时，要注意建立“事前—事中—事后”的监督链条和监督管理机制，重视监视会、社员、社员大会以及理事会的监督，并在明确监视会主导作用的前提下，积极调动其他成员的参与感，发挥各个主体的监督功能，进而形成高效合理的内部监督机制。三是要努力营造宽松和谐的政策环境，完善合作社配套的法律法规体系。完善农场主专业合作社的法律框架，按照中央的指导精神和意见科学合理地调整和添加政策中规定的有关内容，并对合作社成员的若干权益予以法律意义上的确认与保障，比如对理事会成员变更决策的评议权、对社员的赔偿请求权，等等。另外，政府应规范社员保障权益的诉讼机制，当出现损害社员权力和利益的行为，应允许社员直接向法院起诉、维护自身权益。而为减少对合作社的运营管理与监督成本，切实保障合作社内所有成员和其他利益相关者的基本权利。

（二）发展家庭农场行业协会

积极发展家庭农场行业协会，以增强家庭农场主的自律、自治能力。一

是要确定家庭农场行业协会的角色定位与发展战略。尽管家庭农场行业协会和农村专业协作组织都是提升农业组织化程度的重要农业组织,但二者是有根本性区别的:关键在于是不是合作性经济组织,很明显家庭农场行业协会并不是。家庭农场行业协会,是一种直接介入农村市场和地方政府职能机构之间的社会化协调性机构,是家庭农场主进行自身制约、自身管理工作的非营利社会团体机构,它的基础性任务并非推动协会成员之间的经济合作,而只是代表并维护家庭农场主的整体利益。二是要加强家庭农场行业协会的服务职能。积极提供辅助家庭农场发展的各项业务工作,比如信息技术咨询、人才培养与引进、市场推广、产品宣传营销、品牌革新创造等业务服务,以协助家庭农场主扩大应对市场危机的技巧和能力,进而增强市场竞争力等。三是要加强对家庭农场行业协会的管理协调与自律职能。引导家庭农场主树立遵纪守法、诚实经营的思想理念,并注重服务、农业产品质量的提高,严格遵循合同规章办事,特别是自觉维护本行业的全局利益,维护自身的品牌信誉,杜绝低价竞销和虚假宣传。同时也要注意协调和平衡协会成员内部的竞争关系,推动协作关系的健康发展与和谐发展,产业内部不同利益相关者关系的和谐协调,此外还要主动借助政府窗口进行会员内部的对话与交流,以充分表达成员们维护、提升产业效益和运行效率的共同愿望。

六、加强农业基础设施建设

(一)完善农业基础设施

农业基础设施是家庭农场发展的物质基础,关系生产水平的提高和家庭农场主经营能力的提升。然而现实中多数家庭农场所处地区的基础设施较为薄弱,难以为家庭农场的高效发展提供更好的支撑服务,而且基础设施建设的资金需求规模较大,资金回收期较长,一般社会组织和家庭农场根本无力承担,因此政府部门应积极发挥带头作用,引起社会各方对农业基础设施建设的重视,促进其的建设优化。第一,维修公共部分的农业基础设施,比如修建田间的机耕道路,建设和维护农田水利设施。由于这部分农业基础设施属于公共产品,容易出现“搭便车”的现象,因此应由政府部门组织建设或由公共部门牵头,由私人部门申报项目承担建设责任,以为家庭农场发展提供良好的生产条件，减轻家庭农场支出，提高家庭农场收入水平。第二，注重对流转土地分配制度和土地质量的改善。目前家庭农场流转的土地，条块分割不平均、土壤肥力不足，且大部分是农产品产量处于中低产量水平的田地。为了改善土地肥力，提高粮食产量，需对土地进行整理，并采取兴建小型水利实施、修建机耕道、给予财政补贴等措施，或者针对由此产生的家庭农场贷款给予利息优惠，鼓励家庭农场主自主开展农业基础设施的建设。第三，针对大规模家庭农场，尤其是粮食类家庭农场，为了最大限度降低其生产经营面临的自然风险，应进一步完善水、电、道路以及利于粮食晾晒、烘干、储存等配套基础设施。此外，对购买农业机械设备的农场主提供贴息补贴，提升其对于农场生产机械化程度的重视，以减少人力资本的投入，提高生产和经营效率，从而促进大规模家庭农场的发展。

（二）完善基础建设管护

一是根据“谁收益、谁负责管理、谁保护”的原则，加大基础建设管护工作责任，逐步形成管护工作的有效管理机制。政府要积极承担主体负责，以充分发挥其所具备的农村基础建设管护功能，并努力确定其他农村基础建设管护的主要负责主体。二是建立健全基础工程管护资金筹集制度，以进一步完善政府投资管理工作，保证管护资金的落实到位。采取多渠道筹措家庭农场基础设施管护资金，比如当地政府税收返还、农场自营收入提取、相关部门补贴等途径。另外，还应指导家庭农场主优化基础设施建设资金会计管理规章，并通过建立建设档案、管护记录和会计管理台账等会计工具。三是强化基础设施管护情况督促检查。河南省各级政府要将基础设施管护情况的专项检查纳入年度工作考核，并进行相关方面的效益评价。对管护工作突出的家庭农场将予以表扬和嘉奖，但对于对管护不利、项目严重损毁的家庭农场，将停止下一年度的基础设施建设、维护以及修缮的相关资金发放。同时，家庭农场主们可自主成立基建管护队，用于专门负责基础设施的管护与维修。

第二节　中观层面:提高社会的促进作用

发展家庭农场是实现农业集约化经营、促进农业可持续发展的有效措施,是增加农产品有效供给,保障农产品质量安全的有效载体,是促进农业农村发展的重要举措,而作为家庭农场发展的核心动力源泉,家庭农场主经营能力的提升,则是发展现代化家庭农场的关键所在,是促进家庭农场高质量、高效率发展的有效途径。除了政府的支持之外,家庭农场主经营能力的加强和完善,还离不开社会力量的扶持。

一、加快现代农业市场体系建设

家庭农场的收入与农产品生产、销售规模以及市场流通渠道息息相关,但目前河南省家庭农场农产品的流通体系并不是特别完善,市场上经常出现农场主卖货难的现象,这也导致了西方经济学中"谷贱伤农"现象的发生,即在丰收的年份农场主非但不能增加收入,反而出现亏损、农产品滞销的问题。所以,在构建家庭农场农产品的市场流通系统时,应该贯彻市场化导向,积极推行现代化的流通方式——有形市场和虚拟市场并驾齐驱,同时加强农产品市场流通组织建设,以增强家庭农场主在农产品流通体系中的主导地位,提高市场话语权,从而促进家庭农场主经营能力的提升。

(一)加强农产品有形市场建设

农产品本身是具有时效性的,因此在农产品的流通领域,有形市场始终是农产品流通的核心渠道。为此,其一,必须加强对农产品有形市场的建设。积极搞好本地区农产品交易市场的规划布局,特别是在一些市场经济发展相对蓬勃的区域,应根据家庭农场的产品种类和生产方式,有针对性地进行有形交易市场的健全,或者把部分工程较大的社会无法自主负担的有形交易市场建设项目列入政府农业基本投入建设项目范畴。其二,积极建立健全农业有形交易市场的相关设施。当前很多有形交易市场的设施均已

老化、陈旧,特别是批发市场、农产品物流配送中心的货物配送、结算支付、信息处理体系等方面的软硬件设备。面对上述问题,社会各组织包括政府有关部门应有条理、有章法地对农产品有形交易市场的相关设施进行改造,并规划设计好未来投资、建设的设施领域,以进一步提高这些市场的信息化、规范性、标准性水平。其三,要完善农业有形市场的法律法规与相关制度。需加强维持市场秩序的法律法规建设,营造良好的农产品流通环境,促进市场交易往来的公正、透明。同时也应增强交易市场的有效监管能力,努力健全"政府监管、行业自律和内部管理"三位一体的市场监管模式,为广大家庭农场的农产品流通提供更完善的市场经济环境。

(二)推进农业市场信息化建设

农业交易市场的信息化实际是在搞好虚拟交易的同时,科学高效地建立健全无形的交易市场。当前,因为信息化技术的快速发展,农业电子商务已经成为农产品流通的主要形式,而这也给家庭农场农产品流通市场的改善和革新注入了新鲜动力。为此,第一,要因地制宜建立和完善市场信息网络。依据当地家庭农场农产品的生产现状,建立农业信息网络系统,并将其与主要的农产品门户网站、电商网站等相连接,以促进农产品市场的信息化建设,提高农产品信息流通的速度和效率。第二,适当增加农产品市场的信息网络功能。为了加速农产品在市场上的流通,给家庭农场主带来更大的经济收益,要积极完善农产品市场的信息网络功能,比如农产品行情、消费者的消费意愿和倾向分析功能以及农产品流通信息收集功能等,确保家庭农场主能够及时得到信息反馈,为农产品的销售和流通提供指引。第三,要注意市场资讯与技术更新进化信息的整合。未来农业市场的信息化建立,将不仅是农业的生产流通、产品营销问题,同时也将是一种农业高新技术反馈、革新的过程。通过反馈、革新产品流通和营销等方面的信息与记录,将能够使家庭农场主发现农产品质量存在的缺陷与不足,而这有利于在未来及时地改进生产技术,提升农产品质量,避免其生产的低效率性,从而降低家庭农场整体的市场风险,促进家庭农场的产业化发展。

(三)完善农村产品交易市场流动机构

交易市场流动机构是家庭农场产品走向市场的重要媒介和载体,是促进家庭农场产品与市场经济高效衔接、拓展农户收入途径的重要措施。因

此,第一,政府必须积极发展和健全促进家庭农场发展的各种中介合作机构。中介组织是家庭农场主收集市场行情和农产品各类信息(如销售信息、产品信息和消费者信息等)的关键媒介,提高其在农产品流通体系中的份额,可以大大节省农场主的信息交易费用。同时围绕着这种农业中介,协作组织还可以完善家庭农场农产品的销售团队、农民"经纪人"服务团队,从而增强大宗农产品贸易中介组织的服务能力。第二,积极健全农场营销合作组织体制。营销合作机构,作为专业农民合作社的一种,既允许企业以家庭农场的名义合理地利用该合作社在信息收集、发布等方面的优势,增进自己和工商企业、消费者之间的联系,使其自身充分参与其中,同时还能够通过"农场+订单、市场+订单、服务+订单、基地+订单"等形式,主动发展订单农业,并以此改变家庭农场发展革新的方向,进而带动家庭农场的生产经营效率,从而降低家庭农场的市场经营风险。

(四)发展农业现代流通方式

作为家庭农场农产品流通系统的重要要素,现代化的流通方式是提升农产品流通效率的重要保障。为此,其一,建立现代化的物流配送中心。积极构建高效快速的物流流通网络,打造实现跨区域的物流配送中心。引导家庭农场主积极进行"农超衔接、涉农企业衔接"等农业现代化流通建设项目,例如有实力、资本雄厚的家庭农场或许可以尝试在都市社会中设立农产品直接售卖超市或者连锁店售卖点。其二,积极推动农产品电商建设,引导家庭农场主向一些优秀平台建设者学习,从中汲取建立专业的农产品营销网络的经验和教训。通过电子商务增加农产品的信息网络传播速度,同时通过网络交易行为平台的建立,还能够加强与物流公司之间的协作与沟通。其三,进一步完善农产品的期货交易及功能使用。借助在期货交易中所使用的套期保值、期货买卖等金融手段,能够有效降低家庭农场的市场经营风险,将其分散给其他投资者。中国已经有一部分地方的家庭农场为当地政府或者合作社所引导,参加了现货交易市场的套期保值,比如黑龙江省部分黄豆农场、河南的部分小麦种植农场。实践也证明了,期货市场的共同参与度,可以带动家庭农场市场风险的大幅度降低及其相关农产品流通速度的提升。对于当前河南省农产品期货市场的共同参与主体并不丰富的难题,急需更多市场主体参与其中,以打破主要参与者是工商企业的局限性,提高

家庭农场主直接参与的可能性，进而降低家庭农场在产品流通领域的成本。其四，注重家庭农场的农产品名牌建设。农产品品牌对家庭农场革新进步是至关重要的，是商品得以脱颖而出的关键。要加强家庭农场主对商品的技术质量管理工作强度，增强优化农业生产工艺的观念意识，要引导家庭农场主积极加强高品质、放心品牌的建设，努力打造自身的品牌优势与品牌文化，以增加市场及消费者对自身农产品的市场认可度，从而增强其商品的市场竞争力和所具有的附加值效益。

二、积极拓展海外农产品市场贸易

充分发挥自身所具有的优势，进一步提高农业现代化管理水平，立足国内外市场，加强农业对外合作，增强国际竞争力，将我国家庭农场发展成在全球贸易市场上真正具有竞争力的新兴农产品经营主体。

(一)积极推行服务于我国粮食安全大局的农产品国际贸易策略

第一，注重提升农产品的进出口能力。积极构建农产品出口的公共信息服务平台，并加强农产品的国际市场供求分析，以促进农产品出口机制的建立健全。此外，还应积极应用世界贸易组织的规则，合理使用相关的进口管理措施(如关税配额管理)，控制好粮食、玉米等重要农产品进口的规模和速度，避免某些农产品的过度引进，进而减小对家庭农场农产品销售、流通的冲击。第二，作为一种新型农村经营主体，社会各组织应尝试采取各种措施手段用以引导家庭农场主积极合理地运用其所拥有的农业生产优势，并致力于公平、公正、开放的国际农业竞争环境的营造，以缓解家庭农场生产经营过程发生的贸易摩擦和争议。对于此，应主动依托各个层次、各个维度的社会机构(如农业产业园区、农业龙头企业、合作社等)，鼓励家庭农场主合理利用其所拥有的农业产品经营优势，进而增加对劳动密集型农产品、优质农产品和地方特色高质量农产品的出口，增强家庭农场应对国际农产品贸易壁垒的能力。第三，注重家庭农场农产品质量的提升。为进一步提升农业质量安全管理水平，积极构建农业产品质量安全的可追溯管理体系，应合理利用绿色贸易壁垒的倒逼机制，积极引导广大家庭农场主注重农业生产规范化、专业化水平的提升，并提供充足的农产品生产出口的技术支持。

(二)实行将农业经济科技“引进来”和“走出去”结合的发展策略

首先,为了统筹国内国外两个大局,充分发挥市场配置资源的决定性作用,应积极寻求政府支持,采取将农业经济科学“走出去”和“引进来”相结合的战略,并不断拓展其深度和广度。另外,还应引导和帮助有实力、有经验、守信用的家庭农场经营大户“走出去”,鼓励其注重提升自身核心竞争力,努力拓宽家庭农场向国外市场延伸的空间。其次,加强与农业高端科学技术的交流与合作。应根据河南省特色农产品发展区域的布局规划,积极引入现代家庭农场生产技术设备以及国际先进的家庭农场运营管理理念,比如生产装备科技、数字农业、农产品质量监测科技和高智能化农产品科技等,进而增强家庭农场技术消化吸收以及再创造的能力,从而为家庭农场未来的发展壮大提供技术保障。

三、完善农业社会化服务机制

农业社会化服务机制是保障家庭农场生产经营效率提升的关键动力,是保证其全面参与农业社会化大生产的重要前提,家庭农场的发展壮大是离不开农业社会化服务机制,总之完善河南省现有的家庭农场农业社会化服务机制是刻不容缓的,急需社会各阶层提升重视程度、加大建设力度。

(一)必须做好农业社会化服务制度的主体构建

从农业社会化服务机制的主体构建来说,还必须做好如下几个方面的建设:

首先,鼓励转换涉农事业单位的性质职能及家庭农场管理方式,真正做到为家庭农场的发展服务。针对市、县、乡、镇四级的涉农服务组织,政府及相关社会组织一定要推动其公益性改革的实施进程,以革新其现有的公益类业务开展模式。即针对村级业务组织,提高其业务能力和组织管理水平,并在此基础上将涉农事业组织的服务对象融合到一起以组建乡镇业务综合站,从而构成业务合力,增强为服务对象提供满足需求的业务的针对性。

其次,积极履行农村社会化服务体系的主体职能。第一,基于技术层面,努力构建以地方政府农技推广部门为主体的,多方投入的农村技术推广体制。同时,也要搞好农村技术咨询服务与推广组织机构的整合工作,并构建完善的“上中下”协作伙伴关系:“上与农村科研院所、农村高等学校建立

联系；中与农村技术公司、农村协作组织机构、农村技术咨询服务公司；下与家园农庄、一般农民、村级综合服务站等建立联系”，从而保证农村技术流通的发展迅速，提高农村技术咨询服务公司对家庭农场生产发展的优化作用。第二，发挥专业性、技术化社会服务组织的大生产服务功能，主动搭建家庭农场和这些组织之间的业务关系，并通过协作、委托、下订单等方式建立从产前、产中到产后全面覆盖的家庭农场生产服务产业链，继而减少其投入社会服务大生产系统的成本，提升家庭农场农产品生产的社会化水平。

最后，要充分发挥家庭农业供销社的商品流通网络以及其所具备的其他资源优势，进一步增强家庭农场的社会商品流通服务能力，从而提高家庭农场农产品的市场流通速率。

（二）健全农业社会化服务结构的管理机制

农业社会化服务机制的建立将会涉及多个利益相关者之间的关系和谐程度以及诸多产业链环节的内容设计规划，因此理顺其运作的管理机制是十分必要的。具体来说，第一，要积极建立各类信息服务平台。加强农业社会化服务体系中各个主体的联系并将其纳入服务平台的建设过程中，以提升不同平台体系（如网络平台、信息平台、科技平台等）的资源利用率和服务水平。同时积极发挥市场机制的引导作用，加快平台构建过程中社会各类公共资源的使用率。第二，创新农业社会化服务体系的制度机制。不同的农村社会化服务制度，它所能发挥的职能、作用的范畴和方法都是不尽相同的。而农村社会化服务制度所提供的服务应当以解决家庭农场的实际需要为导向，以减少家庭农场生产经营成本、增强业务开展效益为主要目的，从而增强农村企业的综合业务能力，为解决家庭农场建设发展的实际需要添砖加瓦。第三，积极促进农村社会服务环境的改善和优化。农村社会化服务体系包含的主体众多，涉及的服务范围广泛，其中牵涉的利益纷繁复杂。在这些情形下，应尽力形成一种科学的、公开透明的社会公共服务环境，以提高社会公共服务的专业性、规范性，继而保障其能够更有效地为广大家庭农场主发展与建设家庭农场，提供智力、技术、农业生产服务等各个方面的资源扶持和保障措施。

四、增强社会农耕文化氛围

文化传递的主体必须是拥有特定社会价值目标的国家或社会机构。文化传递有着非常强烈的引导与凝聚功能，特别是更高层次的文化传递，可以在很长时间里对文化传递对象的行为特征和动机进行支配和影响。作为众多文化组合中的一种，农耕文化当然也有着较为强大的指引和集聚功效，通过传播现代农耕文化，能够潜移默化地熏陶家庭农场主的文化情操，加强家庭农场主的农业文明意识，并进一步激发家庭农场主对自身社会价值的追求。农耕文化不仅可以引导社会认知，作为一种价值认同改变着家庭农场主的需要结构，还可以加强家庭农场主经营能力提升机制中各个系统的互动，从而更加有效地推动家庭农场主经营能力提升机制的运行。

（一）建立农耕文化展示室

为加大农耕文化的传播效率，增强家庭农场主对农耕文化的认识和了解，可尝试在家庭农场所属区域建立农耕文化展示室，这样既可以让对农耕文化陌生的农场主们了解传统的农耕方式和生产习俗，又可以促进农耕文化的传承和延续。西方发达国家这类的农业展览厅不少，而现在中国这样的地方也有很多，比如江西南康、湖北襄阳、山西榆次的农业历史人文博物馆，苏州江南农业文化园，陕西省关中民俗博物院，陕西省杨陵的农业博物馆等，正启动并准备建设的农业文化园以及相关博物馆、民俗风情园、生态农业园也正如雨后春笋破土而出。另外，还可通过搜集、保存、展示中国优秀传统制造农具与生活工具（例如石磨、背夹、水车、纺车等），并辅以通俗易懂、生动有趣的图画与文字描述，向农场主们展现中国源远流长的传统耕作文明发展历史，以唤起农场主们对中国传统耕作文明历史的浓厚兴趣与强烈自豪感。

（二）重视农耕文明和传统节庆文化的有效衔接

作为中华文化的有机组成部分，我国特有的节气划分和一些传统节日均源于农耕文化，是中华民族和谐理念的重要体现，是自然法则和人类生活智慧的结晶。此外，传统节日还可以被看成是一个与外界联系密切、生机勃勃的生命机体，不仅能够体现农耕文化，更能促进农耕文化的传承，是培植、滋养农耕文化的重要方式。循环往复的中华传统，将农耕文明的精髓准确地传达给了社会民众，将生命中的松弛乐趣和传统文化中的传承延续注入川流不息的生活洪流中，让流淌的时光以环形结构形式包裹着农耕文明，在调整人类日常生产生活频率，提升生活质量和满足感的同时，也能进一步激

活社会发展动力，舒张农耕的人文情感，让大众生命意愿、社会意识与文化认同，不因时光的推移而逐渐淡化。所以，发扬农耕文明，应先要过好我国的节日，把节日当作中华民族精神家园的主要组成部分，让广大家庭农场主广泛地接受、认同传统节日，并成为节庆文化的主要传播人，进而认同农耕文化。

第三节 微观层面：充分发挥个体作用

一、转变农场主作为经营主体的思想观念

（一）强化家庭农场主经营管理主体的自我意识

经营主体自我意识，是指家庭农场主对于自己的地位、主体能力，及其主观价值上的某种自主认知意识，是家庭农场主高效运用其所具有的主观能动性的重要基础。事实也证明，家庭农场主的主体性功能践行得越淋漓尽致，家庭农场所收获的经济收益也就越多，取得的发展成效也就越明显。家庭农场主应该意识到自身是家庭农场绿色高效发展的主人，明确自身要有改变现状的热情和动力，要有逐步提高自身能动性的激情，以及增强自身经营管理能力和创造力的意识，同时也应具有主动突破传统观念、陈旧思想禁锢的勇气和意志和“活到老、学到老”的学习新知识、新技能的意志，此外还应学习如何充分运用现有资源，如何把握一切有利的时机来丰富提升自己的综合实力，进而使自己成为家庭农场高效发展的实用人才。

（二）提升现代市场经济观念

现代家庭农场发展过程中极需创新能力、运营管理工作能力较强的以及现代市场经济风险认知意识较高的家庭农场主，制定家庭农场的发展战略，决定未来的前进方向，因此家庭农场主需要以市场为导向，逐步提升自身的现代市场经济观念。首先，必须意识到家庭农场主是初级农产品品牌的重要生产商，是农业生产资料的重要市场消费者，应增强其了解农业市场

行情的积极性、主动性，同时依托自己所能支配的资源总量，自主决定农产品的生产和销售规模，并依据市场行情的变化，独立进行调整。其次，要意识到家庭农场主在农场的生产经营活动中是作为群体而不是个人出现的，应具备较高的集约化、团队化的生产经营意识和共同富裕、共同进步的企业家精神，积极主动地同专业性较强的农民生产团体（如农民专业合作社）交流各类农产品贸易技术信息、大宗农产品市场供求信息等，以增强家庭农场主自身的市场交易实力，从而为家庭农场收入的有效增长添砖加瓦。再次，积极主动掌握现代农产品营销宣传知识与市场营销技能。积极进行农产品生产营销之前的市场调研，并逐步挖掘当地特色农产品的使用价值和交换价值，在提高产品销售量的基础上确定合理的产品市场价格。然后，深入了解国家惠农的相关政策。要擅于在政府部门出台的有关政策方针中，找到符合家庭农场发展前景的政策扶持信息，从中挖掘家庭农场繁荣发展的新方法、新思路。最后，作为一种新型农业经营主体，家庭农场主应突出自身优势，加强自身与其他职员的分工协作。随着人类生产力技术水平的日益提升和社会经济条件的提高，家庭农场主所扮演的社会角色和产生的市场经济观念，也会由于企业所履行的社会责任与经济义务改变，这种变化不仅是一种多元化格局的优化，而且还将是家庭农场不断发展完善的动力，是其越来越规范化的动态趋势，其总体发展趋势仍将是增强企业优势，逐步提升自身家庭农场经营能力，并逐渐形成专业化分工及相互协作的家庭农场组织架构。

（三）增强品牌意识，促进农产品产业结构调整

营销能力中的产品能力和品牌能力是增加农产品有效供给的重要因素，是家庭农场健康发展的关键动力，而农场主经营能力评价结果显示，产品的技术含量、标准化生产加工程度一般，品牌知名度较低，“三品一标”认证情况不理想。因此，作为家庭农场发展理念和战略规划的具体表现，家庭农场主不仅要重视农产品产业化管理水平的提升，更要重视产业结构的改进优化，以增强家庭农场相关农产品的品牌优势。在形成发展家庭农场农产品产业链的初期，所涉及的农业结构问题主要是产业构成、内部种植结构和产品的生产技术结构等。所以，政府有关部门和家庭农场主在实施家庭农场农产品产业结构调整战略时，不仅要着眼于农产品种类的多种多样，如

引进一批适应本地土壤湿度、咸度和气候环境同时还能满足当地消费者需要的优良品种，从而进一步优化“粮食+蔬菜+牲畜+渔业+水果”的内部种植结构，同时也应注重农业科技技术的引进应用结构调整。另外，家庭农场主还应充分考虑当前家庭农场发展中所面对的内外部环境优劣势，并结合实际状况制定适宜的战略规划，切不可盲目跟风，一味追求“珍、奇、特”的农产品品种而忽视自身具备的优势农业产品种类，进而造成各类奇葩品种蜂拥而上，却无法凸显自己特点，并要仔细考虑成本与收益之间的关系：随着投入成本的增加，收益的增加是否能够与成本的增加相匹配，不能一味追求大规模生产。通常，家庭农场农产品产业结构调整过程为：首先立足于科技含量较高的产品系列，突出自己现有的产品品牌资源优势，逐步建立在国际上富有竞争性的资源优势农产品产业，继而扩大农产品产量规模，以取得更大的经济效益。

（四）激发自身产业链延伸意识

作为社会生产力发展的主要动力来源，分工这种产生模式既能推动合作市场与协作经济关系的形成与发展，又能促进农业产业链的扩展与延伸。家庭农场生产、销售、营销、售后等环节中的分工协作，则会极大地促进家庭农场中农产品链条、产业价值链条以及产业构成链条等的多维度延伸与拓展。此外，家庭农场产业链还在生产资源、财富获取等方面具有较强的聚合效应和集聚作用，而且其能促进家庭农场外部经济的内在化发展，消除外部的市场经济风险，对此家庭农场主可尝试选择符合自身发展理念的家庭农场一体化模式，例如一些常见的内部一体化、市场交易一体化以及契约一体化等模式，促进农场主自身与家庭农场发展之间共生关系的形成，此外以资产专用性、交易成本和交易频度的差异为导向的“农业企业+专业大户”的家庭农场模式的构建，也有助于消除家庭农场生产经营的外部性，提升其抵御风险的能力，进而获取构建家庭农场产业链的优势。另外，在经济一体化的作用下，家庭农场主还可以通过加大技术扶持、提高劳动投入、拓展延伸农业产业链，来形成内外部规模经济。家庭农场主与其他农场资源之间的要素禀赋和资源的互补性，还可以极大地推动家庭农场农产品使用价值、交换价值的提升以及家庭农场产业链、空间链的深度拓展扩大，从而更加容易实现契约化管理，促进交易标准化水平的提高，进而促进家庭农场主经营能力的提升。

采取教学培训、实地考察以及参观示范农场等各种方法措施，激起家庭农场主的产业链延伸意识。一是引导家庭农场主积极向产业链的上游拓展，比如与农业资源供应公司、农业科技相关部门及企业达成内部联合共进协议。二是向产业链的下游拓展，例如与深加工、精加工企业及相关宣传营销单位联合，促进市场交易的内部化，尽可能减少交易成本，弱化现存的市场交易风险。另外，还可采取举办展销会、科技推广会等措施，积极搭建家庭农场主与各个产业链环节的主体责任人进行协作、交流的平台，进而推动家庭农场主的产业链延伸意识向实践行为的转变。

二、提升自身的综合素质

家庭农场主作为引领家庭农场发展的核心人物和关键动力，个人素养、管理才能的水平都将会对家庭农场的整体经营效益产生影响，比如家庭农场主的市场信息收集能力，综合评价结果表明家庭农场主收集市场需求信息的渠道相对较少，对农产品的市场需求状况并不是十分了解，而这也会在很大程度上影响农场主所做出的产品销售决策，进而影响到实际经营过程中农产品的销售以及家庭农场农产品品牌的市场竞争力。总之，提升家庭农场主的运营能力才能有效改善家庭农场整体的经营水平，能促进家庭农场高质量、可持续的发展，但由于家庭农场主的经营管理才能与自身的综合素养水平密切相关，因此提升家庭农场主所具备的综合素质是极其重要的、不容忽视的。

（一）积极参与相关技能培训

现代家庭农场发展对家庭农场主的综合素质提出了新的要求，要求其具有竞争性、学习性、创新性、团队精神等特征。家庭农场主要想完成现代家庭农场高质量发展的要求，必须积极参加培训接受继续教育。因为家庭农场主可以通过参加科学合理的培训促进自身在知识、技能、效果和态度等方面的提高，促进自身综合素质的完善，进而提高自身对现代社会家庭农场经营的适应性，为其进一步发展家庭农场创造条件和奠定基础，从而促进自身经营能力的提升，扩展人生价值。

家庭农场主如何提升自身参与培训的积极性，可从以下两个方面入手：一是增强自己对培训目的及内容的认知与了解。“培训活动，是企业组织人

力资源管理和发展战略的主要构成成分和重要职能之一，是组织人力资产增加的关键渠道，也是企业组织经济效益增加的重要途径。”家庭农场主要深刻理解培训开展活动的意义，明白参与这些活动是在汲取知识、储备能量、丰富自己，从而提升自己对相关农业技术知识培训活动的重视程度，调动自己参与的积极性。二是制订科学有效的职业生涯规划。也叫职业生涯设计，是指将个人和团体有机地融合，在对每个人职业生涯中的主客观条件加以计算、分类、汇总的基础上，根据自身的兴趣、喜好、才能、特长等加以综合分类和衡量，并结合时代发展特点，按照自身的职业偏好和倾向，制定其最符合自己的最佳的职业发展奋斗目标，从而对达到这一总体目标提供并执行最有效的安排。例如家庭农场主选择成为家庭农场发展经营过程中的领导者、管理者、决策者，选择家庭农场作为自己为之奋斗的事业发展对象，那么其制定的职业生涯规划，可以在一定程度上代表着家庭农场的发展规划。为了更好地发展经营家庭农场，实现自己的人生价值和目标，现存的职业生涯规划会引导着家庭农场主不断进行自我完善和提高，进而增强自身参与相关培训活动的积极性，实现自身综合素质的提升。

（二）树立终身学习意识

作为家庭农场高质量、高标准实践经营的关键要素，学习意识是家庭农场主进行创新创造活动的、追逐新机遇的重要动力来源，也是帮助其建立独特家庭农场经营管理知识体系的基础根基。由于大量而繁杂的农耕技术经验相对不易在某个时期“全部”了解进而灵活运用，即“农耕工作种类众多、程序繁杂，非若干年之所学，难以全然领悟，非中级级别之才能亦难以全然领悟也”，所以家庭农场主在农场的开发和生产、运营中尤其急需终身学习意识的树立，以驱使自身在经营的多个环节中勇于“试错”，不断在实践中吸取经验，以此达到在经营过程中成功经验的持续累积和不断输出应用，实现提升自身经营能力的目的。

此外，随着人类社会的不断革新，农业技术的更新换代，家庭农场生产的机械化程度也愈来愈高，技术针对性也越来越强，尽管这能够极大促进家庭农场经营规模的调整以及盈利方式的转变，但同时也使家庭农场主对相关新兴的技术知识的认识理解及实践应用响起了红灯，而这也与家庭农场主经营能力评价结果一致，即技术能力一般。而家庭农场主是作为决定家

庭农场的生产销售规模、保持运营肌体健康以及确定家庭农场未来发展方向的关键因素而存在的。因此，要想跟上社会发展的步伐，增强自身的农业科技能力，在家庭农场的市场竞争中站稳脚跟，家庭农场主的终身学习意识是不可或缺的，也正是这种意识驱使着家庭农场主不断地更新自己，不断地提升自身的综合素质和经营能力。

（三）善于自我积累和反思

在家庭农场的实际运营中，家庭农场主不仅要涉猎广泛、知识渊博，更重要的是要进行有效的反思来提高积累的质量，有效地提升自己。因为在经营家庭农场的过程中，总会遇到各种各样的困难和阻碍，而善于自我积累可以使家庭农场主从一个个的困难中积累经验、汲取力量。量变具有方向性，如果任其积累，可能会促成事与愿违的质变，所以，这就要求家庭农场主防微杜渐，不断反思，及时克服坏习惯，纠正错误，科学发展。唯有如此，才能促成有效的、有益的质变。勤于积累，善于反思：积累是输入的过程，强调量；而反思则是合理内化的过程，注重质。只有把握好积累和反思这两个过程，家庭农场主才能有高质量的输出，才能为家庭农场主综合素质的提升和经营能力的提高打下坚实的基础，才能更好地发展建设高标准、高要求的家庭农场。

三、提高自身的学习能力

卢现祥教授（2003）认为，制度、规章是人类不断“试错”、不断总结学习的成果，如果没有学习经验与新兴知识的累积，就不可能有各种制度的变化与革新。增强自己对新体制、新文化、新知识的吸收与转化能力，就必须持续增强自身的学习能力，并进一步将旧的文化稀薄、削弱，以突破传统意识形态中更深层、非正式体制的惰性与难以去除性，从而减少新体制改革的适应性成本。可以采取如下几种措施推进学习能力的提升：一是加强对家庭农场有关政策和知识的了解掌握力度，以使自己对家庭农场这一新型农业生产经营主体有较全面的了解，从而明确家庭农场制度的永久性和稳定性，如果自己预计了家庭农场制度将会长期延续下去，并不会朝令夕改时，并且预计他人也会根据这一制度制定行为准则时，则自身也会根据这一规定采取行动，其后果也就必将更加巩固家庭农场这一新兴的制度体系；二是强化对理念教学理解，使农场主们逐步了解到经营家庭农场是改善家庭生活环

境、过着优越生活的有效途径和重要渠道，从而利用理念教学，调动家庭农场主学技能、强素养的积极主动性，从而更加主动地强化自我学习能力，进而提升自己的生产经营管理能力；三是落实促进人口双向流动的相关政策制度，并逐渐拓宽农场主对外交往、协作交流的广度与深度，在对外交往的过程中逐步增长认知、革新经营理念、收集成功经验教训。

四、完善家庭农场内部管理制度

家庭农场中需要分配、合作、协调的工作任务随着自身经营规模的扩大不断增多，而家庭农场主所需要负责的管理工作任务也随之在增多，这必将对传统家庭农场的内部管理体系、人员组织架构形成冲击，甚至有可能会威胁到家庭农场日常运营活动的正常开展，所以有必要建立健全运行高效、科学合理的内部管理体系，以减少家庭农场主的工作任务量，进而提升经营管理效率。家庭农场的内部管理体系构成复杂，包含多种规章制度，如财务会计制度、人员调度安排制度、机器安全使用制度等，通过完善这些内部规章制度可对家庭农场主经营能力的提升产生直接的促进效应，或者对家庭农场农产品产量的增加提供动力源泉，此外还可起到收集、发布相关经营信息的功用，进而实现家庭农场经营效益的有效提升。以健全、规范的财务会计规章制度为例，通过在银行建立结算账户以及委托专业的财务人员来梳理家庭农场的日常资金开支和货款往来情况等：一方面能够促进资金使用的规范性、增强账户管理的专业性；另一方面也可直接向外界传达积极正向的信息——本家庭农场的资金链条稳定良好，日常运营管理一切正常，这也使得银行评价家庭农场的借贷信用情况时可以参考结算账户等会计信息，进而增强家庭农场正规信贷的可获得性，促进农场主资金集聚能力的提升，同时这也意味着其能够降低家庭农场于银行之间的信息不对称问题，使相关金融机构充分了解家庭农场资金的使用及往来情况，从而做出更为精确的信贷风险评估，给予家庭农场信贷授权，进而扩展家庭农场主获取资金的来源和渠道，促进家庭农场主经营能力的提升。具体可采用以下方法：

一是向国内外示范型家庭农场借鉴学习。任何一个成功的家庭农场都有其独特的管理制度，农场主们要积极主动地深入实地考察研究，从中提取精华，找到切实可行的制度经验，并应用到自身家庭农场的内部管理制度改

革中,从而提高未来的经营管理效率。

二是坚持民主科学的原则,制度的建立应当科学严谨、民主适宜,应当合乎客观规则、贴近现实需求,应当遵循相关法律法规、采纳以法为基准的管理思想。贪大求全,好高骛远、生搬硬套的规章制度,都不会对家庭农场的生产经营产生积极正向的影响,反而会影响其他合理的规章制度的推进和落实,甚至会危害到其他规章制度的权威性与可行性。科学合理、高效可行的规章制度,在制定时应是从解决家庭农场当前的问题以及一些潜在的问题出发,依据其现实的需求和实际面临的各种内外部危机,因地制宜的。同时,制度的订立也应符合科学管理的理念,尽量详细,可操作、实施性强,切忌“假、大、空”,不要力求方方面面都考虑到、每个问题都能解决,应将制度的可针对性、可量化性放在首位,应坚持成熟一个,推进一个、落实一个。而且,从“理论到实践再到理论”的健全优化管理制度的过程,应是一个制度不断革新、修改、优化的良性循环过程,而并不是简单的“理论到实践”的单向流线型。此外,制度的贯彻落实并不是简简单单的上行下效,落实执行,而是一系列自上而下的学习、推行、监督,以及自下而上的一系列动态反映:“既是有上下的纵向控制,还要有执行者内部的平衡约束”;既要看到问题的外在表面和直接原因,更要找到内在的深层源头,努力做到“治标又治本”,实现管理制度的科学合理、民主适宜性,使其建设更上一层楼。

三是确保行政决策组织的“家庭性”,家庭农场的最高行政决定组织应由家庭农场主与相关核心工作人员联合构成,这是保障家庭农场决策民主性的基础、基本架构建立的前提。由于大部分农场职员都属于出资主体,理应行使对家庭农场主要事务的投票权、参与权及决策权。如果家庭农场的核心决策组织是由拥有亲属、血缘关系的两个或多个家庭组成,那么决策权的分配则可以出资占比为依据,并在相关制度规章予以明确说明。

四是合理设置执行机构。家庭农场主应在综合考虑家庭农场的经营管理理念、发展特色以及未来战略规划的基础上,合理地进行相关组织的设计、确立,比如对于种植规模较大的家庭农场,可尝试分片管理的模式,科学划分片区,并通过民主选拔的方式确定片区负责人,以协助农场主开展片区的日常生产运营工作,同时定期向家庭农场主汇报片区的生产状况、产品销售以及经营收益等。对种植规模较小的家庭农场,可按照负责的任务特点

区分成若干个小队，并经过民主选举设立小组长负责人一职，直接隶属于农场主，服从家庭农场主的直线管理。另外，对于生产主任、财务主管等基本职务，也应由家庭农场中能力高者兼任，以达到与家庭农场工作人员之间的协调融洽、团结互助，继而实现家庭农场职员工作效能的提升，杜绝农场主所有事务"一肩挑"现象出现。

五是充分发挥家庭农场的监管功能。家庭农场员工的工作职责是否履行了，是否依据农场内部的规章制度行事了，生产的产品是否达到了国家产业标准和市场产品标准等，都会影响家庭农场经营效益的可获得程度，而生产运营监督机制的设立能很好地监督上述情况，避免不好的危害家庭农场发展现象的发生，从而实现家庭农场生产运营的规范化、标准化的提升。考虑到家庭农场所具备的"家庭性"属性，并不是强制每个家庭农场都设立相关的监督机构，但是家庭农场所具备的监督功能是必须要发挥的，因为其对于提升家庭农场的经济效益，优化运营效果是起到巨大支持作用的，可考虑由家庭农场主承担主要责任，而相关职员发挥辅助功效。

六是促进相关规章制度的健全优化。各种办事章程以及行为准则（如财务会计制度、培训开发制度、生产作业规范以及固定资产管理制度等）的建立健全，有助于促进家庭农场工作人员行事的科学性、专业性，以使家庭农场的运行做到有据可依、有章可循。另外，农场主们还应加大对于财务规章制度与审计体系健全的重视程度，明晰相关财务会计人员的工作职能，完善账簿记载，规范会计核算标准与票据运用管理制度。同时需要进一步提高各种规章制度的落实性，以使各种规章制度可以切实引导家庭农场的生产作业和销售宣传等工作任务，从而有效提升家庭农场主的经营能力和家庭农场的运行效率。

五、加强家庭农场人才和技术引进

作为家庭农场发展过程中重要的资源——人才、技术，都是必不可少的，尤其精通技术、善于管理、踏实勤劳的人才。当前的家庭农场主和其他职员多为土生土长的本地农民，受教育程度较低，所拥有的知识能力也有限，但家庭农场的经营工作并不是简单的重复的劳动，需要精通管理、善于安排的人员基于对各项工作任务特性的了解进行合理的统筹、分工和执行，

以充分发挥每个员工的优势，进而调动其工作的积极性和工作热情，从而降低家庭农场生产运营的成本，促进经营效率和收益的增加。作为家庭农场的管理者和领导者，农场主要及时关注新出的农产品品种以及各种新型农业科技（如农业信息技术、高产栽培技术等）。然而，因为家庭农场主本人的经济实力有限，且文化知识有限，从业经验较少，所具备的家庭农场风险承受能力也就相对比较弱，所以大部分农场主对新科技的吸收转化能力较弱，更信任、更经常采用的是比较成熟的科学技术，结果就产生了尽管农场主意识到、及时引进新的科学技术十分关键、很有必要，但对新科学技术的容纳度和掌握度却很低的现象。不过，随着人工费用和土地流转价格不断上涨，生产经营成本不断提高，仅仅依靠广泛使用的成熟技术进行生产经营和管理工作是行不通的，只会造成家庭农场市场核心竞争力的降低，使得家庭农场的经济效益被不断挤压，最终可能使家庭农场主无利可图、宣告破产。总而言之，家庭农场主要大力引进人才和科技，以充分发挥规模经济效益，达到提升现有农产品的产量、质量和知名度，并制造出满足市场需求优质农产品的目标，从而大大降低农业管理成本和风险，提升家庭农场的盈利能力、核心竞争力和市场潜力。

一是要按照现代农业发展的要求，家庭农场主要积极配合相关政府部门构建多元化、多层次、多维度的家庭农场教育培训体系，重点从生产技能、经营管理、农业科技和市场营销等方面对自身进行培训指导，以适应现代家庭农场发展需求和多变的农产品市场，把自身培育成合格的、能力较强的家庭农场经营者。同时，要促进高端人才吸纳机制的健全优化，努力转变大中专生、大学生村干部以及返乡农民工等的就业观念，消除其职业歧视，鼓励他们下到农村，深入了解农村的规模化经营（例如家庭农场），从而将其发展成为家庭农场的储配人力资源，优化家庭农场工作队伍构成，以构建更加专业化、能力更强的家庭农场组织成员架构。

二是积极推进农业重大关键技术研究和集成创新，以促进高质量农产品供给的有效性，进而促进现代家庭农场高效绿色、规范标准的运营发展。另外，大力推广新型农村科技服务模式，建立健全多元化的农村科技服务体系，加快先进农业科技成果的转化应用和实用科技人才的培养，以促进农业科技在家庭农场发展中的实践应用，进而提升家庭农场主的经营能力。

参考文献

[1] AJZEN I. The theory of planned behavior[J]. Organizational Behavior and Human Decision Processes,1991.

[2] ALSTON M. Who is down on the farm? Social aspects of Australian agriculture in the 21st century[J]. Agriculture & Human Values,2004,21(1):37-46.

[3] AMIN W MUGERA, MICHAEL R. Langemeier. Does farm size and specialization matter for productive efficiency? Results from Kansas[J]. Journal of Agricultural & Applied Economics,2011,43(4):515-528.

[4] BONNER J, BROWN R A. Competencies Needed by Future Farmers of America Advisors. [J]. Agricultural Education,1977,49(8):N/A.

[5] BOREC A,BOHAK Z,TURK J,et al. The Succession Status of Family Farms in the Mediterranean Region of Slovenia[J]. Sociológia, 2013, 45(3):316-337.

[6] CARTER M R,WIEBE K D. Access to Capital and Its Impact on Agrarian Structure and Productivity in Kenya[J]. American Journal of Agricultural Economics,1990,72(5):1146-1150.

[7] CB A,CV B. Recreation and agroforestry: Examining new dimensions of multifunctionality in family farms[J]. Journal of Rural Studies,2010,26(4):465-473.

[8] CHAND R,PRASANNA P A L,SINGH A. Farm size and productivity: Understanding the strengths of smallholders and improving their livelihoods[J]. Economic & Political Weekly,2013,46(26):5-11.

[9] DEMUTH S. Community Supported Agriculture (CSA): an annotated bibliography and resource guide. 1993.

[10] FERNANDES L A D O, WOODHOUSE P J. Family farm sustainability in southern Brazil: An application of agri-environmental indicators [J]. Ecological Economics, 2008, 66(2-3): 243-257.

[11] GERBER R, VELDE C. A competence model for professional practice in the clerical-administrative occupations [J]. Journal of Vocational Education Training, 1997, 49(3): 455-476.

[12] GNAMBS T, BATINIC B. A Personality-Competence Model of Opinion Leadership [J]. Psychology & Marketing, 2012, 29(8): 606-621.

[13] GÖRAN DJURFELDT. Defining and Operationalizing Family Farming from a Sociological Perspective [J]. Sociologia Ruralis, 1996, 36(3).

[14] INWOOD S M, SHARP J S. Farm persistence and adaptation at the rural-urban interface: Succession and farm adjustment [J]. Journal of Rural Studies, 2012, 28(1): 107-117.

[15] ISLAM I, HOQUE M, MIAH M, et al. Competency Assessment of the Farmers on the Application of One House One Farm Approach [J]. Progressive Agriculture, 2013, 24(1-2).

[16] JACK ODLE. What is a Family Farm? [J]. Progressive Farmer, 2001, 116 (13): 20-22

[17] JEVSCEK M. Competencies assessment using fuzzy logic [J]. Joumal of Universal Excellence, 2016, 5(2): 187-202.

[18] JOCK R. ANDERSON, ROY A. Powell. Economics of size in Australian farming [J]. Australian Journal of Agricultural and Resource Economics, 1973, 17(1): 1-16.

[19] KLUGE E H. Competence, capacity and informed consent: beyond the cognitive-competence model [J]. Can J Aging, 2005, 24(3): 295-304.

[20] KUSTIARI T. Farmers Competency Development to Manage the Seaweed Cultivation in Polyculture at Coastal Area of Java [D]. Indonesia: Bogor Agricultural University, 2012.

[21] MANN S. Tracing the process of becoming a farm successor on Swiss family farms[J]. Agriculture & Human Values,2007,24(4):435-443.

[22] MARCHANT D. The Influence of Personality and The Financial Risk Management Competency of Dairy Farmers in Preparing for Industry Deregulation in SE Queensland[C]// 2001 Conference (45th), January 23 - 25, 2001, Adelaide, Australia. Australian Agricultural and Resource Economics Society,2001.

[23] MARIECLAUDE P. John T. Schlebecker, Whereby we Thrive. A History of American Farming,1607-1972. [J]. études rurales,1980,77.

[24] MARKUS L H, COOPER-THOMAS H D, ALLPRESS K N. Confounded by Competencies? An Evaluation of the Evolution and Use of Competency Models[J]. New Zealand Journal of Psychology,2005,34(2):117-126.

[25] MAROPOFELA K, OLADELE O I. Farmers Competencies on Identification of Lumpy Skin Disease Causes Symptoms and Management Practices in Mafikeng Municipality of North-West Province, South Africa[J]. Journal of Animal & Veterinary Advances,2012,11(19):3493-3498.

[26] MCCLELLAND D C. Testing for competence rather than for "intelligence" [J]. Am Psychol,1973,28(1):1-14.

[27] MISHRA A K, EL-OSTA H S. Effect of agricultural policy on succession decisions of farm households[J]. review of economics of the household, 2008,6(3):285-307.

[28] NEMENQANI D M, TEKIAN A, PARK Y S. Competency assessment in laboratory medicine: Standardization and utility for technical staff assessment and recertification in Saudi Arabia[J]. Medical Teacher,2017, 39(supl):1-12.

[29] PARK H S, JUNG Y. Construction of the addiction prevention core competeney model for preventing addictive behavior in adolescents[J]. Journal of Korean Academy of Nursing,2013,43(6):714-725.

[30] SECKLER D, YOUNG R D. Economic and policy implications of the 160-acre limitation in federal reclamation law[D]. American Journal of

Agricultural Economics,1978,60(4):575-588.

[31] SHAW L,POLATAJKO H. An application of the Occupation Competence Model to organizing factors associated with return to work[J]. Canadian Journal of Occupational Therapy Revue Canadienne Dergotherapie,2002,69(3):158.

[32] SMYTH B,MCKENNA E. An Efficient and Effective Procedure for Updating a Competence Model for Case-Based Reasoners[C]. 2000.

[33] SPENCER L M,SPENCER S M,WILEY. Competence at work : models for superior performance[M]. Wiley,1993.

[34] USIAEVAA A, RUBTCOVAA M, PAVLENKOVAA I, et al. Sociological Diagnostics in Staff Competency Assessments: Evidence from Russian Museums [J]. International Journal of Production Management& Engineering,2016,4(1):29.

[35] WEN - YI LUO J J W. Exploring competencies: a qualitative study of Chinese nurse managers[J]. Joural of Nursing Management, 2016, 24(1): E87.

[36] WHELAN L. Competency Assessment of Nursing Staff[J]. Orthopaedic Nursing,2006,25(3):198-202; quiz 203-4.

[37]埃莉诺·奥斯特罗姆,龙虎.社会资本:流行的狂热抑或基本的概念?[J].经济社会体制比较,2003(2):26-34.

[38]蔡立熊.市场化与中国农村制度变迁[M].北京:社会科学出版社,2009:197.

[39]曹建彤,楚秀如,刘丹.中国IT企业领导者胜任力模型及其对企业绩效的影响[J].北京邮电大学学报:社会科学版,2017(1):12.

[40]曹荣湘.走出囚徒困境:社会资本与制度分析[M].上海:上海三联书店,2003.

[41]陈蓉.休闲农庄规划设计研究:以泗阳县大禾庄园景观规划设计为例[D].南京:南京农业大学,2015.

[42]陈晓萌.南宁市武鸣区休闲观光农业发展研究[D].桂林:广西大学,2019.

[43]程少博.以高技术为支撑的农工一体化循环经济发展模式研究[D].青岛:中国海洋大学,2015.

[44]程少平.培育新型农业经营主体,促进农业转型升级发展[J].衡阳通讯,2013(6):21-22.

[45]褚福磊,叶龙.基于贝叶斯网络的轨道交通司机胜任力评价[J].中国铁道科学,2012,33(5):129-133.

[46]杜志雄,肖卫东.家庭农场发展的实际状态与政策支持:观照国际经验[J].改革,2014(6):39-51.

[47]关付新.华北平原种粮家庭农场土地经营规模探究:以粮食大省河南为例[J].中国农村经济,2018(010):22-38.

[48]郭家栋.中国家庭农场典型模式的比较研究[J].学习论坛,2017,33(7):38-44.

[49]郭熙保."三化"同步与家庭农场为主体的农业规模化经营[J].社会科学研究,2013(3):14-19.

[50]郭熙保,冯玲玲.家庭农场:当今农业发展最有效的组织形式:基于东南亚国家土地制度变迁的视角[J].江汉论坛,2015(6):5-11.

[51]郭熙保,冯玲玲.家庭农场规模的决定因素分析:理论与实证[J].中国农村经济,2015(5):82-95.

[52]郭熙保,冷成英.我国家庭农场发展的十大特征:基于武汉和郎溪607户家庭农场的比较分析[J].经营与消费:经济纵横上半月,2018(10):43-58+2.

[53]郭熙保,冷成英.我国家庭农场发展模式比较分析:基于武汉和郎溪调查数据[J].福建论坛(人文社会科学版),2018(11):171-180.

[54]郭熙保,冷成英.区位与家庭农场发展路径:理论与实证[J].中国人口·资源与环境,2020(5).

[55]何建军,陈学玲,关健,等.水生蔬菜与休闲农业[J].农产品加工(学刊),2013(3):50-51.

[56]何劲,熊学萍.家庭农场绩效评价:制度安排抑或环境相容[J].改革,2014(8):100-107.

[57]胡光明.对完善家庭农场经营机制的思考[J].中国农垦,2010(3):

36-38.

[58]胡书东.家庭农场:经济发展较成熟地区农业的出路[J].经济研究参考,1996(ZC):29.

[59]胡依云.湖南省家庭农场融资问题研究[D].长沙:湖南农业大学,2019.

[60]胡月英,郝世绵.安徽郎溪家庭农场发展探究[J].新余学院学报,2017,22(1):6-10.

[61]黄冠华.基于家庭农场模式的中国休闲农业发展研究[J].农业展望,2016(11).

[62]黄延廷.家庭农场优势与农地规模化的路径选择[J].重庆社会科学,2010(5):20-23.

[63]黄永春,雷砺颖.新兴产业企业家创业胜任力的构成体系研究:基于创业机会理论的探索性分析[J].南京社会科学,2017(2):7.

[64]黄宗智."家庭农场"是中国农业的发展出路吗?[J].开放时代,2014.

[65]纪志耿,黄婧.拥有什么条件才能成为家庭农场主:经营规模测算及自立能力分析[J].农村经济,2014(6).

[66]康新宇,张晋鹤,王萍,等.性别对图书馆管理者职业胜任力的影响[J].图书馆论坛,2017,37(8):23-29.

[67]孔令成.家庭农场的经营效率及适度规模:基于松江模式的DEA模型分析[J].西北农林科技大学学报(社会科学版),2016(5):107-118.

[68]黎东升,曾令香,查金祥.农户家庭经营组织创新的基本模式:家庭农场发展研究[J].江西农业经济,2000(2):7-8.

[69]李德海.河南省小麦生产物耗投入调查分析[D].郑州:河南农业大学,2015.

[70]李登旺,韩磊.重要农产品价格形成机制改革背景下粮食型家庭农场发展困境与对策研究[J].2021(2019-1):35-39.

[71]李嘉,刘景方,姜骁宴,等.众包环境下基于扎根理论的供应方胜任力模型[J].系统管理学报,2018,027(2):274-280.

[72]李宽,曹珍.实践中的适度规模:基于村庄公平的视角:以上海松江区林村家庭农场为例[J].农村经济,2014(2):5.

[73]李俏,付雅雯,蔡永民.多功能农业视角下的家庭农场发展研判[J].贵州社会科学,2015(10):160-164.

[74]李若玉.成都平原区家庭农场的培育途径与支持政策研究[D].成都:四川农业大学,2014.

[75]李晓辉.家庭农场三方合作经营模式研究[D].郑州:河南大学,2017(11):156-162.

[76]蔺全录,包惠玲,王馨雅.美国、德国和日本发展家庭农场的经验及对中国的启示[J].世界农业,2016.

[77]刘畅,邓铭,马国巍.家庭农场经营风险识别与防范对策研究[J].苏州大学学报(哲学社会科学版),2019,40(04):102-110.

[78]刘红茹,郭绵英.商州区发展休闲农业存在的问题及对策[J].农技服务,2012,29(4):518-518.

[79]刘泓蔚,卢飞.近十年国内休闲农业研究进展述评[J].潍坊学院学报,2012,12(5):4.

[80]刘慧芳.上海松江家庭农场建设绩效评估[D].咸阳:西北农林科技大学,2014.

[81]罗玲.返乡创业型家庭农场发展问题研究[D].武汉:长江大学,2018.

[82]马静怡.夏邑县家庭农场发展问题研究[D].郑州:河南财经政法大学,2020.

[83]马璐,杜大有.党政领导干部胜任力模型研究综述[J].领导科学,2013(05):45-47.

[84]孟世伟.河南省家庭农场发展研究[J].合作经济与科技,2021(11).

[85]米晓妍,马忠秀.我国休闲农业发展现状及前景分析[J].商品与质量:理论研究(11):10-10.

[86]邱源松.开发休闲农业资源统筹区域经济文化发展:泰宁县世界地质公园大金湖区域休闲农业资源开发探究[C].2009年中国农业资源与区划学会学术年会论文集.2009.

[87]任玉霜.基于新型农业经营主体的职业农民培育研究[D].长春:东北师范大学,2016.

[88]沈小翌,甘英健,沈书立.基于支持向量机的建筑内环境设计师胜任力

评价研究[J].天津大学学报(社会科学版),2015,000(006):529-533.

[89]孙鹏.成都市家庭农场发展影响因素研究[D].成都:四川农业大学,2015.

[90]滕明雨.家庭农场主的个人特质研究:以黑龙江为例[J].贵州社会科学,2015(2):156-161.

[91]汪汇源.家庭农场发展经验的国际借鉴及中国家庭农场发展对策[J].世界热带农业信息,2020(01):20-25.

[92]王斌.临安市家庭农场发展的调研报告[D].杭州:浙江农林大学,2014.

[93]王洁,陈刚.基于PNN的企业R&D人员的胜任力评价模型研究[J].科技管理研究,2016,36(3):114-117+135.

[94]王先菊.河南省家庭农场发展研究[J].中国农业资源与区划,2014,35(5):55-60.

[95]王艳红.休闲农业的机遇与挑战[J].农业工程,2015.

[96]王艺霖.河南省家庭农场发展现状及对策[J].乡村科技,11(26):3.

[97]王卓然.我国胜任力模型研究综述:对2003年~2011年间480篇学术论文的文献综述[J].商场现代化,2011,000(012):119-120.

[98]魏连成.休闲农业发展模式与动力机制探讨:以大庆市大同区为例[J].国土与自然资源研究,2011(6):31-32.

[99]魏庆爽.典型地区发展家庭农场的经验对河南省的启示[J].黑龙江生态工程职业学院学报,2015(5):14-16.

[100]吴夏梦,何忠伟,刘芳,白燕飞.国外家庭农场经营管理模式研究与借鉴[J].世界农业,2014(09):128-133.

[101]武少腾.基于乡村旅游的休闲农业园景观规划探究[D].成都:四川农业大学,2019.

[102]肖斌,付小红.关于发展家庭农场的若干思考[J].当代经济研究,2013(10):7.

[103]肖娥芳.家庭农场发展:形成机理,影响因素及路径趋势[D].武汉:华中农业大学,2017.

[104]肖化柱,兰勇,邓玲.我国家庭农场发展典型模式探析[J].湖南工业职

业技术学院学报,2019(3):40-43.

[105]谢瑞武. 成都农业职业经理人培育启示[J]. 农村经营管理,2016,000(11):22-23.

[106]熊学雯,夏春瑞,王晓瑾,等. 我国经济发达地区家庭农场发展的经验及启示[J]. 旅游纵览月刊,2013(10):196-197.

[107]汪汇源. 德国家庭农场发展对中国发展家庭农场的启示[J]. 河南师范大学学报(哲学社会科学版),2013(4):70-73.

[108]徐娜,唐海芳,张煊. 基于 ISM 方法的舆情管理人员胜任力结构模型分析[J]. 情报杂志,2017,36(3):104-108,118.

[109]许伟杰,刘德弟. 浙江省家庭农场发展现状及提升对策[J]. 浙江农业科学,62(4):4.

[110]杨成林. 中国式家庭农场形成机制研究:基于皖中地区"小大户"的案例分析[J]. 中国人口资源与环境,2014.

[111]杨寒迪. 重庆山地都市休闲农业园节约型景观规划建设综合评价研究[D]. 重庆:西南大学,2019.

[112]于燕,李瑶. 培养家庭农场经营者:美国的经验及对我国的启示[J]. 农民科技培训,2019,000(4):11-13.

[113]詹姆斯·科尔曼. 社会理论的基础（上册）[M]. 北京:社会科学文献出版社,1992.

[114]张宝生,祁晓婷. 基于胜任力的地方政府在职公务员绩效评估研究[J]. 科研管理,2017(S1):171-175.

[115]张冠宇. 吉林省家庭农场发展研究[D]. 长春:吉林农业大学,2015.

[116]张红宇,杨凯波. 我国家庭农场的功能定位与发展方向[J]. 农业经济问题,2017(10):4-10.

[117]张华华. 湖北省家庭农场发展问题研究[D]. 武汉:湖北省社会科学院,2015.

[118]张利平,郑文贵,李望晨,等. 多属性决策技术在全科医生核心胜任力综合评价中的应用研究[J]. 中国卫生事业管理,2016.

[119]张伟. 马克思主义农业合作理论视角下的中国家庭农场发展路径研究[D]. 成都:四川师范大学,2020.

[120]章小波,张凯丽. 创新驱动下地方政府人员胜任力模型的构建研究:基于A区政府机关领导与非领导职位胜任力模型的实证分析[J]. 领导科学,2017(5).

[121]赵冬,许爱萍. 日本发展家庭农场的缘起、经验与启示[J]. 农业经济,2019,000(2):18-20.

[122]赵金国,岳书铭. 粮食类家庭农场:规模效率实现及其适度规模界定[J]. 东岳论丛,2017,38(4):128-134.

[123]赵胜利. 河南省家庭农场发展问题探讨[D]. 郑州:河南农业大学,2014.

[124]赵西萍,周密,李剑,等. 软件工程师潜在胜任力特征实证研究[J]. 科研管理,2007(5):110-114.

[125]赵娴,刘佳,吕泓成. 法国家庭农场经营特征、发展经验及启示[J]. 世界农业,2017(11):209-212.

[126]赵颖文,李晓,彭迎. 美国家庭农场的发展经验及对中国的启示[J]. 中国食物与营养,2019,25(02):6-11.

[127]周榕. 高校教师远程教学胜任力评估体系构建:基于灰色系统方法[J]. 电化教育研究,2014,35(4):9.

[128]周帅. 河南省家庭农场经营效率及影响因素研究[D]. 郑州:河南工业大学,2019.

[129]朱立志,陈金宝. 郎溪县家庭农场12年的探索与思考[J]. 中国农业信息,2013(7):12-16.

[130]邹心平. 论家庭农场在新型农业经营体系中的主体地位[J]. 求实,2017(2):84-96.

后 记

又是一年岁末时，金秋硕果满枝挑。望着中原大地上一派金黄景象，本书也已告一段落。从事“三农问题”研究和经济管理类课程教学20余年，深有体会，既然选择了教师这个职业，当不辱国家、民族、人民赋予的神圣使命。我始终认为，做好本职工作是一名教师法定的职责和义务，是良心、是本分。多年来，我用爱心、耐心对待每一位学生和老师，用勤奋、专注致力于“三农问题”研究。有人说我干啥事儿都“太拼”，这样的评价或许有认可，或许有不屑，但都未曾改变我的初心和坚守。

本书作为2021年度河南省高等学校智库研究项目，在研究过程中，武国定副省长亲笔批示，对“河南省家庭农场主经营能力提升机制研究”给予了高度重视和支持。面对政府和领导的信任和鼓励，深感荣幸，同时也感觉自己肩上的责任重大。

回顾调研过程的酸甜苦辣，回顾凌晨时分的月亮，回顾三岁多女儿的声声呼唤，纵然难解我的“三农情结”。武国定副省长的批示犹如春风化雨，这种信任的力量伴随我继续努力探索，在经过无数次的论证与构思后，我终于亲临了令人心旷神怡的“创作世外桃源”，通过课题组的座谈、论证和调研，让我时常沉浸在“谈笑有鸿儒、往来无白丁”的欣喜与欢悦中，使我在本书的创作过程中愈感神清气爽。

在此，真诚感谢武国定副省长的信任和支持，感谢河南省教育厅社语处各位领导的支持和帮助，感谢河南省农业农村厅黄耀威处长的指导，感谢河南省农科院、洛阳市、新安县和接收访谈的家庭农场主的大力支持，他们不仅为我们竭尽所能提供具体数据资料，更是协助我们对所在地区的家庭农场主展开详尽的问卷调查。这些数据、问卷充分体现了河南省家庭农场主的现状,使得本书的研究有理有据,准确把握河南省家庭农场主经营能力特点,进一步为本书的科学性和合理性夯实基础。当然,对本书的创作、出版提供过帮助的同仁和社会各界朋友还有很多,在此一并表示诚挚的谢意,同时,我也期盼阅读此书的读者能提出宝贵意见,为河南省乃至中国的农业发展研究集思广益,使此书的研究成果更趋完善。

除了感谢以外,更多的是想再次传递撰写本书的初心,“三农问题”始终是全党工作的重中之重。在全面推进乡村振兴的新时代,农村谁来种好地、谁来发展现代农业的问题仍然突出,在智慧农业、休闲农业、农村电商等新产业新业态大量涌现的背景下,没有与之相匹配的高素质经营管理人才的支撑,乡村振兴之路依然漫长。家庭农场主作为新型职业农民的主要代表已经成为乡村振兴的人才主力军,提升家庭农场主经营能力将有效解决“现代农业由谁发展”的现实难题和“美丽乡村由谁振兴”的深层问题。希望通过本书的研究,为河南省乃至全国的家庭农场主经营能力提升提供一个理论参考和实践依据。

作者

2021 年 9 月